9./10. Schuljahr

Rudi Lütgeharm

Wochenplan Erdkunde

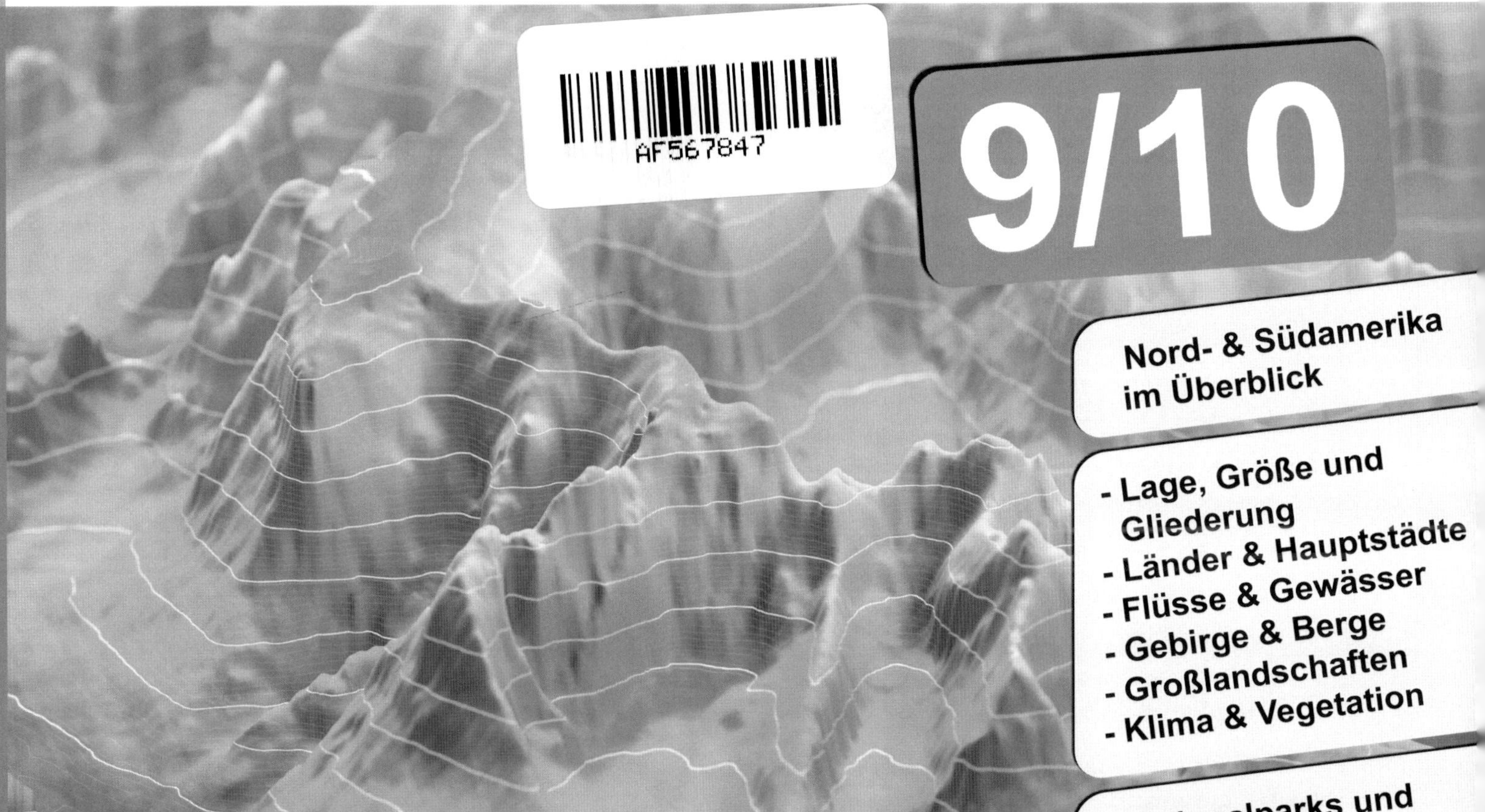

9/10

Nord- & Südamerika im Überblick

- Lage, Größe und Gliederung
- Länder & Hauptstädte
- Flüsse & Gewässer
- Gebirge & Berge
- Großlandschaften
- Klima & Vegetation

Nationalparks und Amazonas

- Pflicht- und Wahlaufgaben
- Text, Karten, Grafiken und Diagramme
- Mit Lösungen

www.kohlverlag.de

Wochenplan Erdkunde / 9.-10. Schuljahr

1. Auflage 2023

Inhalt: Rudi Lütgeharm
Redaktion: Kohl-Verlag
Umschlagbild: © Quardia Inc. - AdobeStock.com
Grafik & Satz: Eva-Maria Noack / Kohl-Verlag
Druck: Druckhaus Flock, Köln

Bestell-Nr. 12 945

ISBN: 978-3-98558-334-8

Bildquellen © AdobeStock.com:
S. 3:strichfiguren.de; **S. 5**: gorynvd, auremar, Christian Schwier; **S. 8**: bardockstudio; **S. 9**: mozZz, Peter Hermes Furian; **S. 11**: bardockstudio; **S. 12**: Denys Holovatiuk (bearb.); **S. 13**: «MysticaLink», willymona, UTBP, kmiragaya; **S. 14**: «MysticaLink»; **S. 15**: truekit, Microgen, valleyboi63, Eugene Ga; **S. 16**: truekit, Eugene Ga; **S. 17**: mozZz; **S. 18**: ii-graphics, Kaesler Media (bearb.); **S. 20**: Vieriu, pict rider; **S. 21**: mozZz; **S. 22/23**: «MysticaLink»;**S. 23**: **S. 24/25**: photorebelle; **S. 26**: pyty, ii-graphics (3x); **S. 28**: Capturedbykeeleigh, ii-graphics, diegograndi; **S. 29**: Matyas Rehak, cascoly2, ottawawebdesign; **S. 30**: pyty; **S. 32**: Ruslan Gilmanshin, BillionPhotos.com, movieaboutyou, BAIVECTOR_bearb, ComicVector, filipbjorkman, VectorShop; **S. 33**: Zoa-Arts; **S. 34**: Nadya, PX Media, Birgit, Jiva Core, butenkow; **S. 35**: Nadya; **S. 36**: ii-graphics (3x); **S. 37**: blueringmedia (bearb.); **S. 38**: blueringmedia; **S. 41**: Don Lewis; **S. 42**: janaluchenko; **S. 43**: ii-graphics (3x); **S. 45**: lavizzara, kolonko (2x); **S. 46**: Peter Hermes Furian; **S. 48**: ii-graphics; **S. 49**: kolonko; **S. 50**: AlexanderZam (bearb.); **S. 51**: Juulijs; **S. 52**: ii-graphics, lavizzara; **S. 55**: Alfonsodetomas; **S. 56**: Jeremy, John Chandler Media, raksyBH, Ulf, blueringmedia; **S. 57**: pbardocz, languste15; **S. 58**: Alfonsodetomas; **S. 59**: pbardocz; **S. 62**: Peter Hermes Furian; **S. 63**: Martin Capek, Delano, evver, TAKUMAL; **S. 64**: ink drop; **S. 66**: dmutrojarmolinua (bearb.); **S. 67**: Evan, aiisha, Peter Hermes Furian, Dimitrios; **S. 68**: Siberian Art, V. J. Matthew, NZP Chasers; **S. 69**: harvepino, Dene' Miles, Gilles Rivest; **S. 70**: Anton Balazh, lucky-photo; **S. 71**: dmutrojarmolinua (bearb.); **S. 72**: dmutrojarmolinua (bearb.), Christian Pauschert; **S. 73**: Torbjrn; **S. 74**: janaluchenko; **S. 77**: photogallet, Fotos 593; **S. 78**: Dimitrios, lesniewski; **S. 80**: donfink, Harry Collins, Jonathan Steele, lesniewski, nadzeya26; **S. 81**: srongkrod; **S. 82**: ii-graphics; **S. 83**: luisrftc, bogdanserban; **S. 84**: Morphart; **S. 85**: ii-graphics; **S. 86**: Christian Pauschert; **S. 87**: Alexander Sánchez; **S. 88/89**: Yarr65; **S. 90/91**: ii-graphics; **S. 92/93**: Christian Pauschert (2x); **S. 94**: ii-graphics; **S. 95**: pyty (3x), R. Gino Santa Maria, Tarik GOK, G7 Stock, josepperianes (bearb.); **S. 96**: pyty (3x); **S. 97**: Yarr65 (2x), Ruslan Gilmanshin (2x), WavebreakmediaMicro (2x); **S. 98**: Yarr65, Adodi Photography; **S. 99**: mozZz, Yarr65; **S. 100**: Alfonsodetomas; **S. 102:** harvepino; **S. 103**: pyty (3x), Christian Pauschert; **S. 104**: Mark; **S. 105**: ii-graphics (3x); **S. 106**: josepperianes (bearb.), Yarr65, Christian Pauschert (7x); **S. 107**: Helge; **S. 108**: ii-graphics; **S. 109**: Barbara, MarioSergio;**S. 111**: ADESIGN, G7 Stock, julieprop, Olli; **S. 110**: Andrea Ferrario-Wirestock, Curioso.Photography, Manuel Mata; **S. 114**: «MysticaLink», AlexanderZam, Marcos Mello; **S. 115**: Manuel Mata; **S. 116**: Klaus Eppele, Oksana, elleonzebon; **S. 117**: Circumnavigation; **S. 118**: ii-graphics, Robert Biedermann (2x); **S. 119**: julia_lo, Siberian Art; **S. 122**: ii-graphics, strichfiguren.de; **S. 123**: ii-graphics; **S. 124**: ii-graphics, Eli Coory, mrallen, Monica; **S. 125**: ii-graphics, sunsinger; **S. 126/127**: ii-graphics;

© wikimedia.org: **S. 96**: C arango

Unsere Lizenzmodelle

Der vorliegende Band ist eine Print-Einzellizenz

Sie wollen unsere Kopiervorlagen auch digital nutzen? Kein Problem – fast das gesamte KOHL-Sortiment ist auch sofort als PDF-Download erhältlich! Wir haben verschiedene Lizenzmodelle zur Auswahl:

	Print-Version	PDF-Einzellizenz	PDF-Schullizenz	Kombipaket Print & PDF-Einzellizenz	Kombipaket Print & PDF-Schullizenz
Unbefristete Nutzung der Materialien	x	x	x	x	x
Vervielfältigung, Weitergabe und Einsatz der Materialien im eigenen Unterricht	x	x	x	x	x
Nutzung der Materialien durch alle Lehrkräfte des Kollegiums an der lizenzierten Schule			x		x
Einstellen des Materials im Intranet oder Schulserver der Institution			x		x

Die erweiterten Lizenzmodelle zu diesem Titel sind jederzeit im Online-Shop unter www.kohlverlag.de erhältlich.

Inhalt

Vorwort / Einführung

„Es gibt nichts, was den geschulten Verstand mehr kultiviert und bildet, als Geographie.“

– Immanuel Kant –

Die Wochenplanarbeit ist eine Form des Offenen Unterrichts, bei dem Schüler* innerhalb eines bestimmten Zeitrahmens – meistens einer Woche – selbständig und selbstgesteuert Themen erarbeiten. Als Grundlage dient der Wochenplan, in dem Pflicht- und Wahlaufgaben konzipiert sind. Wochenplanunterricht war lange Zeit „grundschultypisch“ besetzt. In der Grundschule ist er schon lange eine anerkannte Unterrichtsmethode und häufig auch in den Lehrplänen als eine besondere Form der inneren Differenzierung verankert.
In der Sekundarstufe wird Wochenplanarbeit eher selten durchgeführt. Viele Lehrer sind der Meinung, dass dafür kein Platz in ihrem Unterricht sei. In der Sekundarstufe dauerte es bis in die 1990er Jahre, als man die darin liegenden Chancen erkannte. Aktuelle Beispiele von Wochenplanunterricht in weiterführenden Schulen zeigen und belegen jedoch die erfolgreiche Durchführbarkeit dieser Methode auch in den Sekundarstufen. Die Arbeit mit Wochenplänen wie hier im Fach Erdkunde bietet die Möglichkeit, die Schüler mehr zum selbstständigen und eigenverantwortlichen Lernen anzuleiten.
Zum besseren Verständnis wird hier noch einmal erklärt, was man überhaupt unter einer Wochenplanarbeit versteht. Der Wochenplanunterricht geht davon aus, dass die Schüler die Anforderungen des Unterrichts auch ohne fremdgesteuerten Druck aus eigener Initiative heraus erbringen. Die oft extrinsische Motivation im traditionellen Unterricht wird beim Wochenplanunterricht durch eine eher intrinsische ersetzt: Die Schüler erproben sich selbst, suchen sich Aufgaben, finden eigene Lern- und Lösungswege und setzen sich Ziele innerhalb eines gesteckten Rahmens selbst.[1]
Lehrer, insbesondere gerade auch Fachlehrkräfte, stehen immer wieder vor der Frage, wie die im Lehrplan genannten Inhalte vermittelt werden können, um möglichst viele Schüler mit unterschiedlichen Lernvoraussetzungen zu erreichen.
Wochenpläne für einzelne Fächer (wie hier im Fach Erdkunde) haben sich bewährt und bieten viele Möglichkeiten. In Form der Wochenplanarbeit …

- bieten sich Möglichkeiten, die Schüler mehr zum selbstständigen und eigenverantwortlichen Lernen anzuleiten;
- kann der Schüler individuell lernen, d. h. die Aufgaben selbst auswählen, das eigene Tempo, den Zeitpunkt sowie den Ort des Lernens bestimmen;
- besteht die Möglichkeit, verschiedene Sozial- und Interaktionsformen wie Einzel-, Partner- und Gruppenarbeit zu wählen;
- kann jeder Schüler unterschiedlich schnell, auf unterschiedliche Art und Weise und unterschiedlich viel auf einmal lernen.

Dieses Buch zeigt die vielfältigen Möglichkeiten der Wochenplanarbeit im Fach Erdkunde der Sekundarstufe I auf. Dabei ist zu berücksichtigen, dass das Fach nur ein- bzw. zweistündig in der Woche erteilt wird. Es werden 38 Wochenpläne jeweils mit Thema, Wahl- und Pflichtaufgaben, Infotexten sowie Lösungen beschrieben.

Viel Freude und Erfolg beim Einsatz der Wochenpläne und dem „etwas anderen Unterricht“ wünschen Ihnen das Kohl-Redaktionsteam und

Rudi Lütgeharm

* *Hinweis: Mit Schülern bzw. Lehrern sind im ganzen Heft selbstverständlich auch die Schülerinnen und Lehrerinnen gemeint!*

[1] Vaupel, D.: Individualisiertes Lernen in der Sekundarstufe, S. 23

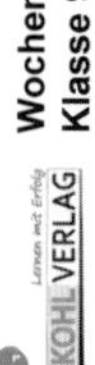

Erdkunde mit Wochenplänen

Was versteht man unter einem Wochenplan?
Ein Wochenplan ist ein Plan für eine Woche in einem Fach oder mehreren Fächern mit Pflicht- und Wahlaufgaben. Der Plan wird von Fachlehrkräften für die Schüler unter Berücksichtigung der curricularen Vorgaben erstellt. Die Aufgaben sollten in der Regel innerhalb einer Woche in Einzel-, Partner- oder Kleingruppenarbeit bearbeitet werden.

Intrinsische Motivation
Im Gegensatz zum herkömmlichen Frontalunterricht spricht man bei der Arbeit mit Wochenplänen von einer intrinsischen Motivation der Schüler. Die Jungen und Mädchen setzen sich aus eigenem Interesse und mit natürlicher Neugier mit den Themen auseinander.

Selbstbestimmtes und selbstverantwortliches Lernen
Die Wochenplanarbeit eröffnet den Schülern die Möglichkeit, selbstbestimmt und selbstverantwortlich zu lernen. Durch die Arbeit am Wochenplan lernt der Schüler, seine Aufgaben selbstständig zu organisieren und zu erledigen. Jeder Schüler bearbeitet die gestellten Aufgaben im eigenen Tempo und ist deshalb auch hoch konzentriert. Der Schüler entscheidet selbst, in welcher Reihenfolge die gestellten Aufgaben bearbeitet werden.

Wochenpläne flexibel handhaben
Manchmal wird ein Wochenplan vom jeweiligen Schüler schnell „abgearbeitet“, dann kann er sich natürlich – wenn noch Zeit ist – dem nächsten Wochenplan zuwenden. Es kann aber auch sein, dass die Aufgaben eines Wochenplanes nicht innerhalb des gesetzten Zeitrahmens gelöst worden sind, dann sollten die noch nicht erledigten Aufgaben in der folgenden Fachstunde oder auch zu Hause abgearbeitet werden.

Individueller Lernweg/individuelles Lerntempo
Bei den sogenannten offenen Methoden wie dem Stationenlernen, dem Projektunterricht und bei der Wochenplanarbeit ist nicht immer alles genauestens vorauszuplanen, weil jedem Schüler ein individueller Lernweg/individuelles Lerntempo zugestanden wird. Damit steht dieser Unterricht im Gegensatz zum lehrerzentrierten Unterricht, wo der Lernweg von der Lehrkraft von vornherein geplant und durch genaue Fragestellungen festgelegt ist, um die angedachten Ziele zu erreichen.

Binnendifferenzierung
Bei der Wochenplanarbeit besteht die Möglichkeit der Binnendifferenzierung im Sinne einer individuellen Förderung. Aufgrund unterschiedlicher Vorkenntnisse sind manche Schüler schneller mit den Aufgaben fertig als andere, sie können dann schon an ihrem Wochenplan weiterarbeiten und stören nicht.

Methodische und soziale Kompetenzen
Die Wochenplanarbeit fördert die methodischen und sozialen Kompetenzen der Jungen und Mädchen. Sie lernen ihren Lerntyp, ihr Lernverhalten und natürlich ihre Vorlieben kennen. Im praktischen Umgang mit den Wochenplänen können sie immer besser die Dauer der Aufgaben (den Lernprozess) einschätzen. Bei entsprechender Aufgabenstellung kommen Einzel-, Partner- und Gruppenarbeit zur Anwendung.

Einzelarbeit

Partnerarbeit

Gruppenarbeit

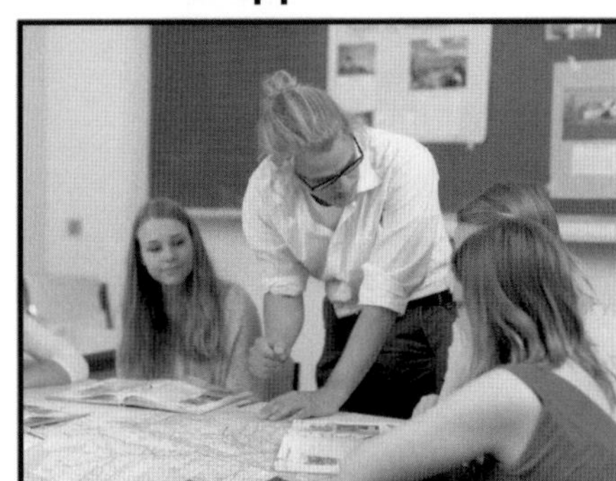

Praktische Umsetzung der Wochenpläne

Zu Beginn eines bestimmten Zeitraums, z. B. einer Woche erhalten alle Schüler einen Plan, in dem die Aufgaben aus einem Fach, wie hier im Fach „Erdkunde“, aufgelistet sind. In den zur Verfügung stehenden Unterrichtstunden (Zeitanteilen) haben die Schüler die Gelegenheit, die Aufgaben des Wochenplans in Einzel-, Partner- und auch Gruppenarbeit zu erarbeiten.

Pflicht- und Wahlaufgaben

Um das eigenverantwortliche und individualisierte Lernen zu fördern, umfasst jeder Wochenplan Pflicht- und Wahlaufgaben, die kleinschrittig aufgebaut sind und von den Schülern im Laufe der Woche bearbeitet werden müssen bzw. können. Die Anteile der Pflicht- und Wahlaufgaben variieren in den einzelnen Wochenplänen.

☑ **Pflichtaufgaben: Diese Aufgaben musst du bearbeiten.**

Wahlaufgaben: Diese Aufgaben kannst du bearbeiten.

Rollenverständnis Schüler und Lehrer

Bei der Arbeit mit Wochenplänen verändert sich auch das Rollenverständnis zwischen Schüler und Lehrer, d. h. die Schüler sind mehr aktiv, die Lehrkraft unterstützt und hilft, wenn erforderlich und hat dadurch oft mehr Zeit, sich den schwächeren Schülern zuzuwenden, aber auch leistungsstärkere Schüler mehr zu fordern.

Gute Vorbereitung und Materialpool

Die erfolgreiche Arbeit mit den Wochenplänen setzt eine gute und intensive Vorbereitung voraus. Die Lehrkraft muss dabei besonders die Voraussetzungen und Kenntnisse der Schüler in der Klasse kennen und berücksichtigen. Beim Aufstellen der Wochenpläne für ein Fach ist besonders die Auswahl und Gestaltung der Aufgaben wichtig, damit alle Schüler „aktiv“ mitarbeiten können.
Arbeitsmaterialien wie Atlanten, Globen, Fachbücher, Nachschlagewerke, Computernutzung und große Wandkarten, z. B. Nordamerika/Südamerika physisch und politisch und USA/Kanada/ Brasilien usw. müssen zur Verfügung stehen und evtl. vorher beschafft werden.

Wochenplan im Fach Erdkunde

In der Sekundarstufe sind aufgrund des Fachlehrereinsatzes andere/entsprechende Rahmenbedingungen zu beachten. Aufgrund der geringen Wochenstundenzahl des Faches Erdkunde, je nach Schulform 1-2 Stunden in der Woche, können die Wochenpläne in der Regel nicht immer durchgängig in jeder Woche eingesetzt werden, sondern müssen anteilmäßig und flexibel eingesetzt werden.
Wichtig ist, dass trotzdem beim Einsatz der Wochenpläne eine „Rhythmisierung“ deutlich wird, d. h. z. B. in jeder zweiten Erdkundestunde werden die Wochenpläne eingesetzt. Manchmal können die Wochenpläne auch in den sog. Verfügungsstunden oder in Stunden aus dem Stundenpool[1] eingesetzt werden.

[1] Stundenpool zur schuleigenen Schwerpunktsetzung und Gestaltung in den verschiedenen Schuljahrgängen. Die Lehrerstunden aus diesem Pool dürfen für Differenzierungs- und Fördermaßnahmen sowie für das Angebot von Wahlunterricht und Arbeitsgemeinschaften verwendet werden.

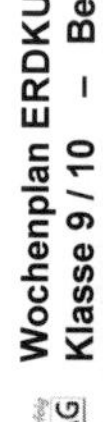

Lehrpläne und Themen bzw. Inhalte der Wochenpläne

Um diese Buchreihe von Klasse 5 bis 9/10 übersichtlich und komplett anzubieten, werden in den einzelnen Bänden die in den Lehrplänen/Curricula länderübergreifend genannten Kernthemen/inhaltlichen Schwerpunkte berücksichtigt und bei der Gestaltung der Wochenpläne eingearbeitet. Hierbei kommt es manchmal auch zu kleinen Abweichungen. Die folgende Übersicht veranschaulicht auf einen Blick die Kernthemen der einzelnen Bände dieser Reihe „Wochenplan Erdkunde" – Klasse 5, 6, 7, 8 und 9-10 und die daraus erstellten Wochenpläne.

Klasse 5	Klasse 6	Klasse 7	Klasse 8
Atlas & Karten	Unser Sonnensystem	Größe & Aufbau – Erde	Asien
Maßstab – Gradnetz	Erde und Mond	Jahreszeiten	- Lage und Größe - Länder & Hauptstädte - Gebirge & Berge - Flüsse & Seen - Klima & Vegetation ——— China Indien Australien & Ozeanien
Deutschland - Lage in Europa - Länder & Hauptstädte - Flüsse & Seen - Gebirge & Berge - Großlandschaften	Europa - Lage im Gradnetz - Länder & Hauptstädte - Flüsse & Seen - Gebirge & Berge - Großlandschaften ——— Die Europäische Union	Achsneigung & Klimazonen ——— Afrika - Lage & Größe - Länder & Hauptstädte - Gebirge & Berge - Klima & Vegetation - Nationalparks	

In den Klassen 9 und 10 steht der Doppelkontinent Amerika (Nordamerika mit Zentralamerika und Südamerika) im Mittelpunkt des Erdkundeunterrichts. In manchen Bundesländern wird Asien in der Klasse 9/10 und dafür Nord- und Südamerika in der Klasse 8 behandelt.

Das erste Kapitel „Doppelkontinent Amerika" beschäftigt sich schwerpunktmäßig mit der Ausdehnung, der Lage, der Entdeckung und der angelsächsischen bzw. lateinamerikanischen Betrachtungsweise und stimmt die Schüler auf die folgenden Themen/Inhalte der beiden Kontinente ein.

Klasse 9	Klasse 10
Doppelkontinent Amerika **Name, Entdeckung, Lage, Größe etc.**	
Nordamerika im Überblick - Lage, Größe, Gliederung, Bevölkerung, indigene Völker - Länder, Hauptstädte, Lage, Fläche, Einwohner - Großlandschaften, Gebirge & Berge, Flüsse & Seen, Halbwüsten & Wüsten, Savannen, Regenwald - Klima & Vegetation - Nationalparks – Yellowstone - USA	**Südamerika im Überblick** - Lage, Größe, Gliederung, Bevölkerung, indigene Völker - Länder, Hauptstädte, Lage, Fläche, Einwohner - Großlandschaften, Gebirge & Berge, Flüsse & Seen, Halbwüsten & Wüsten, Savannen, Regenwald - Klima & Vegetation - Amazonas - Brasilien

In den Wochenplänen dieses Buches werden die in den Lehrplänen für die Klasse 9/10 länderübergreifend genannten Kernthemen berücksichtigt. Die Infotexte ermöglichen den Schülern einen vertiefenden Zugang zu den Themen. Die sich anschließenden (daraus resultierenden) Pflicht- und Wahlaufgaben ermöglichen die Wissens- und Kenntniserweiterung.

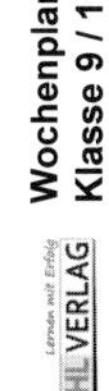

1 Wochenplan: Doppelkontinent Amerika I

für die Zeit vom:	bis zum:	
Name:	Klasse:	Wochenplan-Nr.:

➲ Infotext: **Doppelkontinent Amerika**

Pflichtaufgaben ✓ **Diese Aufgaben musst du bearbeiten.**

☐ **P 1**: Nenne die Gewässer von a bis h.

☐ **P 2**: Wie heißen die Länder von 1 bis 6?

a) ____________________
b) ____________________
c) ____________________
d) ____________________
e) ____________________
f) ____________________
g) ____________________
h) ____________________

1) ____________________
2) ____________________
3) ____________________
4) ____________________
5) ____________________
6) ____________________

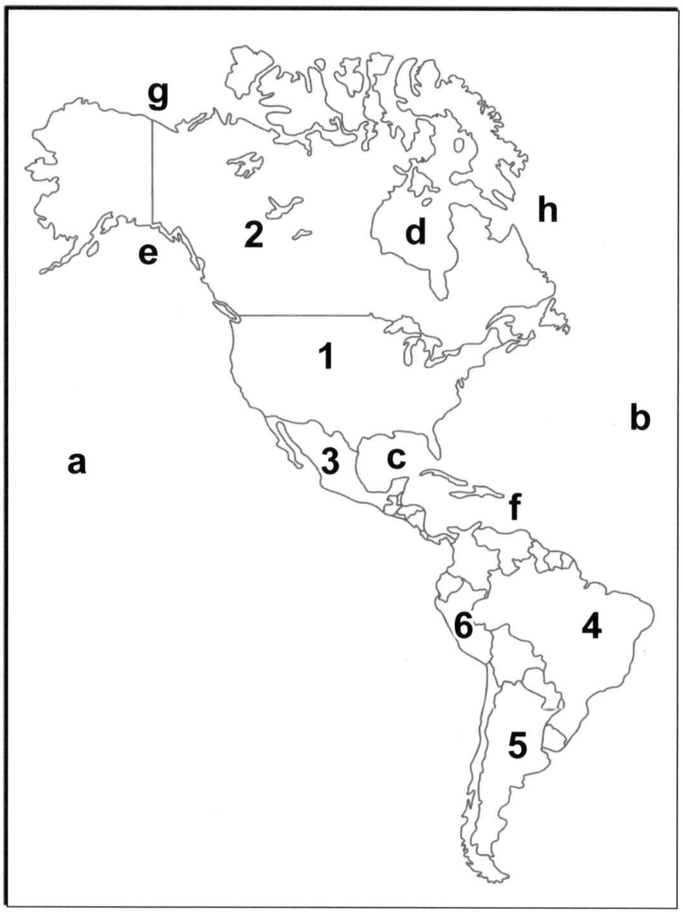

☐ **P 3**: Kennzeichne die zentralamerikanische Landbrücke mit einem Pfeil.

☐ **P 4**: Welches Land in Südamerika ist ca. 50 000 km² größer als Deutschland?

____

Wahlaufgaben ✗ **Diese Aufgaben kannst du bearbeiten.**

△ **W 1**: Zeichne den Äquator auf der Karte ein und beschrifte ihn.

△ **W 2**: Durch welche Länder verläuft der Äquator?

____

△ **W 3**: Beschreibe die Lage und Größe Amerikas.

____
____
____
____
____
____

KOHL VERLAG Wochenplan ERDKUNDE Klasse 9 / 10 – Bestell-Nr. 12 945

1 Wochenplan: Doppelkontinent Amerika I

Infotext: Doppelkontinent Amerika

Amerika ist ein Doppelkontinent[1] der Erde, der aus Nordamerika (mit Zentralamerika) und Südamerika besteht, umgangssprachlich aber auch häufig in Nord-, Mittel- und Südamerika aufgeteilt wird. Beide Teile sind nur an einer schmalen Stelle in Panama miteinander verbunden (zentralamerikanische Landbrücke). Als Zentral- oder Mittelamerika wird die Landbrücke zwischen Nord- und Südamerika bezeichnet.

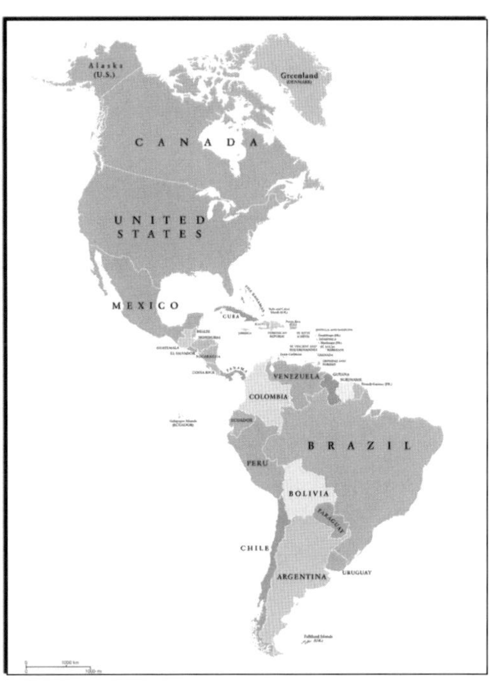

Fläche und Ausdehnung

Der Doppelkontinent Amerika hat eine Landfläche von ca. 42 550 000 km² und ist damit nur etwas kleiner als Asien mit 44,4 Mio km² – das entspricht rund 28 % der Erdoberfläche. Amerika erstreckt sich von der Arktis bis fast an die Antarktis. Im Vergleich mit Nordamerika (= 24 Mio km²) und Südamerika (= 18 Mio km²) erscheint Europa mit 10,5 Mio km² doch recht klein. Bei diesen Zahlen wurde Zentral- oder Mittelamerika noch gar nicht mitgerechnet. Amerika ist mit über 15 000 km Ausdehnung der längste Kontinent der Erde. Amerika erstreckt sich von 83° nördlicher Breite bis 56° südlicher Breite sowohl über die Nord- als auch über die Südhalbkugel über sämtliche Klimazonen. Das Kap Columbia (engl. Cape Columbia) ist der nördlichste Punkt Kanadas und des amerikanischen Kontinents (ohne Grönland). Es liegt auf der Ellesmere-Insel in der kanadisch-arktischen Inselwelt. Vom Kap Columbia bis zum südlichsten Punkt des amerikanischen Kontinents (Kap Hoorn) beträgt die Entfernung 15 485 km. Im Norden wird Amerika vom Nordpolarmeer umgeben. Im Osten grenzt der Atlantische Ozean an Amerika. In der Mitte befinden sich der Golf von Mexiko und das Karibische Meer. Im Westen grenzt der Pazifische Ozean an Amerika. An der Südspitze – am Kap Hoorn – stoßen der Pazifik und der Atlantik aufeinander.

Sprachen

Mehrere europäische Länder Europas hatten Kolonien in Amerika. Hier zogen auch immer mehr eigene Leute nach. So kommt es, dass in Nordamerika meistens Englisch gesprochen wird, z. B. in den USA und Kanada. Daher spricht man auch von Angloamerika. In Mittel- und in Südamerika sprechen die meisten Menschen spanisch, weil dort früher die Spanier herrschten. Eine Ausnahme bildet Brasilien, wo Portugiesisch die Landessprache ist. Daher nennt man Südamerika auch Lateinamerika.

[1] Als Doppelkontinent werden zusammenhängende Landmassen bezeichnet, die aus zwei Kontinenten bestehen.

1 Wochenplan: Doppelkontinent Amerika I

Infotext: Doppelkontinent Amerika

Entdeckung und Name
Vor der Entdeckung – „Eroberung“ durch die Europäer lebten in Amerika Inuit und „Indianer“ sowie die Hochlandbewohner Mexikos (Azteken), Yucatáns (Maya) und Peru-Boliviens (Inka), die hohe Kulturen entwickelt hatten.

1492 wurde Amerika von Christoph Kolumbus entdeckt, der jedoch annahm, in Indien gelandet zu sein. Amerika ist nach dem italienischen Seefahrer Amerigo Vespucci (1451-1512) benannt worden. Amerika wird wegen seiner späten Entdeckung durch die Europäer auch als „Neue Welt“ bezeichnet. Vespucci erkannte als erster, dass das Land, wo Kolumbus landete, nicht Indien sei, sondern vielmehr ein eigenständiger unentdeckter Kontinent sein könne. Kolumbien wurde nach dem Entdecker Kolumbus benannt. Durch die europäischen Einwanderer wurde Nordamerika vorwiegend britisch geprägt, während Mittel- und Südamerika durch die spanischen und portugiesischen Eroberer geformt wurde. 1507 notierte der deutsche Kartograph Martin Waldseemüller auf seiner Weltkarte zum ersten Mal den Namen America. Dieser leitete sich vom latinisierten Namen Americus Vespucius ab und nahm, wie für Kontinente üblich, die weibliche Form an.

„Indianer“ – indigene Völker
Der Name Indianer für die Ureinwohner Amerikas entstand durch den Irrtum des Christoph Kolumbus, der meinte, nach „Indien“ (was damals Ostasien bedeutete) gelangt zu sein. Indianer ist eine Sammelbezeichnung für Angehörige verschiedener indigener Völker Amerikas, deren Vorfahren schon vor Kolumbus dort gelebt haben. Den Namen „Indianer“ haben ihnen die fremden Einwanderer gegeben. Nach 1500 wurden immer weitere Gebiete kolonialisiert und die indigenen Völker – Indianer, Mayas, Inkas, Azteken – zurückgedrängt.

Angelsächsische und lateinamerikanische Betrachtungsweise
Im englischen Sprachraum werden Nord- und Südamerika als getrennte Kontinente betrachtet. „America“ wird ähnlich wie Amerika im Deutschen als Kurzform für die Vereinigten Staaten (USA) gebraucht. Im spanischen und portugiesischen Sprachraum wird „America“ als ein Kontinent angesehen.

Anzahl der Staaten:	Auf dem Doppelkontinent Amerika gibt es 57 Staaten.
Größter Staat nach Einwohnern (2022):	USA mit 338,29 Mio Menschen
Einwohner (2022):	Nordamerika 372 Mio; Lateinamerika/Karibik 656 Mio
Längster Fluss in km:	Amazonas mit 6671 km
Größter See im km²:	Oberer See mit 82 103 km² liegt im Grenzgebiet USA-Kanada
Größte Staaten in km²:	Kanada: 9 984 670 km² USA: 9 833 517 km² Brasilien: 8 515 770 km² Argentinien: 2 780 400 km²

Höchster Berg:
Der Aconcagua liegt in Argentinien und ist mit 6961 m der höchste Berg des amerikanischen Doppelkontinents sowie der höchste Berg außerhalb Asiens.

[2] „Indigen“ bedeutet so viel wie „in ein Land geboren“, was den besonderen Bezug aller indigenen Völker zu ihrer natürlichen Umwelt ausdrücken soll. Per Definition sind Indigene Völker Nachfahren der Erstbesiedler einer Region.

1 Wochenplan: Doppelkontinent Amerika I

Lösungen

P 1: a = Pazifik; b = Atlantik; c = Golf von Mexiko; d = Hudson Bay
e = Golf von Alaska; f = Karibisches Meer; g = Beaufort-See
h = Labrador-See

P 2: 1 = USA 2 = Kanada 3 = Mexiko
4 = Brasilien 5 = Argentinien 6 = Peru

P 3: siehe Karte: ➞

P 4: Paraguay = 406 752 km² – Deutschland = 357 000 km²

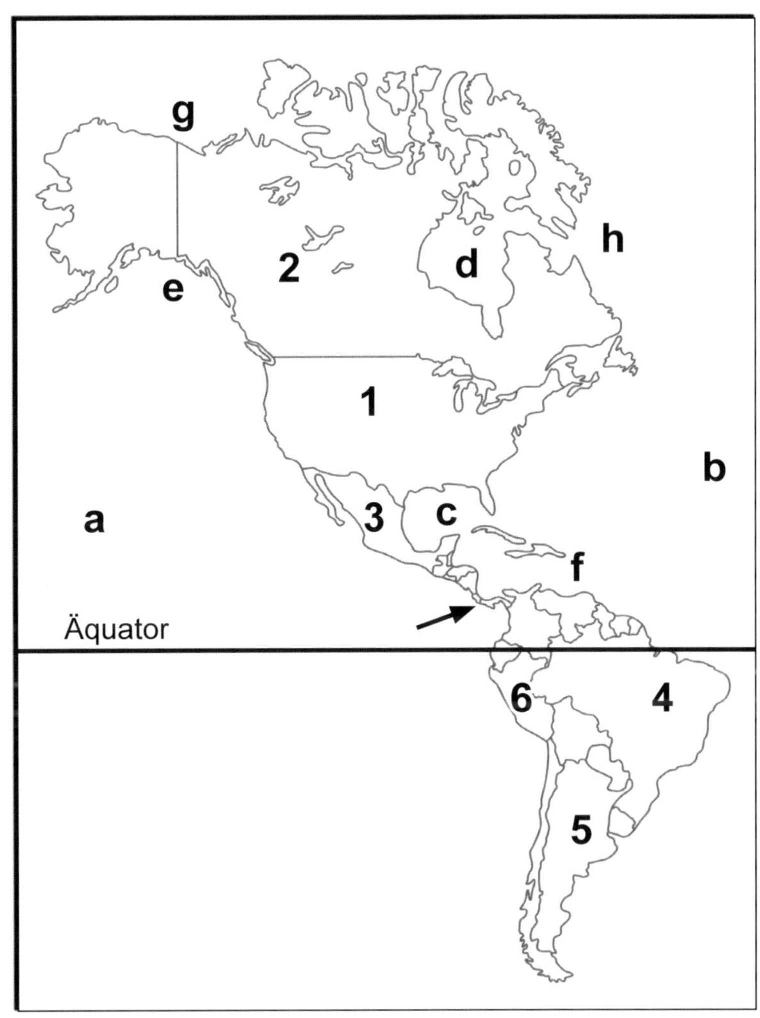

W 1: siehe Karte

W 2: Brasilien – Kolumbien – Ecuador

W 3: Amerika erstreckt sich von 83° nördlicher Breite bis 56° südlicher Breite sowohl über die Nord- als auch über die Südhalbkugel über sämtliche Klimazonen. Im Norden wird Amerika vom Nordpolarmeer umgeben. Im Osten grenzt der Atlantische Ozean an Amerika. In der Mitte befinden sich der Golf von Mexiko und das Karibische Meer. Im Westen grenzt der Pazifische Ozean an Amerika. An der Südspitze – am Kap Hoorn – stoßen der Pazifik und der Atlantik aufeinander.

Wochenplan ERDKUNDE
Klasse 9 / 10 – Bestell-Nr. 12 945

2 Wochenplan: Doppelkontinent Amerika II

für die Zeit vom:	bis zum:	
Name:	Klasse:	Wochenplan-Nr.:

➲ Infotext: **Doppelkontinent Amerika**

Pflichtaufgaben	✓	**Diese Aufgaben musst du bearbeiten.**

☐ **P 1**: Wie wird Amerika kulturgeografisch eingeteilt?

☐ **P 2**: Verbinde die Aussagen zu sinnvollen Sätzen. Lösungswort: ___ ___ ___ ___ ___ ___

	Nr.	Buchst.	
In Mittel- und Südamerika	1	T	ihnen die fremden Einwanderer gegeben.
Der Doppelkontinent Amerika hat	2	G	durch die Europäer auch als „Neue Welt“ bezeichnet.
Amerika wird wegen seiner späten Entdeckung	3	A	stoßen der Pazifik und der Atlantik aufeinander.
Als Zentral- oder Mittelamerika wird die Landbrücke	4	O	zwischen Nord- und Südamerika bezeichnet.
Den Namen „Indianer“ haben	5	B	sprechen die meisten Menschen spanisch.
An der Südspitze, am Kap Hoorn,	6	O	eine Landfläche von ca. 42 550 000 km².

☐ **P 3**: Nord- oder Südamerika? Trage ein und benenne die Ausschnitte genauer.

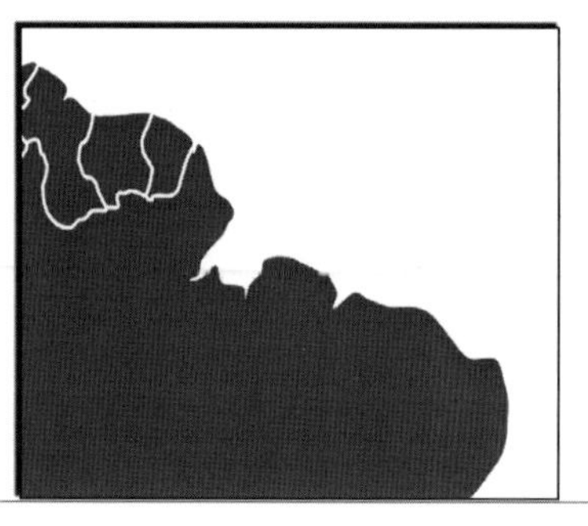

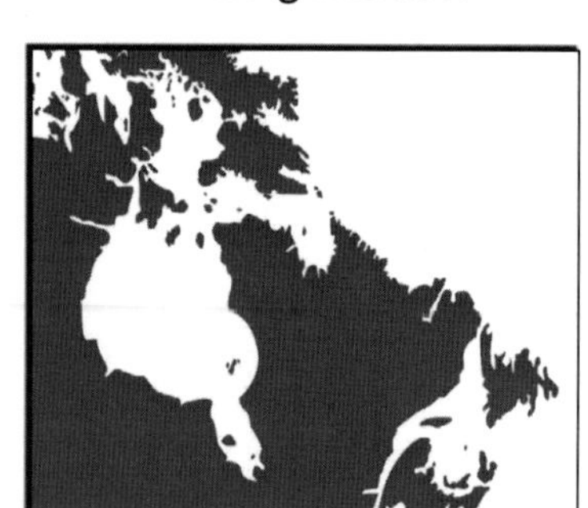

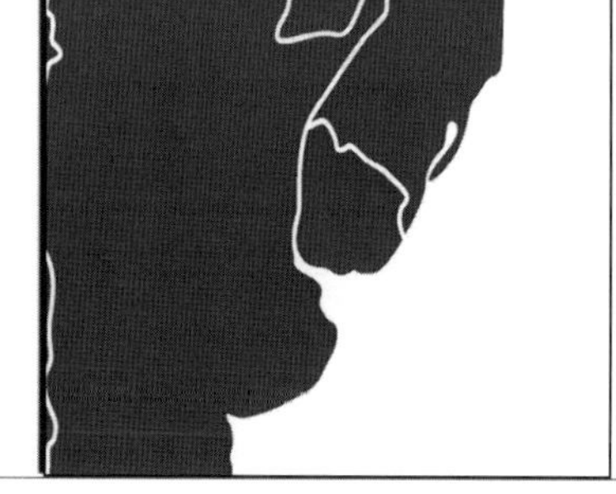

KOHL VERLAG Wochenplan ERDKUNDE Klasse 9 / 10 – Bestell-Nr. 12 945

2 Wochenplan: Doppelkontinent Amerika II

☐ **P 4**: Beschrifte die Karte mit den entsprechenden Begriffen.

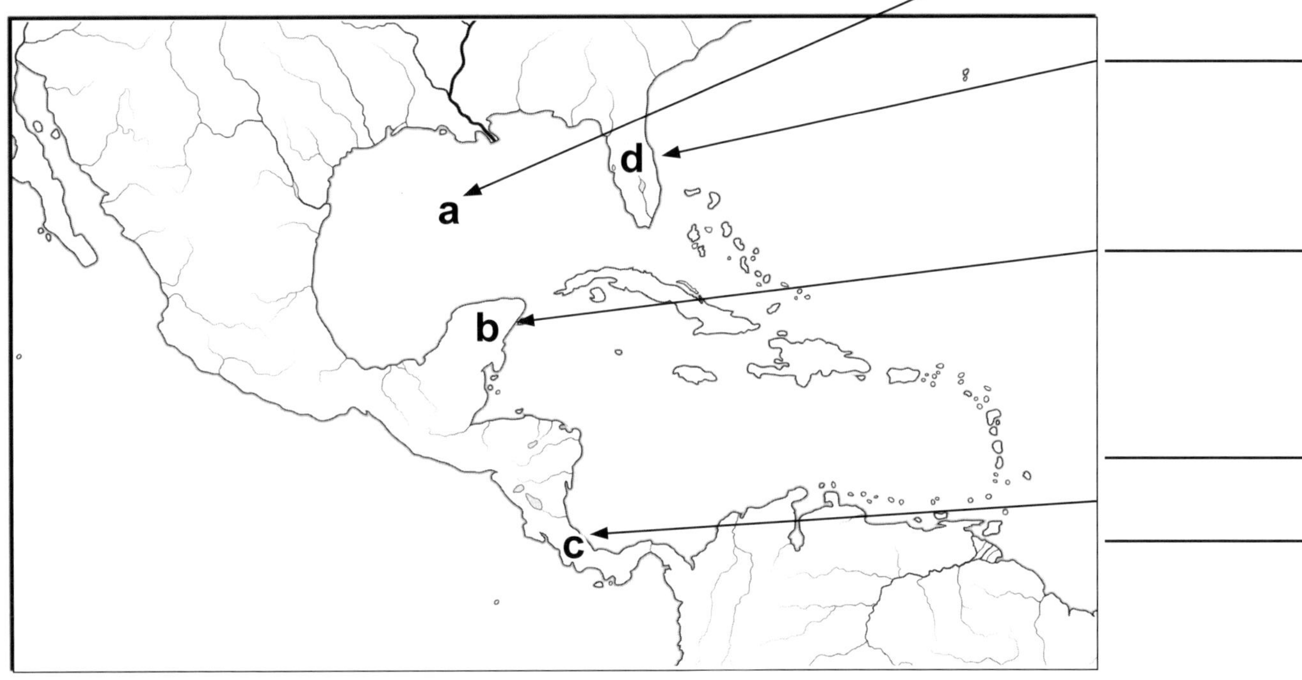

Wahlaufgaben ☒ **Diese Aufgaben kannst du bearbeiten.**

△ **W 1**: Ergänze das Säulendiagramm für die Flächen folgender Kontinente und Länder:
Nordamerika: 24 Mio km² – Südamerika: 18 Mio km² – Europa: 10,5 Mio km² – Kanada: 9,9 Mio km² – Brasilien: 8,5 Mio km²
Die Säulen sind 2 cm breit, Abstand 2 cm. In der Höhe gilt: 2 cm ≙ 4 Mio km²

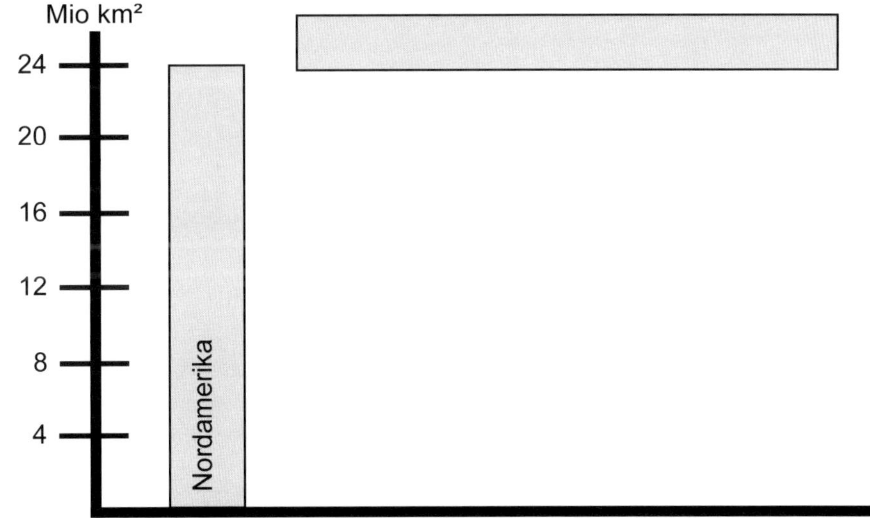

△ **W 2**: Wann hat ein deutscher Kartograph zum ersten Mal den Namen America auf einer Weltkarte notiert?

△ **W 3**: Welche großen Städte sind hier abgebildet? Nenne ihren Namen und benenne ihre Lage (Nord-, Mittel- oder Südamerika).

2 Wochenplan: Doppelkontinent Amerika II

Lösungen

P 1: in Angloamerika und Lateinamerika

P 2: Lösungswort: **Bogota**

P 3:
- Südamerika, Brasilien, Amazonas-Mündung
- Nordamerika, Hudson-Bay
- Nordamerika, Alaska/Aleuten
- Südamerika, Rio de la Plata

P 4:

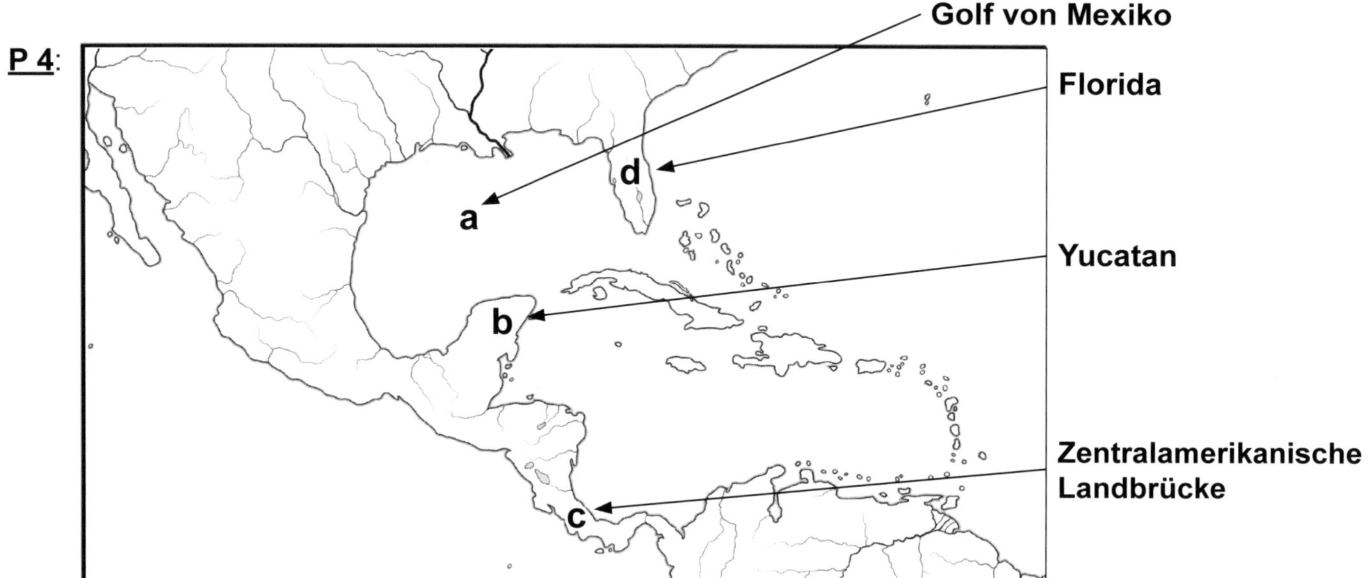

W 1:

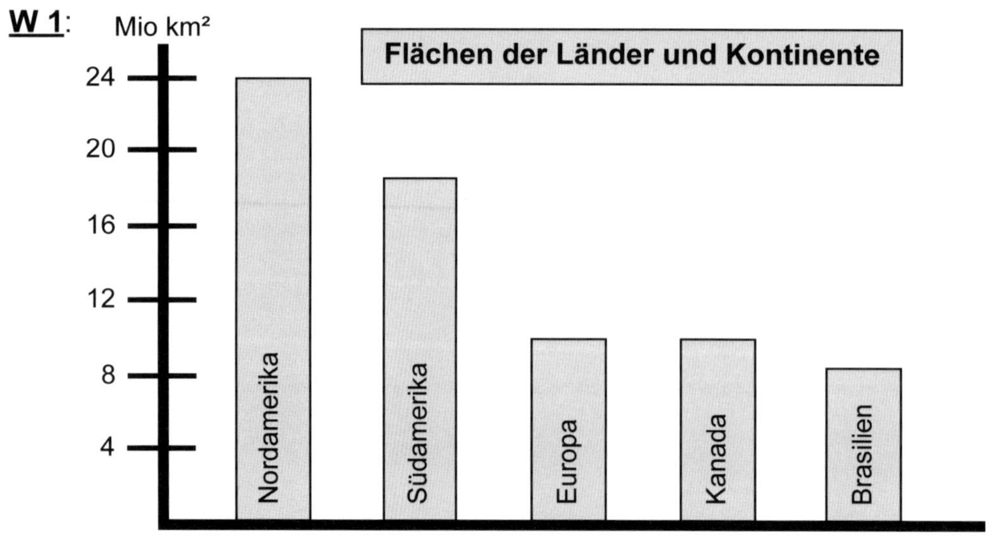

W 2: 1507 notierte der deutsche Kartograph Martin Waldseemüller auf seiner Weltkarte zum ersten Mal den Namen America.

W 3:
- Brasilianisches Parlament in Brasilia, Südamerika
- Skyline von New York, Nordamerika
- Engel der Unabhängigkeit = Symbol von Mexiko-City, Nordamerika

Wochenplan ERDKUNDE
Klasse 9 / 10 – Bestell-Nr. 12 945
KOHL VERLAG

3 Wochenplan: Doppelkontinent Amerika III

für die Zeit vom:	bis zum:	
Name:	Klasse:	Wochenplan-Nr.:

➲ Infotext: **Doppelkontinent Amerika**

Pflichtaufgaben ✓ **Diese Aufgaben musst du bearbeiten.**

☐ **P 1**: Beschrifte den Äquator und die Breitengrade 10° – 20° – 30° nördlicher und südlicher Breite.

☐ **P 2**: Brasilien liegt zum größten Teil zwischen welchen Breitengraden?

____

☐ **P 3**: Welcher Breitengrad verläuft durch die zentralamerikanische Landbrücke?

____

☐ **P 4**: Golf von Mexiko – beschreibe seine Lage mithilfe der Breitengrade.

____

Wahlaufgaben ✗ **Diese Aufgaben kannst du bearbeiten.**

△ **W 1**: Die großen Seen in Nordamerika liegen insgesamt zwischen welchen Breitengraden?

____

W2 a)

W2 b)

△ **W 2**: Erkennst du diese Abbildungen (rechts, a und b) mit typischen Merkmalen. Schreibe den Namen, den Kontinent und weitere wichtige Punkte dazu auf. (Recherchiere im Internet.)

△ **W 3**: Beschrifte den Globus mit den richtigen Begriffen.

△ **W 4**: Welche Aufgaben hat die Wasserstraße auf Abb. W 2b? Beschreibe sie genauer.

KOHL VERLAG Wochenplan ERDKUNDE Klasse 9 / 10 – Bestell-Nr. 12 945

3 Wochenplan: Doppelkontinent Amerika III

Lösungen

P 1:

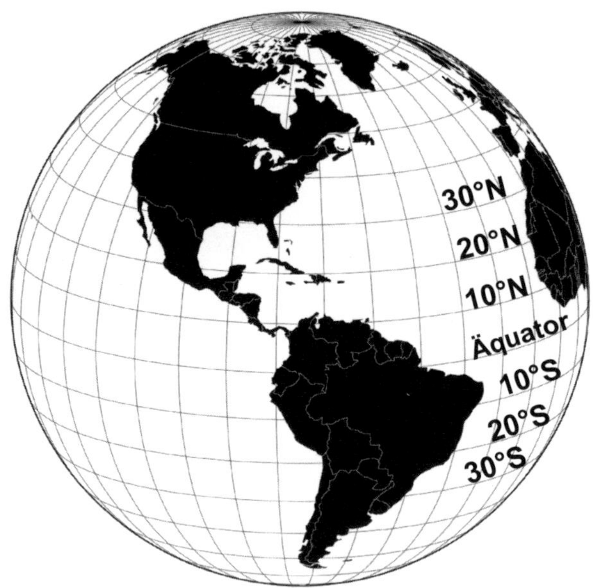

P 2: Brasilien liegt zum größten Teil zwischen dem Äquator und 30°S.

P 3: 10°N verläuft durch die zentralamerikanische Landbrücke.

P 4: Der Golf von Mexiko liegt zwischen 20°N und 30°N.

W 1: Die großen Seen liegen zwischen 40°N und 50°N.

W 2: **a** = Rio de Janeiro (Südamerika) mit dem Berg Corcovado.
Der Corcovado ist ein 710 m hoher Berg im Stadtgebiet von Rio de Janeiro.
Auf ihm steht die monumentale Christusstatue Cristo Redentor.

b = Panamakanal (Mittelamerika)
Große Frachtschiffe passieren die Schleusen des Panamakanals.
Diese alltäglichen Durchfahrten garantieren dem Land Einnahmen und zusätzliche Gebühren aus dem Tourismus.

W 3:

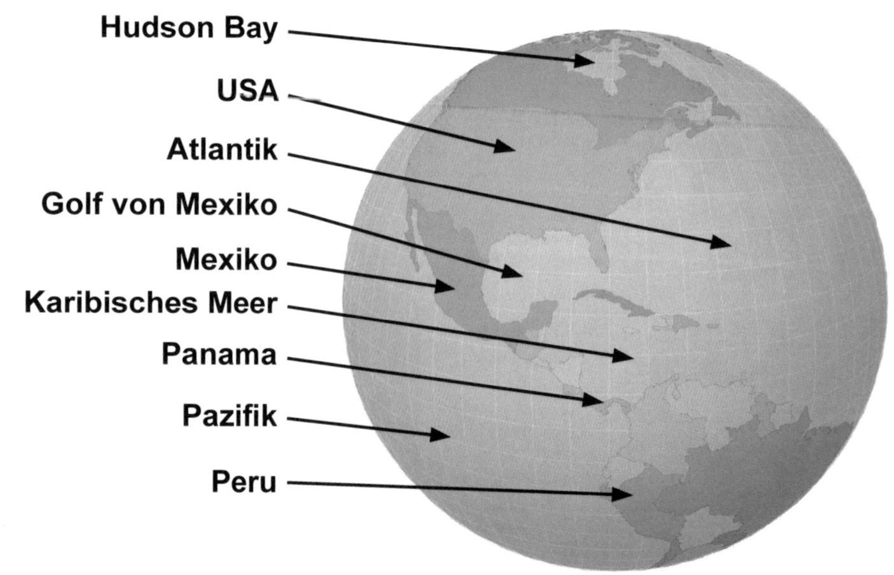

W 4: Der Panamakanal verbindet den Atlantik mit dem Pazifik und erspart damit die lange Fahrt um das Kap Hoorn. Der Panamakanal ist ca. 82 km lang und durchläuft die Landenge von Panama.

KOHL VERLAG Wochenplan ERDKUNDE Klasse 9 / 10 – Bestell-Nr. 12 945

4 Wochenplan: Nordamerika im Überblick I

für die Zeit vom:	bis zum:	
Name:	Klasse:	Wochenplan-Nr.:

➲ Infotext: **Nordamerika im Überblick**

Pflichtaufgaben ✓ **Diese Aufgaben musst du bearbeiten.**

☐ **P 1**: Beschreibe die Lage und Ausdehnung von Nordamerika

☐ **P 2**: Welche Länder grenzen an den Golf von Mexiko?

☐ **P 3**: Welche Gebiete werden auch zu Nordamerika gezählt?

☐ **P 4**: Nenne die Namen der Gewässer von 1 bis 8

1) ____________________

2) ____________________

3) ____________________

4) ____________________

5) ____________________

6) ____________________

7) ____________________

8) ____________________

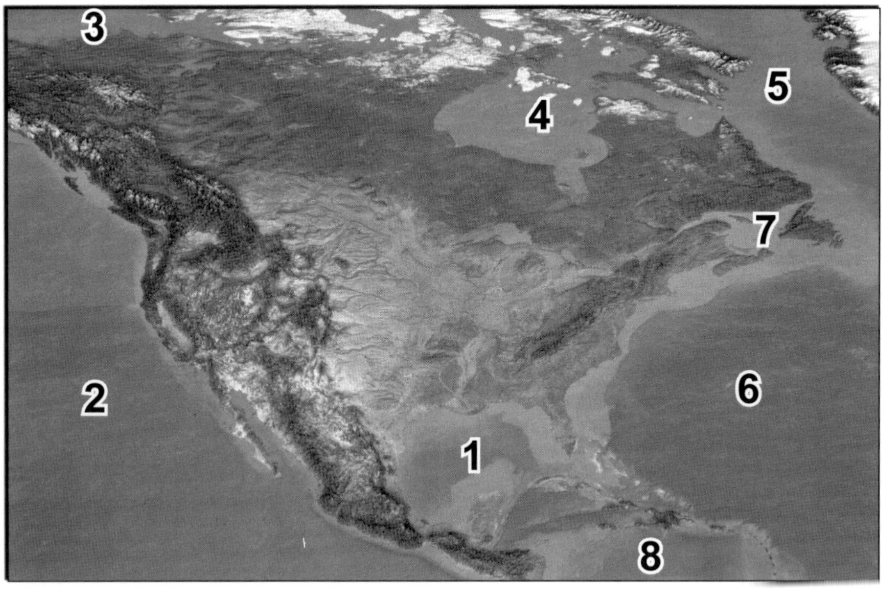

Wahlaufgaben x **Diese Aufgaben kannst du bearbeiten.**

△ **W 1**: Füge den Nördlichen Wendekreis auf der Karte ein und beschrifte ihn mit der Gradzahl.

△ **W 2**: Durch welche Länder/Gebiete verläuft der nördliche Wendekreis?

____

△ **W 3**: Beschreibe die Flächengröße Nordamerikas im Vergleich zu anderen Kontinenten.

____

____

△ **W 4**: Wie heißt der östlichste Punkt Nordamerikas? Kennzeichne diesen Punkt mit einem Pfeil auf der Karte.

____

Wochenplan ERDKUNDE
Klasse 9 / 10 – Bestell-Nr. 12 945
KOHL VERLAG

4 Wochenplan: Nordamerika im Überblick I

Infotext: Nordamerika im Überblick

Nordamerika ist der nördliche Teil des amerikanischen Doppelkontinents und mit 24 930 000 km² nach Asien und Afrika der drittgrößte Kontinent der Erde. Zu Nordamerika zählen auch Grönland, Zentralamerika und die Karibik. Zentralamerika ist die Landbrücke zwischen Nord- und Südamerika und zugleich die südlichste Region des nordamerikanischen Kontinents. Nordamerikas Anteil an der gesamten Landfläche der Erde beträgt 16,6 %. Der Anteil an der gesamten Erdoberfläche (inklusive Wasserfläche) beträgt 4,9 %.

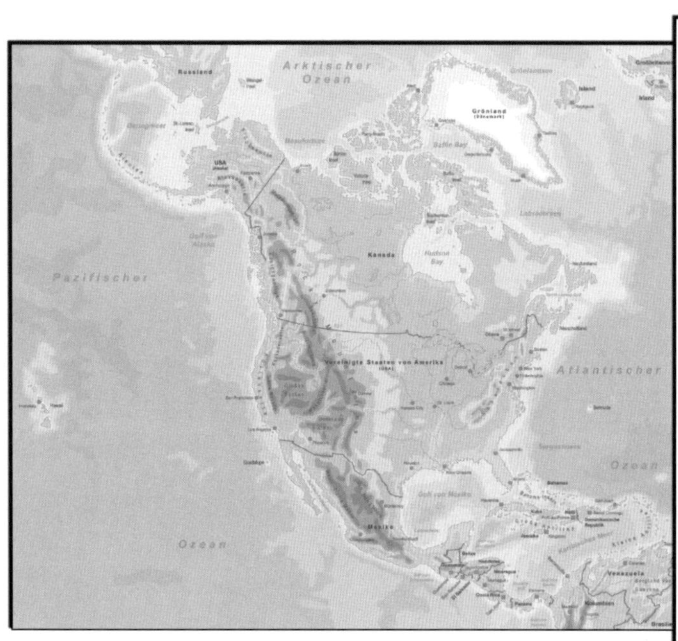

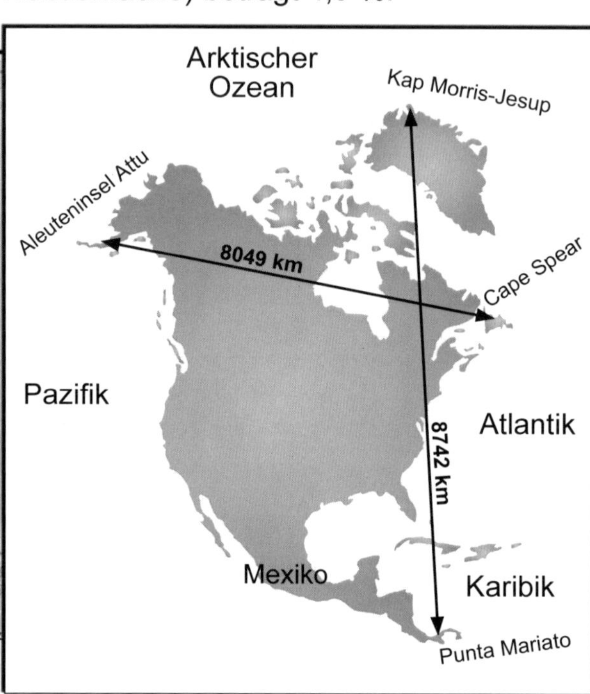

Lage Nordamerikas

- Nordamerika liegt komplett in der westlichen Hemisphäre und nördlich des Äquators.
- Die Nord-Süd-Ausdehnung reicht von 83° nördlicher Breite bis 10° nördlicher Breite.
- Im Norden reicht Nordamerika bis auf 7 Breitenkreise an den Nordpol heran.
- Die Ost-West-Ausdehnung reicht von 35° westlicher Länge bis 172° westlicher Länge.
- Vom nördlichsten Punkt Nordamerikas bis zum südlichsten Punkt sind es ca. 8742 km.
- Die größte Ost-West-Entfernung beträgt ca. 8049 km.

Nordamerika wird im Norden vom Arktischen Ozean, im Osten vom Atlantischen Ozean, im Süden vom Karibischen Meer (Karibik) und im Westen vom Pazifischen Ozean begrenzt.

Nördlichster Punkt = Kap Morris-Jesup (ca. 39°W, 83°N) auf Grönland
Südlichster Punkt = Punta Mariato (ca. 80°W, 7°N) in Panama
Westlichster Punkt = liegt auf der Aleuteninsel Attu
Östlichster Punkt = Cape Spear, nahe der Stadt St. John's auf Neufundland

Klima

Nordamerika beinhaltet jede Klimazone. Im Norden ist das Klima polartypisch, an der Südspitze Floridas herrscht tropisches Klima. Die klimatischen Gegensätze werden u. a. durch die Topographie des Kontinents und durch Meeresströmungen noch verstärkt.

Staaten und Bevölkerung

Nordamerika umfasst insgesamt 23 Staaten. In Nordamerika liegen nur drei Staaten, und zwar: Kanada, USA und Mexiko. Kanada ist mit 9 970 610 km² der flächenmäßig größte Staat (nur Russland ist größer). Die USA bilden mit 337 731 997 Einwohnern den bevölkerungsreichsten Staat auf dem nordamerikanischen Kontinent – global auf Rang 3, nur in China (1 412 550 000) und Indien (1 405 220 000) leben mehr Menschen.

4 Wochenplan: Nordamerika im Überblick I

Metropolen in Nordamerika

- Toronto ist mit 2,96 Millionen Einwohnern die größte Stadt Kanadas und die Hauptstadt der Provinz Ontario.
- Chicago liegt am Südwestufer des Michigansees und ist mit 3 005 072 Einwohnern die drittgrößte Stadt der USA.
- Los Angeles liegt am Pazifischen Ozean und am Los Angeles River. L.A. ist mit 3 694 466 Einwohnern die zweitgrößte Stadt der USA.
- New York City liegt an der Ostküste der USA im Bundesstaat New York und ist mit rund 8,8 Millionen Einwohnern die bevölkerungsreichste Stadt des Landes.
- Mexiko City ist die Hauptstadt von Mexiko, in der ca. 9,2 Millionen Menschen (2020) leben.

Sprachen

Kanada: Seit 1969 sind Englisch und Französisch gleichrangig als Amtssprachen anerkannt. Die Bürger von Kanada haben das Recht, Dienstleistungen in Englisch sowie in Französisch zu beziehen. Die Schulen müssen garantieren, beide Sprachen zu unterrichten. Englisch wird nahezu in ganz Kanada gesprochen, während Französisch sich auf wenige Provinzen konzentriert. Quebec ist die einzige Provinz, die offiziell Französisch als einzige Amtssprache hat. Neben Englisch und Französisch finden aber auch weitere Sprachen Anwendung, u. a. Chinesisch, Italienisch, Deutsch und Spanisch.
USA: Die USA haben keine festgelegte Amtssprache, Englisch gilt aber als Nationalsprache. Englisch ist die Muttersprache bei 4 von 5 Einwohnern und wird praktisch überall als Verkehrssprache genutzt. Englisch ist in allen Bundesstaaten die wichtigste Sprache. Neben dem Englischen hat das Spanische in den USA auch eine große Bedeutung. Das liegt nicht zuletzt daran, dass Mexiko direkt an die USA grenzt. Mit über 50 Millionen Amerikanern, deren hauptsächliche Sprache Spanisch ist, liegen die USA zudem auf Platz 2 der Staaten mit der meisten lateinamerikanischen Bevölkerung direkt hinter Mexiko (121 Millionen) und noch vor Spanien. Chinesisch folgt auf dem dritten Platz der meist gesprochenen Sprachen in den USA, besonders in den Regionen rund um Kalifornien und vor allem in den Großstädten mit einem China-Town-Viertel. Aufgrund der französischen Einwanderer wird in den Südstaaten wie z. B. Louisiana neben Englisch auch Französisch gesprochen. Ca. 1,3 Millionen Bürger sprechen französisch. Rund 1 Millionen Bürger sprechen fließend deutsch oder geben sie als zweite Sprache an. In North Dakota gehört Deutsch sogar zur zweithäufigsten Sprache und in 16 anderen Staaten ist Deutsch die am drittmeisten gesprochene Sprache nach Englisch und Spanisch.
Mexiko: die Amtssprache Mexikos ist Spanisch. Mexiko ist das größte spanisch sprechende Land. Man sagt auch, dass Mexiko zu den Ländern gehört, in denen neben Spanien selbst am saubersten Spanisch gesprochen wird. Mexiko hat neben der Amtssprache Spanisch noch 62 indigene Sprachen, die als Nationalsprachen anerkannt sind. Die Sprache Náhuatl[1] lässt sich bis zu den Azteken zurückverfolgen.

Religionen

Durch die Christianisierung der Europäer ist die Mehrzahl der Bevölkerung in Nordamerika christlich. Viele der Religionen der indigenen Völker und somit auch deren Gebräuche sind durch die europäische Kolonialisierung verloren gegangen. Etwa 44 % der Bevölkerung sind Katholisch und 29 % sind Protestanten. Die Mehrheit der US-Amerikaner (63-68 %) bezeichnet sich selbst als Protestanten oder Katholiken. Nichtchristliche Religionen (einschließlich Judentum, Islam, Buddhismus, Hinduismus usw.) machen zusammen etwa 5 % der amerikanischen Bevölkerung aus. 87 % der Mexikaner sind Katholiken.

[1] Nahuatl ist eine Variante der Nahuatl-Sprache, die in vorspanischer Zeit im Tal von Mexiko von Azteken und verwandten Nahua-Völkern gesprochen wurde.

4 Wochenplan: Nordamerika im Überblick I

Geschichte

Die Reise von Christoph Kolumbus im Jahr 1492 gilt aus europäischer Sicht als offizielle Entdeckung Amerikas, obwohl er den Kontinent für Indien hielt. Amerigo Vespucci, ein Kaufmann und Seefahrer aus Italien gab den Kontinenten Nord- und Südamerika ihre Namen. Wahrscheinlich ist aber, dass Wikinger schon einige hundert Jahre früher den amerikanischen Kontinent bereisten. Der Italiener Giovanni Caboto[2] betrat 1497 im Auftrag von England als Erster Nordamerika (das Gebiet des heutigen Kanadas). Der Kontinent wurde schließlich zwischen den Franzosen, Engländern und Spaniern aufgeteilt.

- Jamestown und Plymouth Rock waren die ersten englischen Siedlungen in Nordamerika.
- Québec und Port Royal waren die ersten französischen Siedlungen.
- Im Jahr 1775 begann der Unabhängigkeitskrieg der 13 Kolonien gegen Großbritannien, der erst 1783 mit dem Frieden von Paris beendet wurde.
- 1861 kam es zum Amerikanischen Bürgerkrieg, der auch Sezessionskrieg genannt wird. Ein wichtiger Grund für das Entstehen des Krieges war der Umgang mit der Sklaverei. Die Sklaverei wurde im Jahr 1865 durch den US-Präsidenten Abraham Lincoln verboten und abgeschafft.

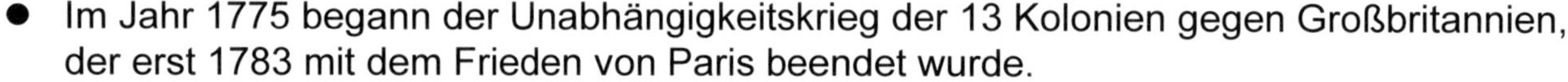

Indigene Völker

Die ursprüngliche Bevölkerung (amerikanische Ureinwohner) wurde größtenteils von den europäischen Eroberern und Siedlern (alle brauchten Land) ausgerottet oder ging an den eingeschleppten Krankheiten zugrunde. So starben Tausende an Pocken-Epidemien, da ihr Immunsystem auf diesen Erreger nicht eingestellt war.

Einst bevölkerten die Ureinwohner (Indianer[3]) den ganzen nordamerikanischen Kontinent. Noch vor gut 400 Jahren gehörte den zahlreichen Indianerstämmen der „Sioux", „Comanchen", „Irokesen", „Apachen", „Schoschonen", „Cheyenne", „Cherokee", „Blackfoot", „Pawnee", „Creek" … fast ganz Nordamerika. Fünf Jahre nach der Entdeckung Amerikas durch Christoph Kolumbus eroberten die Engländer Neufundland und Labrador. Auf der Suche nach Gold erreichten die Spanier im Süden Florida. Die amerikanischen Indianer wurden seit ihrem ersten Kontakt mit den europäischen Siedlern brutal unterdrückt und ihres angestammten Landes beraubt. Die Europäer versuchten nicht, die Religion, die Gewohnheiten und die Gesellschaft der Ureinwohner zu verstehen. Bis zum Jahr 1770 nahm die Zahl der Aussiedler stark zu, es kam zu kriegerischen Auseinandersetzungen, die Indianer wurden vertrieben und auch gezielt getötet.

[2] Giovanni Caboto (englisch John Cabot) (* um 1450 – † wohl 1498 auf See) gilt als erster moderner Europäer, der das nordamerikanische Festland erreichte (24. Juni 1497).

[3] Sammelbezeichnung für die indigenen Völker des Kontinentes Nordamerika

4 Wochenplan: Nordamerika im Überblick I

Lösungen

P 1: Nordamerika liegt komplett in der westlichen Hemisphäre und nördlich des Äquators. Die Nord-Süd-Ausdehnung reicht von 83° nördlicher Breite bis 10° nördlicher Breite. Im Norden reicht Nordamerika bis auf 7 Breitenkreise an den Nordpol heran. Die Ost-West-Ausdehnung reicht von 35° westlicher Länge bis 172° westlicher Länge. Vom nördlichsten Punkt Nordamerikas bis zum südlichsten Punkt sind es ca. 8742 km. Die größte Ost-West-Entfernung beträgt ca. 8049 km.

P 2: Die USA, Mexiko und Kuba.

P 3: Grönland, Zentralamerika und die Karibik

P 4: 1 = Golf von Mexiko 2 = Pazifik 3 = Beaufort-See 4 = Hudson-Bay
5 = Labrador-See 6 = Atlantik 7 = St.-Lorenz-Golf 8 = Karibisches Meer

W 1: siehe Karte

W 2: nördlich von Kuba – mitten durch Mexiko

W 3: Nordamerika (24,9 Mio km²) ist mehr als doppelt so groß wie Europa (10,5 Mio km²), Nordamerika ist fast dreimal so groß wie Australien (8,5 Mio km²).

W 4: Der östlichste Punkt ist Cape Spear nahe der Stadt St. John‘s auf Neufundland.

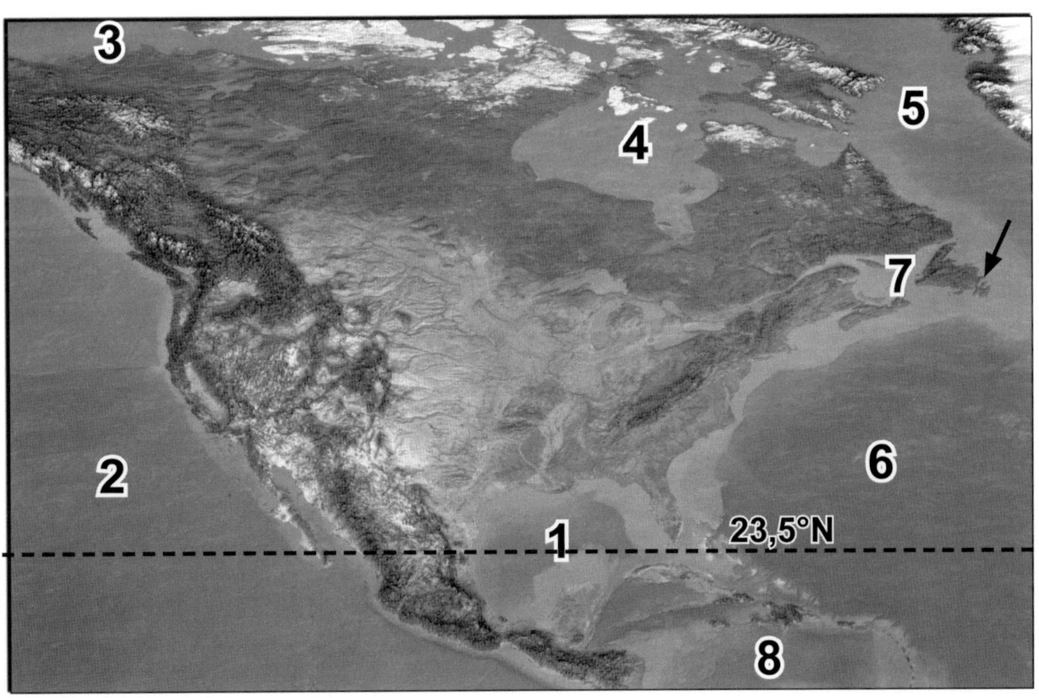

Wochenplan ERDKUNDE
Klasse 9 / 10 – Bestell-Nr. 12 945

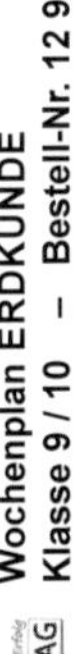

5 Wochenplan: Nordamerika im Überblick II

für die Zeit vom:	bis zum:	
Name:	Klasse:	Wochenplan-Nr.:

➲ Infotext: **Nordamerika im Überblick**

Pflichtaufgaben ✓ **Diese Aufgaben musst du bearbeiten.**

☐ **P 1**: Wann und von wem wurde Nordamerika entdeckt? In welchem Auftrag handelte diese Person?

____

☐ **P 2**: Wie hieß die erste dauerhafte englische Siedlung in Nordamerika und wo wurde sie angelegt?

____

☐ **P 3**: Richtig oder falsch – kreuze an.

		richtig	falsch
a	Nordamerika liegt in der westlichen Hemisphäre zu beiden Seiten des Äquators.		
b	Nordamerika ist nach Asien und Afrika der drittgrößte Kontinent der Erde.		
c	Im Süden wird Nordamerika vom Golf von Mexiko begrenzt.		
d	Nordamerika beinhaltet jede Klimazone. Im Norden ist das Klima polartypisch. An der Südspitze Floridas herrscht gemäßigtes Klima.		
e	In Kanada sind Englisch und Französisch gleichrangig als Amtssprachen anerkannt.		
f	Mexiko ist das größte spanisch sprechende Land.		

☐ **P 4**: Korrigiere die falschen Aussagen. Schreibe in dein Heft / deinen Ordner.

Wahlaufgaben △x **Diese Aufgaben kannst du bearbeiten.**

△ **W 1**: Welche Begriffe stecken hinter den Buchstaben von a bis e in der Karte?

△ **a)** __________ **b)** __________ **c)** __________ **d)** __________ **e)** __________

△ **W 2**: Nenne die Namen der Flüsse 1 und 2 und ihr Mündungsgebiet.

1) ____________________ **2)** ____________________

△ **W 3**: Über welche „Gewässer“ ist der Golf von Mexiko mit dem Karibischen Meer und dem Atlantik verbunden? Markiere diese Gewässer auf der Karte.

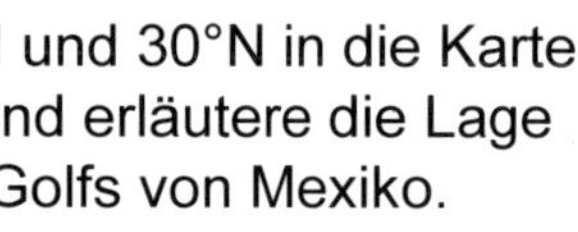

△ **W 4**: Zeichne die Breitenkreise 20°N und 30°N in die Karte ein und erläutere die Lage des Golfs von Mexiko.

Wochenplan ERDKUNDE Klasse 9 / 10 – Bestell-Nr. 12 945
KOHL VERLAG

5 Wochenplan: Nordamerika im Überblick II

Lösungen

P 1: Nordamerika (das Gebiet des heutigen Kanadas) wurde 1497 vom Italiener Giovanni Caboto im Auftrag von England entdeckt.

P 2: Jamestown war die erste dauerhafte englische Siedlung in Nordamerika. Sie wurde 1607 – zunächst als „James Fort" – auf einer Insel im James River in Virginia gegründet und nach König James I von England benannt.

P 3: Richtig sind: b, e, f

P 4: zu a = Nordamerika liegt in der westlichen Hemisphäre und nördlich des Äquators.
zu c = Im Süden wird Nordamerika vom Karibischen Meer begrenzt.
zu d = Nordamerika beinhaltet jede Klimazone. Im Norden ist das Klima polartypisch. An der Südspitze Floridas herrscht tropisches Klima.

W 1: a = Florida / b = Niederkalifornien / c = Yucatan / d = Kuba / e = Panama

W 2: 1 = Mississippi / 2 = Rio Grande
Beide Flüsse münden in den Golf von Mexiko.

W 3: siehe Karte
Der Golf von Mexiko ist über die Straße von Yucatan mit dem Karibischen Meer verbunden.
Der Golf von Mexiko ist über die Floridastraße mit dem Atlantik verbunden.

W 4: siehe Karte
Der Golf von Mexiko liegt etwa zwischen 20°N und 30°N. Der nördliche Wendekreis läuft mittig durch den Golf von Mexiko.

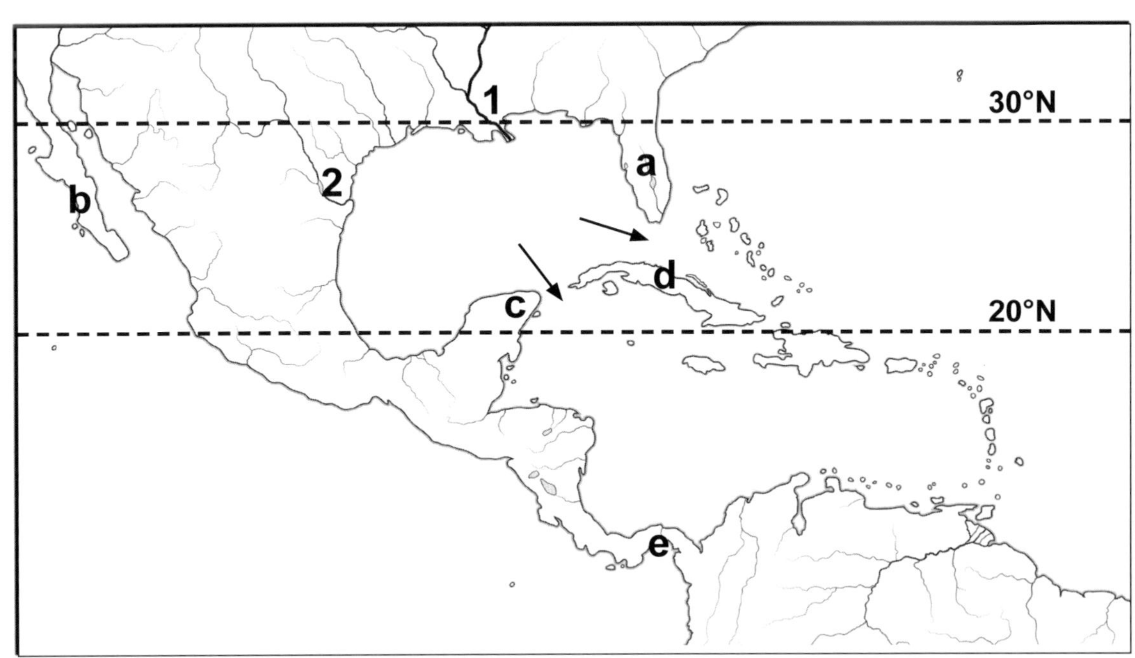

6 Wochenplan: Nordamerika im Überblick III

für die Zeit vom:	bis zum:	
Name:	Klasse:	Wochenplan-Nr.:

➲ Infotext: **Nordamerika im Überblick**

Pflichtaufgaben ✓ **Diese Aufgaben musst du bearbeiten.**

☐ **P 1**: Nenne die Namen der Seen von a bis g.

☐ **P 2**: Zeichne die Breitengrade 50°N und 60°N in die Karte ein.

☐ **P 3**: Nenne die Namen der Inseln von 1 bis 6.

a) ____________________
b) ____________________
c) ____________________
d) ____________________
e) ____________________
f) ____________________
g) ____________________
1) ____________________
2) ____________________
3) ____________________
4) ____________________
5) ____________________
6) ____________________

P 4: Informiere dich über George Washington und Abraham Lincoln – zwei berühmte Präsidenten der USA – und schreibe deine Ergebnisse in dein Heft.

Wahlaufgaben ✗ **Diese Aufgaben kannst du bearbeiten.**

△ **W 1**: Was versteht man unter dem Begriff „Indigene Völker“?

____

△ **W 2**: Wie nennt man die Ureinwohner des nordamerikanischen Kontinents? Welchen Stämmen gehörten diese Ureinwohner an? Nenne Beispiele.

____

△ **W 3**: Warum verloren die Ureinwohner ihr angestammtes Land und wurden immer mehr dezimiert? Nenne wichtige Gründe.

____

△ **W 4**: Sitting Bull – Crazy Horse – Cochise – Red Cloud – Geronimo … waren berühmte Häuptlinge der Indianer. Recherchiere über diese Häuptlinge und ihre Geschichte und schreibe deine Ergebnisse in dein Heft.

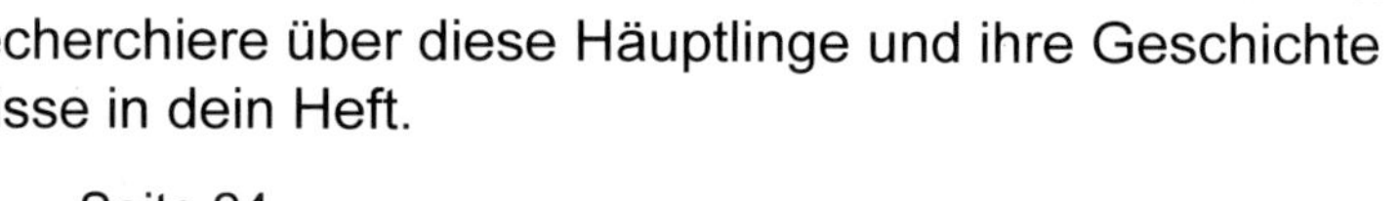

Wochenplan: Nordamerika im Überblick III

Lösungen

P 1: a = großer Bärensee b = Sklavensee c = Winnipeg-See
d = Oberer See e = Michigansee f = Huronsee g = Eriesee

P 2: siehe Karte

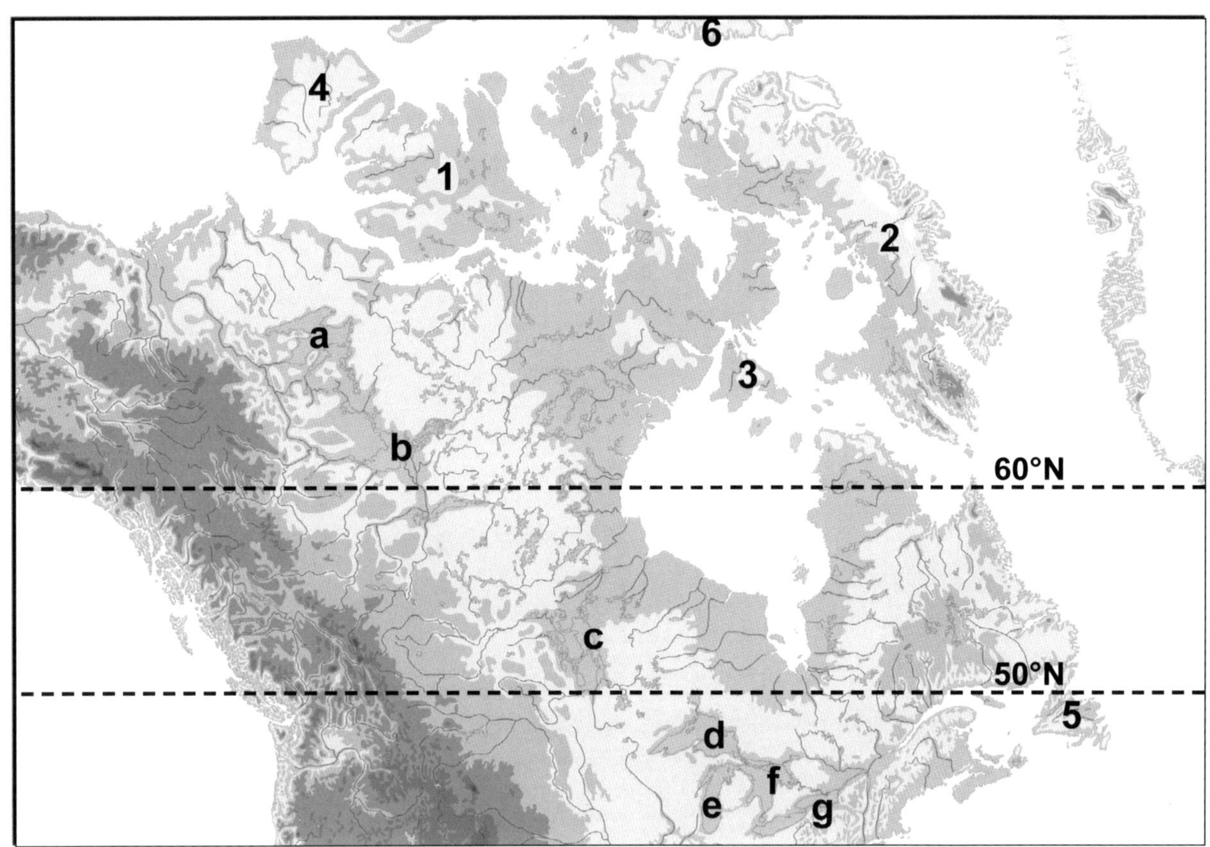

P 3: 1 = Victoria-Insel 2 = Baffin-Insel 3 = Southhampton-Insel
4 = Banks-Insel 5 = Neufundland 6 = Devon-Insel

P 4: Individuelle Lösungen

W 1: Damit ist die ursprüngliche Bevölkerung (amerikanische Ureinwohner = „Indianer") gemeint. Einst bevölkerten die Ureinwohner den ganzen nordamerikanischen Kontinent.

W 2: Man nennt sie Indianer.
Beispiele: Sioux – Comanchen – Irokesen – Apachen – Schoschonen – Cheyenne – Cherokee – Blackfoot – Pawnee – Creek

W 3: Sie wurden von den europäischen Eroberern und Siedlern (alle brauchten Land) bekämpft und ausgerottet. Sie gingen an den eingeschleppten Krankheiten zugrunde, so starben Tausende an Pocken-Epidemien, da ihr Immunsystem auf diesen Erreger nicht eingestellt war.

W 4: Individuelle Lösungen

Wochenplan ERDKUNDE
Klasse 9 / 10 – Bestell-Nr. 12 945

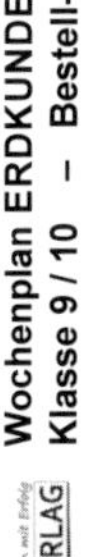

7 Wochenplan: Länder, Hauptstädte, Flächen, Einwohner I

für die Zeit vom:	bis zum:	
Name:	Klasse:	Wochenplan-Nr.:

➲ Infotext: **Länder, Hauptstädte, Flächen, Einwohner**

Pflichtaufgaben ✓ **Diese Aufgaben musst du bearbeiten.**

☐ **P 1**: Nenne die Namen dieser Länder und ihrer Hauptstädte von 1-10.

1) ____________________
2) ____________________
3) ____________________
4) ____________________
5) ____________________
6) ____________________
7) ____________________
8) ____________________
9) ____________________
10) ____________________

☐ **P 2**: Schreibe die Namen der Gewässer, Inseln und Halbinseln auf die Linien.

☐ **P 3**: Nenne die Nachbarländer von Nr. 9. ____________________

☐ **P 4**: Vervollständige die Tabelle mit den richtigen Begriffen und Zahlen.

Land	Hauptstadt	Fläche in km²	Einwohner in Mio
Haitii			
	Havanna		
		75 517	
			4 200 000
			2 640 000
	Nassau		

Wahlaufgaben ⚠ **Diese Aufgaben kannst du bearbeiten.**

△ **W 1**: Welches Bundesland hat annähernd so viele Einwohner wie Jamaika? ____________

△ **W 2**: Erkenne die Länder an ihren Umrissen.

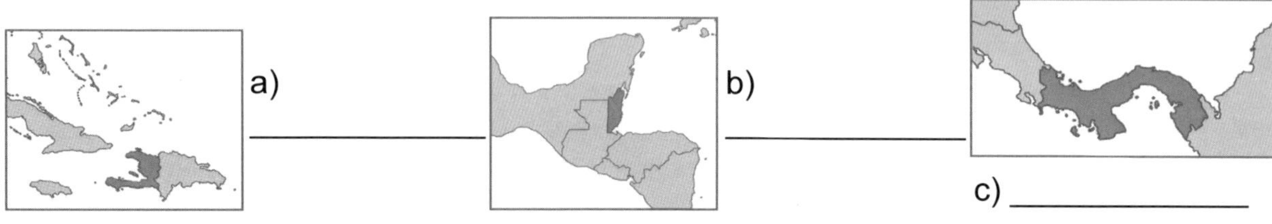

a) ____________________ b) ____________________ c) ____________________

△ **W 3**: Auf welcher Insel liegt das Land auf Abb. a und wie heißt das Nachbarland im Osten? Schreibe in dein Heft.

△ **W 4**: Wann wurde diese Insel entdeckt? Wie hieß der Seefahrer und unter welche Kolonialmacht fiel diese Insel? Schreibe ins Heft.

Wochenplan ERDKUNDE Klasse 9 / 10 – Bestell-Nr. 12 945
KOHL VERLAG

7 Wochenplan: Länder, Hauptstädte, Flächen, Einwohner I

Infotext: Länder, Hauptstädte, Flächen, Einwohner

Mit Nordamerika wird allgemein der nördliche Teil des amerikanischen Doppelkontinents (24 930 000 km² Fläche) inklusive (!) Mittelamerika (= Zentralamerika und die Karibik) bezeichnet. Dieser Kontinent Nordamerika ist der drittgrößte Kontinent der Erde und umfasst insgesamt 23 Länder.

Nordamerika

Achtung: Mit der Bezeichnung „Nordamerika" meint man manchmal aber auch nur die 3 (im engeren Sinn nördlichen) Staaten: Kanada, USA und Mexiko.
Kanada ist mit 9 970 610 km² das flächenmäßig größte Land, nur Russland ist größer.
Das bevölkerungsreichste Land sind die USA mit 296,5 Millionen Einwohnern.

	Land	Hauptstadt	Fläche in km²	Einwohner
01	**Kanada**	Ottawa	9 970 610	32 810 000
02	**USA**	Washington D.C.	9 772 614	296 500 000
03	**Mexiko**	Mexico-City	1 959 000	106 210 000

Mittelamerika

Mittelamerika umfasst insgesamt 20 Staaten. Der flächenmäßig größte Staat der Region ist Nicaragua mit 129 779 km². Das bevölkerungsreichste Land ist Guatemala mit 14,7 Millionen Menschen.

	Land	Hauptstadt	Fläche in km²	Einwohner
04	**Antigua und Barbuda**	Saint John's	442	68 700
05	**Bahamas**	Nassau	13 939	317 000
06	**Barbados**	Bridgetown	431	279 500
07	**Belize**	Belmopan	22 965	278 000
08	**Costa Rica**	San José	51 100	4 200 000
09	**Dominica**	Roseau	751	69 500
10	**Dominikanische Republik**	Santo Domingo	48 700	8 750 000
11	**El Salvador**	San Salvador	21 041	6 710 000
12	**Grenada**	Saint Georges	344	104 600
13	**Guatemala**	GuatemalaStadt	108 889	14 660 000
14	**Haiti**	Port-au-Prince	27 750	8 120 000
15	**Honduras**	Tegucigalpa	112 188	6 980 000
16	**Jamaika**	Kingston	10 991	2 640 000
17	**Kuba**	Havanna	110 861	11 350 000
18	**Nicaragua**	Managua	129 779	5 470 000
19	**Panama**	Panama-Stadt	75 517	3 050 000
20	**Saint Kitts und Nevis**	Basseterre	262	45 000
21	**Saint Lucia**	Castries	616	166 500
22	**Saint Vincent und die Grenadinen**	Kingstown	389	117 000
23	**Trinidad und Tobago**	Port of Spain	5128	1 020 000

Wochenplan ERDKUNDE
Klasse 9 / 10 – Bestell-Nr. 12 945

7 Wochenplan: Länder, Hauptstädte, Flächen, Einwohner I

Wissenswertes über die Länder – ausgewählte Beispiele

Kanada ist fast so groß wie Europa – nach Russland das zweitgrößte Land der Erde. Das Land verfügt über reiche Bodenschätze und über die größten Süßwasserreserven der Welt. Kanada hat nach Saudi-Arabien die weltweit größten Erdölreserven, liegt in der Gasförderung auf Platz 3 und ist der weltgrößte Uranförderer. Kanada ist einer der größten Getreideexporteure der Welt. In den Prärieprovinzen Alberta, Saskatchewan und Manitoba werden u. a. Getreide wie Weizen und Ölsaaten wie Raps und Leinsamen angebaut.

Landschaft mit Kanadischer Flagge

Wichtige Daten:

um 1000 → Der Wikinger Leif Eriksson landet an der Küste Neufundlands.

1497 → Der italienische Seefahrer John Calbot erreicht die kanadische Küste.

1534/1535 → Jaques Cartier nimmt die Gebiete beidseitig des St.-Lorens-Stroms für Frankreich in Besitz.

1663 → Kanada wird königliche franz. Kolonie.

1763 → Im Frieden von Paris tritt Frankreich alle nordamerik. Gebiete an Großbritannien ab.

1931 → Kanada wird ein souveräner Staat im britischen Commonwealth.

Guatemala – so groß wie Bayern und Baden Württemberg zusammen

Guatemala grenzt an Mexiko, Belize, Honduras und El Salvador sowie im Osten an den Atlantik und im Westen an den Pazifik. Das Land bietet mit seinen zahlreichen Maya-Kultstätten und der abwechslungsreichen Landschaft attraktive Reiseziele. Der Fremdenverkehr ist mit über 900 000 Touristen eine bedeutende Einnahmequelle. Guatemala verfügt über Bodenschätze wie Erdöl, Kupfer, Antimon und Nickel. Hauptexportgüter sind Kaffee, Zucker, Bananen, Baumwolle und Kardamom. Mischlinge zwischen Schwarzen und Indianern sowie Weißen bilden eine kleine Minderheit in Guatemala. Die Mehrheit der Bevölkerung – 60 % – sind Indianer und 30 % sind Mestizen (Nachfahren von Europäern und der indigenen Bevölkerung). Amtssprache ist Spanisch, vier Fünftel der Einwohner sind katholischen Glaubens. Vor der Eroberung durch die Spanier im Jahre 1524 war Guatemala Teil des Maya-Reiches. 1839 konnte sich Guatemala von seinem kolonialen Status befreien.

Guatemala Stadt – Nationalpalast

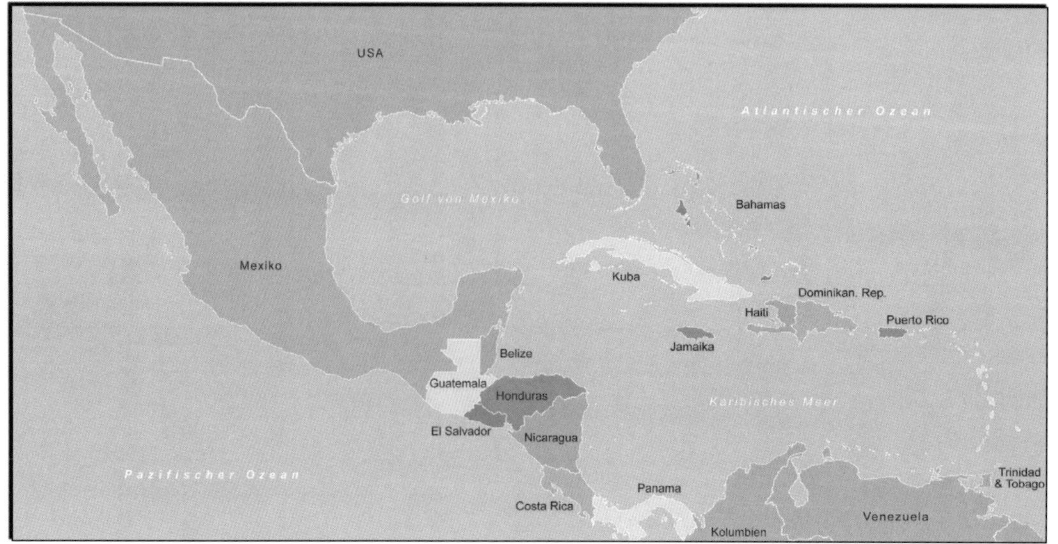

7 Wochenplan: Länder, Hauptstädte, Flächen, Einwohner I

Panama – Schleuse zwischen den Ozeanen

Panama nimmt den schmalsten Teil der zentralamerikanischen Landbrücke ein. Die Verbindung zwischen dem Pazifischen und Atlantischen Ozean ist für die internationale Schifffahrt und für die Wirtschaft des Landes von großer Bedeutung. 1914 wurde der Durchstich des Isthmus (Landenge) von Panama eröffnet. Am 1. Januar 2000 gingen die Hoheitsrechte an der Kanalzone von den USA vollständig auf Panama über. Panama verfügt über die größte Handelsflotte der Welt. Panama exportiert Zuckerrohr, Bananen, Kaffee und Kakao. Auch der wachsende Tourismus gewinnt immer mehr an Bedeutung für das Land. Der Panamakanal ist eine künstliche, rund 82 km lange Wasserstraße mit Schleusen. Er verläuft zwischen den Städten Colón an der Atlantikküste und Balboa, einem Vorort von Panama-Stadt an der Pazifikküste.

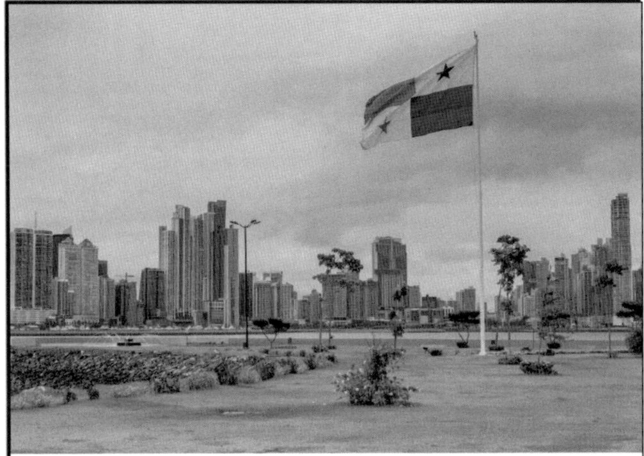

Skyline von Panama-City mit panamaischer Flagge

Kreuzfahrtschiff bewegt sich durch den Panamakanal

Dominikanische Republik – Touristenziel in der Karibik

Die Dominikanische Republik liegt auf Hispaniola, der zweitgrößten Westindischen Insel, die sie sich mit dem Nachbarstaat Haiti teilt. Die Dominikanische Republik liegt im Ostteil der Insel (einst spanisch), Haiti liegt im Westteil (einst französisch). Die Dominikanische Republik ist knapp 50 000 km² groß und verfügt über etwa 1600 km Küstenlinie. Fast 3 Millionen Touristen besuchen das Land. Die meisten Touristen kommen aus den USA und Kanada. Der Tourismus ist damit eine wichtige Einnahmequelle (Devisen) für das Land. Auf der Insel herrscht tropisches Klima mit hohen Temperaturen. Das historische Kolonialviertel von Santo Domingo zählt zum UNESCO-Welterbe. Auf den Agrarflächen werden hauptsächlich Zuckerrohr, Kaffee, Kakao und Tabak angebaut.

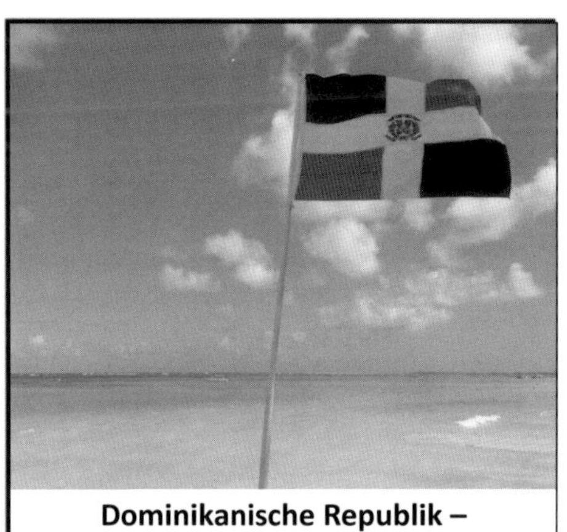

Dominikanische Republik – Flagge im Wind am Strand

Christoph Kolumbus erreichte 1492 die Insel Hispaniola, danach begann die Kolonialisierung mit der Gründung Santo Domingos. Der Ostteil der Insel, die spätere Dominikanische Republik, kam 1795 unter französische Herrschaft. Die 1844 erreichte Souveränität wurde noch einmal 1861-1865 durch die erneute Vereinigung mit Spanien unterbrochen.

Wochenplan ERDKUNDE
Klasse 9 / 10 – Bestell-Nr. 12 945

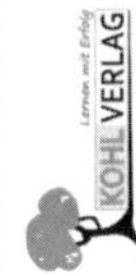

7 Wochenplan: Länder, Hauptstädte, Flächen, Einwohner I

Lösungen

P 1: 1 = Kuba – Havanna
2 = Dominikanische Republik – Santo Domingo
3 = Haiti – Port-au-Prince
4 = Panama – Panama-Stadt
5 = Costa Rica – San Jose
6 = El Salvador – San Salvador
7 = Honduras – Tegucigalpa
8 = Guatemala – Guatemala-Stadt
9 = Belize – Belmopan
10 = Nicaragua – Managua

P 2:

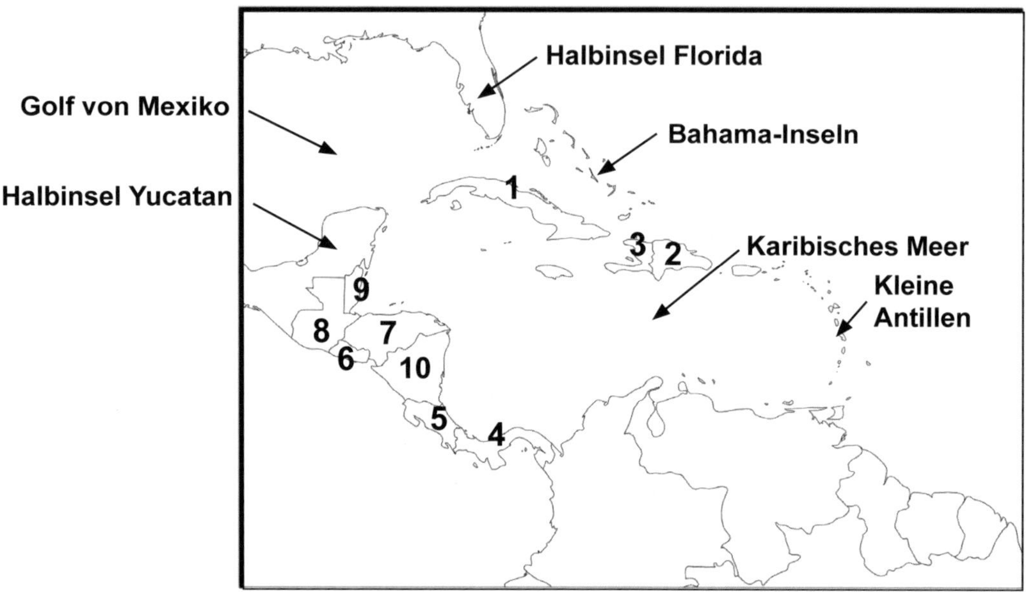

P 3: Die Nachbarländer von 9 = Belize sind Mexiko und Guatemala.

P 4:

Land	Hauptstadt	Fläche in km²	Einwohner in Mio
Haitii	Port-au-Prince	27 750	8 120 000
Kuba	Havanna	110 861	11 350 000
Panama	Panama-Stadt	75 517	3 050 000
Cost Rica	San Jose	51 100	4 200 000
Jamaika	Kingston	10 991	2 640 000
Bahamas	Nassau	13 939	317 000

W 1: Brandenburg hat mit 2 538 000 Einwohner annähernd so viele Einwohner wie Jamaica mit 2 640 000.

W 2: Haiti – Belize – Panama

W 3: Die Insel heißt Hispaniola und das Nachbarland im Osten heißt Dominikanische Republik.

W 4: Die Insel wurde 1492 von Christoph Kolumbus entdeckt und von Spanien kolonialisiert.

8 Wochenplan: Länder, Hauptstädte, Flächen, Einwohner II

für die Zeit vom:	bis zum:	
Name:	Klasse:	Wochenplan-Nr.:

➲ Infotext: **Länder, Hauptstädte, Flächen, Einwohner**

Pflichtaufgaben ✓ **Diese Aufgaben musst du bearbeiten.**

☐ **P 1**: Verbinde die Aussagen zu sinnvollen Sätzen.
Die Buchstaben ergeben als Lösungswort einen Fluss in Kanada. _ _ _ _ _ _ _ _

Kanada hat nach Saudi-Arabien	1	I	bilden eine Minderheit in Guatemala.
Guatemala bietet mit seinen zahlreichen Maya-Kultstätten	2	B	alle nordamerikanischen Gebiete an Großbritannien ab.
Panama nimmt den schmalsten Teil	3	A	landet an der Küste Neufundlands.
Mischlinge zwischen Indianern und Weißen	4	T	die größte Handelsflotte der Welt.
Panama verfügt über	5	A	und der abwechslungsreichen Landschaft attraktive Reiseziele.
Das historische Kolonialviertel von Santo Domingo	6	O	zählt zum UNESCO-Welterbe.
1763 – im Frieden von Paris tritt Frankreich	7	N	der zentralamerikanischen Landbrücke ein.
um 1000 → Der Wikinger Leif Eriksson	8	M	die weltweit größten Erdölreserven.

☐ **P 2**: **a)** Wann erfolgte der Durchstich der Landenge von Panama?

____

____

b) Wann gingen die Hoheitsrechte von den USA vollständig auf Panama über?

____

____

KOHL VERLAG Wochenplan ERDKUNDE Klasse 9 / 10 – Bestell-Nr. 12 945

8 Wochenplan: Länder, Hauptstädte, Flächen, Einwohner II

für die Zeit vom:	bis zum:	
Name:	Klasse:	Wochenplan-Nr.:

➲ Infotext: **Länder, Hauptstädte, Flächen, Einwohner**

Pflichtaufgaben ✓ **Diese Aufgaben musst du bearbeiten.**

☐ **P 3**: Zu welchen Ländern gehören diese Flaggen?

a) 

b) 

c) 

☐ **P 4**: Wie nennt man die Flagge der USA auch? Erläutere die roten und weißen Streifen und das Sternenfeld.

____

____

____

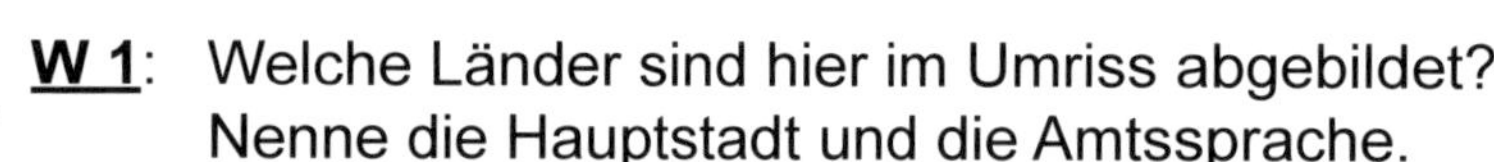

Wahlaufgaben **Diese Aufgaben kannst du bearbeiten.**

△ **W 1**: Welche Länder sind hier im Umriss abgebildet?
Nenne die Hauptstadt und die Amtssprache.

a) 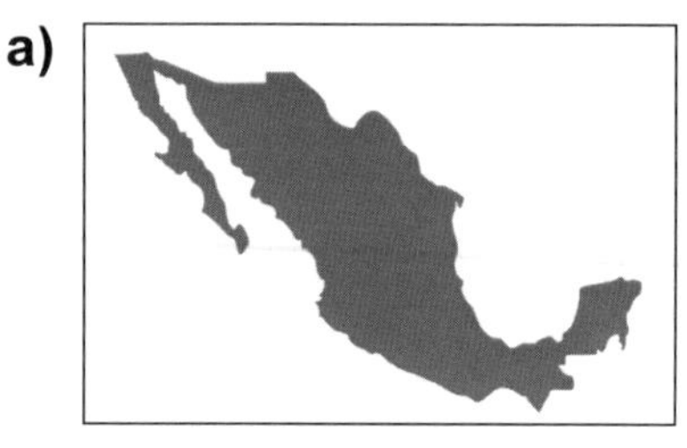

b) 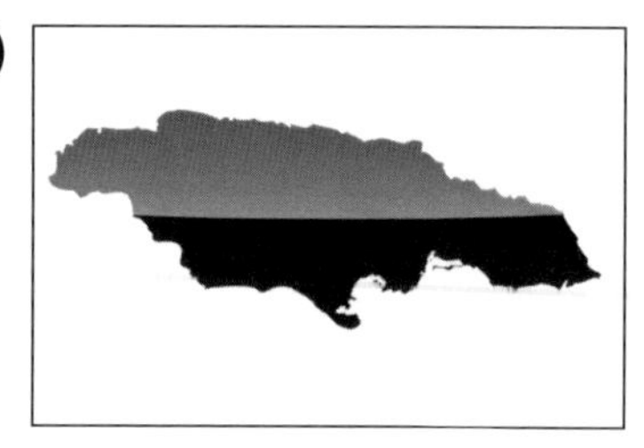

c) 

△ **W 2**: Nenne die Fläche und die Einwohnerzahl von a.

____

△ **W 3**: Woran grenzt dieses Land im Norden, Osten, Süden und Westen?

____

____

△ **W 4**: Zu welchem Land gehört diese Flagge?
Erkläre die Bedeutung der Streifen und Sterne.

Wochenplan ERDKUNDE
Klasse 9 / 10 – Bestell-Nr. 12 945
KOHL VERLAG

8 Wochenplan: Länder, Hauptstädte, Flächen, Einwohner II

Lösungen

P 1: Lösungswort: **Manitoba**

P 2: **a)** 1914 wurde der Durchstich der Landenge von Panama eröffnet.
b) Am 1. Januar 2000 gingen die Hoheitsrechte an der Kanalzone von den USA vollständig auf Panama über.

P 3: a = Mexiko / b = USA / c = Kuba

P 4: Man nennt die Flagge der USA auch Sternenbanner. Die 7 roten und 6 weißen Streifen stehen für die 13 Gründungsstaaten der USA. Die 50 weißen Sterne stehen für die 50 Bundesstaaten der USA.

W 1: a = Mexiko – Mexiko-City – spanisch
b = Jamaika – Kingston – englisch
c = Kanada – Ottawa – englisch und französisch

W 2: Mexiko hat 1 959 000 km² Fläche und 106 210 000 Einwohner.

W 3: Mexiko grenzt im Norden an die USA, im Osten an den Golf von Mexiko, im Süden an Guatemala und Belize, im Westen an den Pazifischen Ozean.

W 4:
- Das ist die Flagge von Honduras.
- Die beiden blauen Balken stellen den Pazifik und Atlantik dar, die beiden Meere, an denen Honduras liegt.
- Die 5 blauen Sterne stehen für die ehemaligen Mitglieder der Zentralamerikanischen Konföderation.
- Der mittlere Stern steht für Honduras selbst, da es der zentrale Staat in Mittelamerika ist.

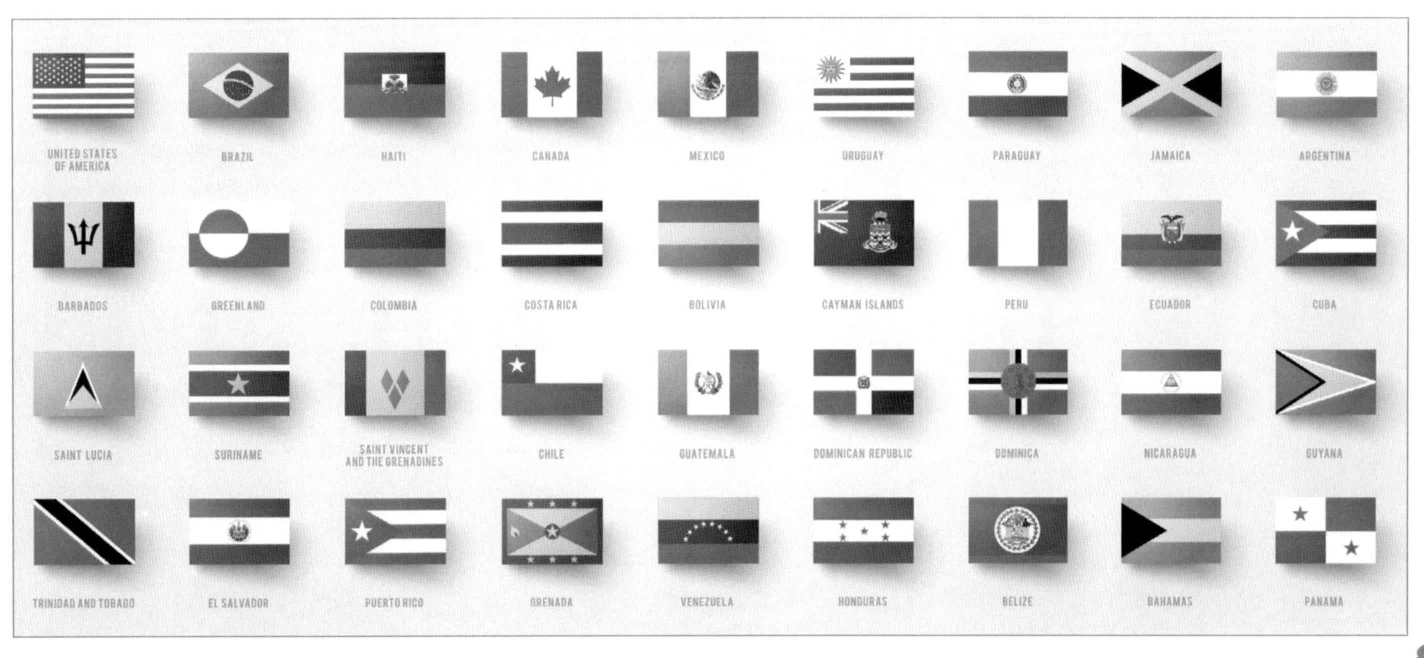

Wochenplan ERDKUNDE
Klasse 9 / 10 – Bestell-Nr. 12 945
KOHL VERLAG

9 Wochenplan: Länder, Hauptstädte, Flächen, Einwohner III

für die Zeit vom:	bis zum:	
Name:	Klasse:	Wochenplan-Nr.:

➲ Infotext: **Länder, Hauptstädte, Flächen, Einwohner**

Pflichtaufgaben ✓ Diese Aufgaben musst du bearbeiten.

☐ **P 1**: Nenne die Namen der Länder von a bis h.

a) ____________________

b) ____________________

c) ____________________

d) ____________________

e) ____________________

f) ____________________

g) ____________________

h) ____________________

☐ **P 2**: Füge auf dem Globus den Äquator, die Breitengrade 20°N, 40°N und 60°N sowie die Längengrade 60°W, 80°W, 100°W und 120°W ein.

☐ **P 3**: Beschreibe in etwa die Lage Mexikos, der USA und Kanadas mit Hilfe der Breiten- und Längengrade.

Mexiko ____________________ USA ____________________

Kanada ____________________

☐ **P 4**: Beschreibe die Lage der 20 mittelamerikanischen Länder mit Hilfe der Breiten- und Längengrade.

Wahlaufgaben X Diese Aufgaben kannst du bearbeiten.

△ **W 1**: Welche 4 großen amerikanischen Städte liegen auf ca. 40°N.

____

△ **W 2**: Nenne die Namen dieser Länder von 1 bis 6.

1) ____________________ 2) ____________________

3) ____________________ 4) ____________________

5) ____________________ 6) ____________________

△ **W 3**: Welches Land auf der Karte oben ist etwa flächenmäßig so groß wie Hessen? ____________________

△ **W 4**: Erkenne die Flaggen der Länder in Mittelamerika und ordne sie den Nummern auf der Karte unter W 2 zu.

a) 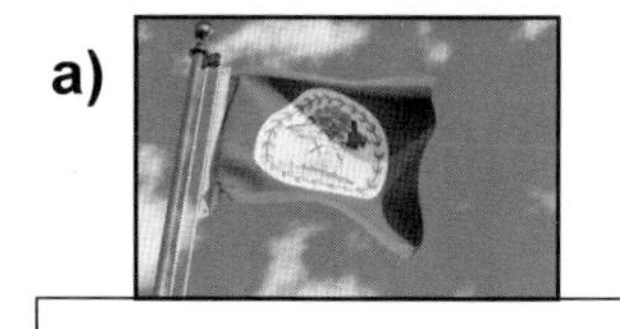

b) 

c) 

Wochenplan ERDKUNDE
Klasse 9 / 10 – Bestell-Nr. 12 945

9 Wochenplan: Länder, Hauptstädte, Flächen, Einwohner III

Lösungen

P 1: a = Kanada / b = USA / c = Mexiko / d = Guatemala / e = Honduras / f = Nicaragua / g = Panama / h = Kuba

P 2: siehe Bild unten

P 3: Mexiko = große Teile des Landes liegen zwischen 15°N und 30°N.
USA = große Teile des Landes liegen zwischen 30°N und 45°N.
Kanada = große Teile des Landes liegen zwischen 45°N und 70°N.

P 4: Die 20 mittelamerikanischen Länder liegen etwa zwischen 10°N und 20°N sowie 70°W und 90°W.

W 1: Denver – Indianapolis – Columbus – Philadelphia

W 2: 1 = Honduras / 2 = Nicaragua / 3 = El Salvador / 4 = Guatemala / 5 = Mexiko / 6 = Belize

W 3: El Salvador ist mit 21 041 km² fast so groß wie das Bundesland Hessen mit 21 115 km².

W 4: a = Belize → 6 / b = Nicaragua → 2 / c = El Salvador → 3

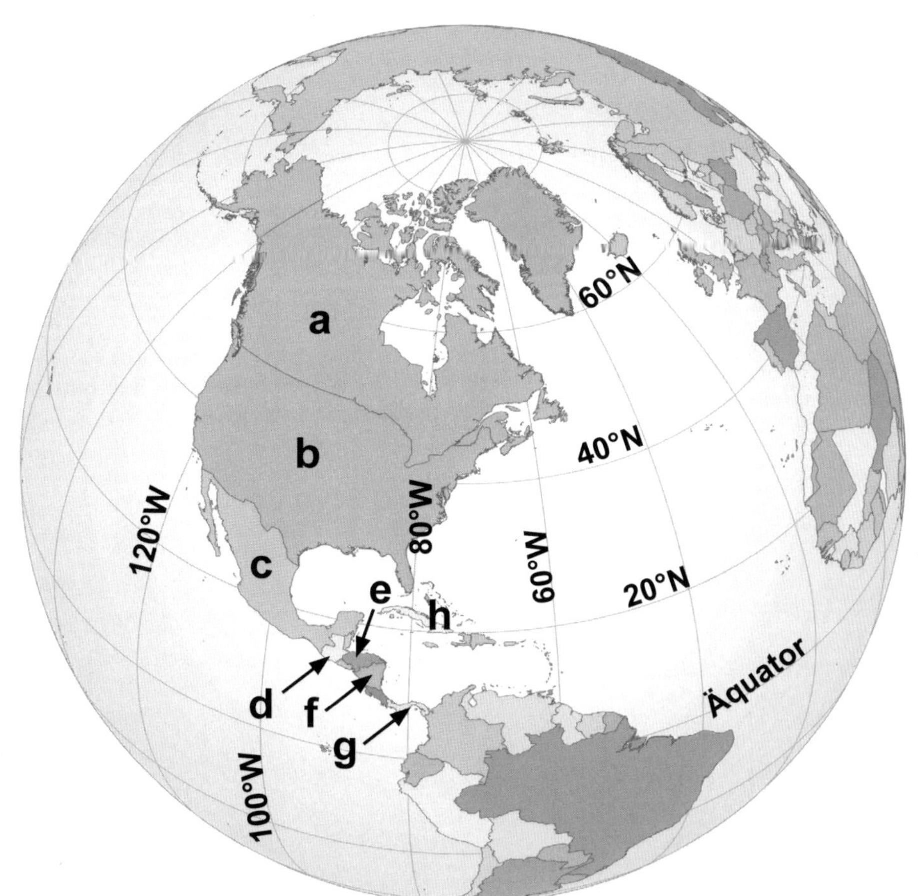

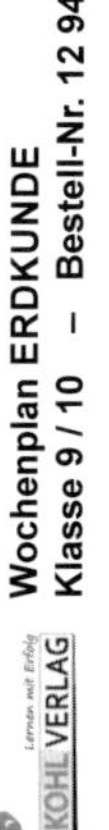

10 Wochenplan: Vereinigte Staaten von Amerika (USA) I

für die Zeit vom:	bis zum:	
Name:	Klasse:	Wochenplan-Nr.:

➲ Infotext: **Vereinigte Staten von Amerika (USA)**

Pflichtaufgaben ✓ **Diese Aufgaben musst du bearbeiten.**

☐ **P 1**: Warum nennt man die USA das „Land der unbegrenzten Möglichkeiten"?

☐ **P 2**: Der Präsident der USA hat eine außerordentlich große Macht, erläutere dies.

☐ **P 3**: Welche Staaten der USA sind hier abgebildet? Nenne die Hauptstadt und die Fläche.

a) **b)** 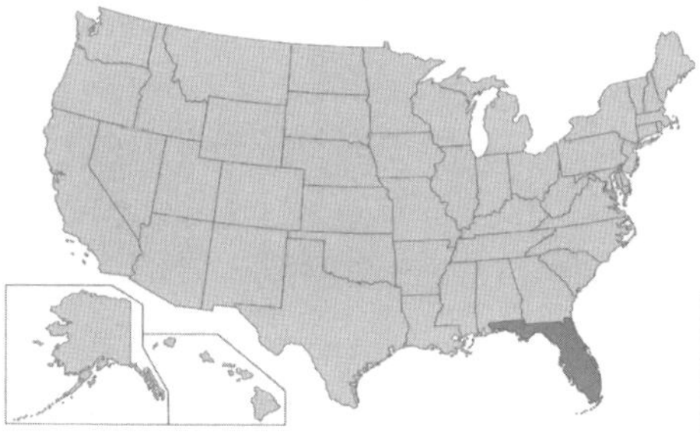 **c)**

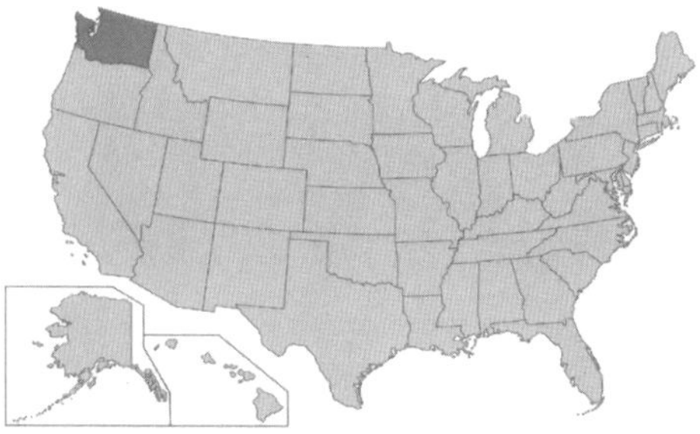

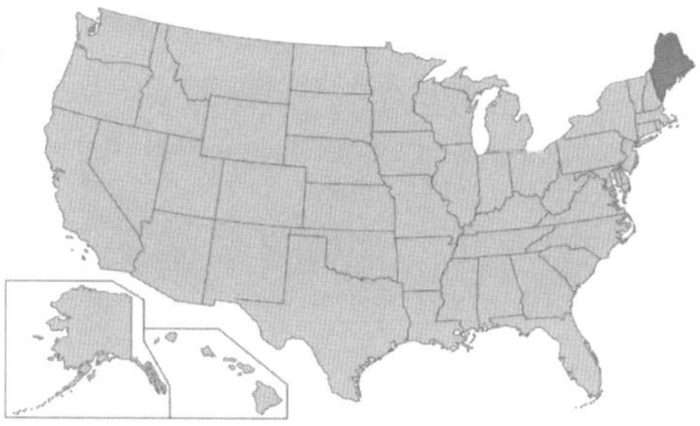

☐ **P 4**: **a)** Beschreibe die Lage von Bundesstaat a.

b) Warum heißt der Bundesstaat a auch „Evergreen State"?

Wochenplan ERDKUNDE
Klasse 9 / 10 – Bestell-Nr. 12 945
KOHL VERLAG

10 Wochenplan: Vereinigte Staaten von Amerika (USA) I

für die Zeit vom:	bis zum:	
Name:	Klasse:	Wochenplan-Nr.:

➲ Infotext: **Vereinigte Staten von Amerika (USA)**

Wahlaufgaben △x **Diese Aufgaben kannst du bearbeiten.**

△ **W 1**: Welcher amerikanische Bundesstaat hat ungefähr die Fläche von Deutschland?

____

△ **W 2**: Beschreibe die Lage dieses Bundesstaates, seine Hauptstadt und seine Besonderheiten.

____

____

____

△ **W 3**: Beschreibe die Lage von Alaska und Hawaii Inseln mithilfe der Breitengrade.

____

△ **W 4**: Verbinde die Aussagen zu sinnvollen Sätzen.

Lösungswort: __ __ __ __ __ __ __ __

Aussage	Nr.	Buchstabe	Ergänzung
Die Vereinigten Staaten stehen mit einer Bevölkerung	1	B	der erste Präsident der USA.
Der „American Dream" ist ein	2	K	und der Mentalität der Menschen recht unterschiedlich.
George Washington war von 1789-1797	3	A	Steigerung der Öl- und Gasproduktion geführt.
Die USA grenzen im Norden an Kanada	4	S	und eigene Staatsblumen und -tiere.
Der größte Bundesstaat der USA ist	5	N	von 338,8 Millionen Menschen an dritter Stelle auf der Welt.
Alle Bundesstaaten haben ein Motto, einen Spitznamen	6	E	bedeutender Bestandteil der amerikanischen Kultur.
Die Bundesstaaten sind aufgrund der Landschaft, des Klimas	7	A	Alaska mit 1 717 854 km² Fläche.
Fracking hat in den USA zu einer massiven	8	R	und im Süden an Mexiko.

Wochenplan ERDKUNDE
Klasse 9 / 10 – Bestell-Nr. 12 945
KOHL VERLAG

10 Wochenplan: Vereinigte Staaten von Amerika (USA) I

Infotext: Vereinigte Staaten von Amerika (USA) – eine Weltmacht

Die USA sind bekannt als das „Land der unbegrenzten Möglichkeiten". Der Ausdruck „Vom Tellerwäscher zum Millionär" beschreibt treffend, was der „American Dream", d. h. der Grundgedanke von einem besseren Leben, das auf gleichen Chancen und Möglichkeiten für jeden basiert. Der „American Dream" ist ein bedeutender Bestandteil der amerikanischen Kultur.

- Die Vereinigten Staaten von Amerika sind mit 9 631 418 km² nach Russland und Kanada der flächenmäßig drittgrößte Staat der Erde.
- Die USA stehen mit einer Gesamtbevölkerung von 338,8 Millionen Menschen nach der Volksrepublik China mit 1 425 887 337 und Indien mit 1 417 173 173 Millionen an 3. Stelle der bevölkerungsreichsten Länder der Erde.
- Für das Jahr 2023 wird in den USA von einer Gesamtbevölkerung von ca. 340 Millionen Menschen ausgegangen. Zum Vergleich: EU (Europäische Union) = 447 315 889 Menschen

Die Vereinigten Staaten von Amerika bestehen insgesamt aus 50 US-Bundesstaaten

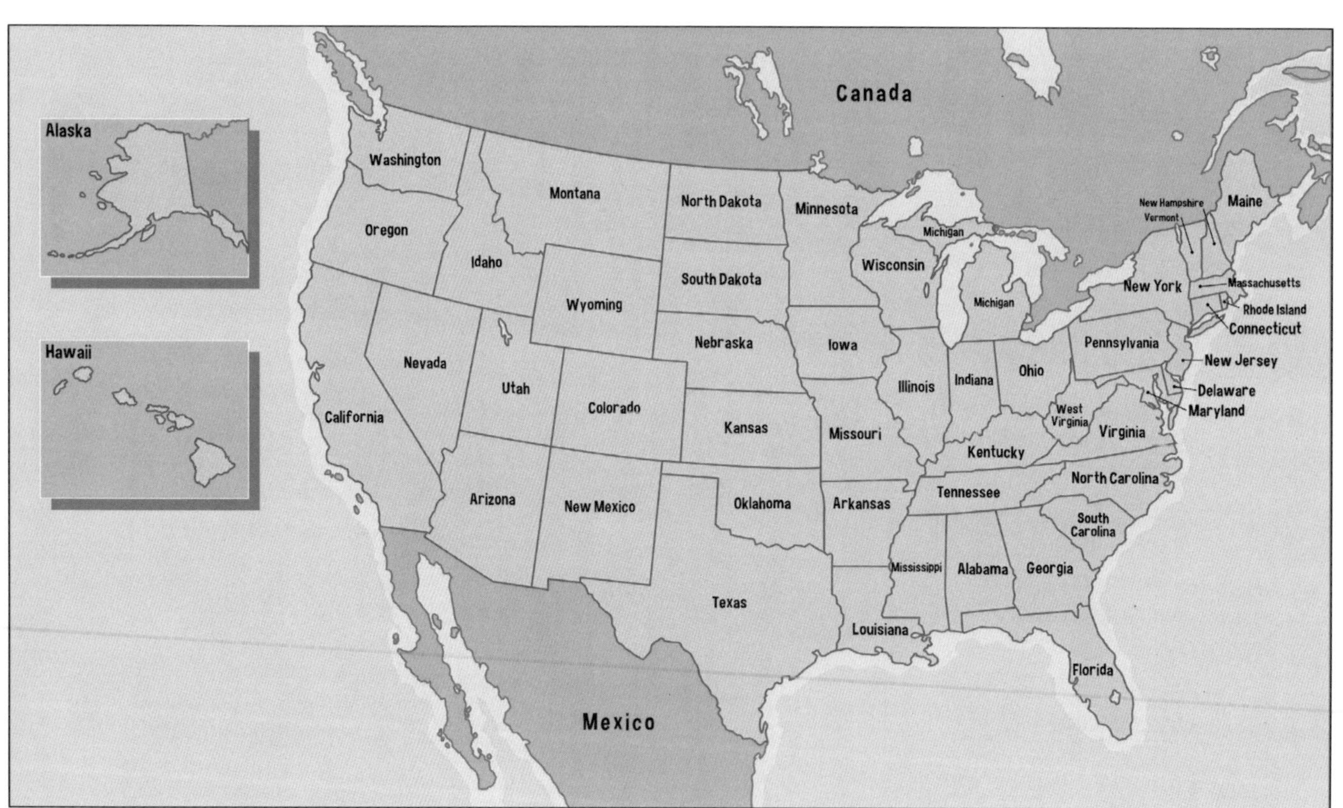

- Amtlicher Name: Vereinigte Staaten von Amerika (englisch: United States of America; abgekürzt USA)
- Hauptstadt: Washington
- Präsident: Das Amt des Präsidenten vereint in den USA Staatsoberhaupt, Regierungschef und Oberbefehlshaber des Militärs.
- George Washington war von 1789 bis 1797 der erste Präsident der Vereinigten Staaten von Amerika.
- Amtssprache: laut Gesetz keine, faktisch Englisch
- Währung: 1 US-Dollar = 100 Cent
- Nationalhymne: The Star-Spangled Banner

Wochenplan ERDKUNDE Klasse 9 / 10 – Bestell-Nr. 12 945
KOHL VERLAG

10 Wochenplan: Vereinigte Staaten von Amerika (USA) I

Im Juli 1776 beschlossen die 13 Gründerstaaten Virginia, New Hampshire, Rhode Island, Massachusetts, Maryland, Connecticut, North Carolina, South Carolina, Delaware, New Yersey, New York, Pennsylvania und Georgia die Loslösung vom englischen Mutterland und proklamierten die Vereinigten Staaten von Amerika. Aus diesem Kern sind die 50 teilsouveränen Bundesstaaten der USA entstanden, wie wir sie heute kennen. Durch die militärische Unterstützung Frankreichs zwangen die Amerikaner 1783 das britische Empire zur Anerkennung ihrer staatlichen Souveränität im Frieden von Paris.

Die USA grenzen im Norden an Kanada und im Süden an Mexiko. Im Osten liegt der Atlantik und im Westen der Pazifik. Außer Alaska im Nordwesten des Kontinents und der Insel Hawaii im Pazifik liegen die Bundesstaaten weitgehend zusammenhängend auf dem amerikanischen Festland.

- Hawaii wurde nach einer Volksabstimmung am 21.08.1959 der 50. Bundesstaat der USA.
- Der größte Bundesstaat der USA ist Alaska mit 1 717 854 km² Fläche.
- Die meisten Einwohner hat der Bundesstaat Kalifornien mit 39 512 223 Millionen

Die Bundesstaaten sind aufgrund der Landschaft, des Klimas, der wirtschaftlichen Situation und der Mentalität der dort lebenden Menschen recht unterschiedlich. Es gibt große Unterschiede zwischen der noch sehr europäisch geprägten Ostküste und der immer schon anderen Welt an der Westküste. Es gibt natürlich auch Gemeinsamkeiten und zwar dann, wenn die Bundesstaaten in einer Region liegen, z. B. Rhode Island und Connecticut. Oder der sog. *Bible Belt*[1] in der Mitte des Landes, der sich von Texas im Südwesten und Kansas im Nordwesten bis Virginia im Nordosten und Florida im Südosten erstreckt. Genaue Grenzen dieser Region gibt es nicht, es ist aber ein Gebiet gemeint, das sich eher über die Südstaaten hinzieht. Alle Bundesstaaten haben ein Motto, einen Spitznamen sowie eigene Staatsblumen und -tiere, die noch einmal den eigenen Charakter des jeweiligen Staates gegenüber den anderen 49 Staaten deutlich machen sollen.

<u>USA – die größte Industrienation der Welt</u>

Die Vereinigten Staaten sind und bleiben die größte Volkswirtschaft der Welt. Obwohl nur 4,5 % der globalen Bevölkerung in den USA leben, erwirtschaften sie 20 % des weltweiten Bruttoinlandsprodukts und sind auch noch eine der produktivsten Nationen. Die Schwerpunkte der Industrie liegen in dem Streifen zwischen Boston-Baltimore im Osten und Chicago-Saint Louis im Westen. Auf über der Hälfte des Ackerlandes wird Getreideanbau betrieben. Die USA sind weltweit der größte Erzeuger von Sojabohnen.

Fracking hat in den USA zu einer massiven Steigerung der Öl- und Gasproduktion geführt. Als Folge des Frackings hat sich die Erdölproduktion in den USA innerhalb eines guten Jahrzehnts mehr als verdoppelt. Über 60 % der amerikanischen Erdölproduktion stammen aus Schieferölfeldern und werden mittels des Fracking-Verfahrens gefördert. Die USA sind nun die Nummer 1 vor Russland und Saudi-Arabien und sind unabhängig von Erdöl-Importen aus dem Mittleren Osten. Schon 2012 haben die USA Russland auch als weltgrößten Gasproduzenten überholt und sind auch dort nun weltweit die Nummer 1.

Risiken beim Fracking:
Die Schiefergas- und Schieferölförderung nimmt weite Flächen in Anspruch, dadurch kommt es zwangsläufig zu massiven Eingriffen in die Natur.
Durch den Einsatz von giftigen Chemikalien kann es zu einer Verunreinigung des Grundwassers kommen. Beim Fracking werden enorme Wassermengen eingesetzt, die dann für andere Zwecke nicht zur Verfügung stehen.

[1] Mit *Bible Belt* (englisch für Bibelgürtel) wird eine Gegend in den USA bezeichnet, in der evangelikaler Protestantismus ein integraler Bestandteil der Kultur ist.

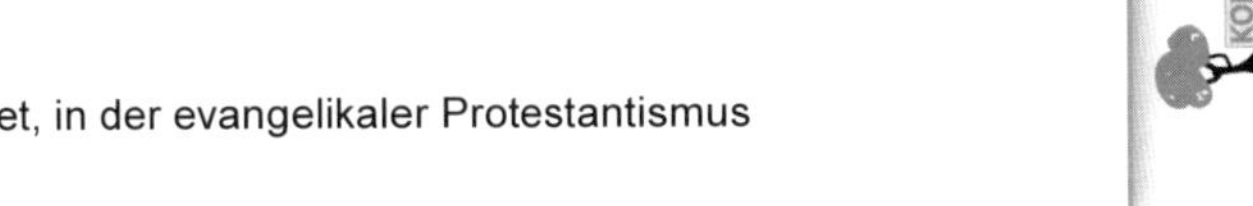

Wochenplan: Vereinigte Staaten von Amerika (USA) I

Die 5 größten Bundesstaaten

1. **Alaska** – 1 723 337 km²
   Hauptstadt: Juneau.
   - Alaska ist der größte Bundesstaat der USA und hat die niedrigste Bevölkerungsdichte aller Staaten.
   - Der Name des Staates stammt aus der russischen Kolonialzeit und bezeichnete damals die Halbinsel. Alaska ist bekannt für seine wunderschöne Landschaft und Tierwelt.

2. **Texas** – 695 662 km²
   Hauptstadt: Austin
   - Texas liegt im Süden der Vereinigten Staaten und ist der zweitgrößte Bundesstaat. Es hat eine große Bevölkerung von rund 27 Millionen Einwohnern und ist damit der zweitbevölkerungsreichste Staat der USA.
   - Im Süden von Texas liegt die Golfküstenebene, die auf den Golf von Mexiko trifft.
   - Der höchste Punkt in Texas ist der Guadalupe Peak (Signal Peak) mit einer Höhe von 2667 m über dem Meeresspiegel.

3. **Kalifornien** – 423 967 km²
   Hauptstadt: Sacramento
   - Kalifornien liegt im Westen der USA und ist mit rund 40 Millionen Einwohnern der bevölkerungsreichste Staat in den Vereinigten Staaten.
   - Die gesamte Küstenlinie Kaliforniens beträgt etwa 1350 km, die sich von der kalifornischen Zentralküste über ein Gebiet zwischen Carmel und den Ausläufern der Santa Lucia Mountains erstreckt.
   - In Kalifornien liegt einer der schönsten Nationalparks der USA, der Yosemite National Park.

4. **Montana** – 380 831 km²
   Hauptstadt: Helena
   - Der Name Montana stammt aus dem Spanischen und bedeutet „Berge“. Obwohl es der viertgrößte Bundesstaat ist, leben dort nur etwa 1,05 Millionen Menschen.
   - Der Staat ist in 2 geografische Gebiete unterteilt, und zwar in Ost-Montana und West-Montana. Die östliche Seite enthält die Great Plains, die andere Seite jedoch die Rocky Mountain Region.
   - Granite Peaks ist mit einer Höhe von 3904 m über dem Meeresspiegel der höchste Berg.
   - Der Glacier National Park liegt in der nordwestlichen Ecke von Montana – Montana hat die größte wandernde Elchherde der Nation.

5. **New Mexiko** – 315 194 km²
   Hauptstadt: Santa Fe
   - Dieser Bundesstaat hat eine internationale Grenze mit dem Land Mexiko.
   - Santa Fe ist mit 7000 Fuß über dem Meeresspiegel die höchstgelegene Hauptstadt der Vereinigten Staaten.
   - Der höchste Gipfel des Bundesstaates ist der Wheeler Peak mit einer Höhe von 4013 m über dem Meeresspiegel.

10 Wochenplan: Vereinigte Staaten von Amerika (USA) I

Lösungen

P 1: Der Ausdruck „Vom Tellerwäscher zum Millionär“ beschreibt treffend, was der „American Dream“, d. h. der Grundgedanke von einem besseren Leben, das auf gleichen Chancen und Möglichkeiten für jeden basiert. Der „American Dream“ ist ein bedeutender Bestandteil der amerikanischen Kultur.

P 2: Das Amt des Präsidenten vereint in den USA Staatsoberhaupt, Regierungschef und Oberbefehlshaber des Militärs.

P 3: a = Washington – Fläche 184 665 km² – Hauptstadt Olympia.
Washington liegt im Nordwesten der USA.

b = Florida – Fläche 170 304 km² – Hauptstadt Tallahassee.
Florida ist nach Kalifornien und Texas der drittbevölkerungsreichste Staat der USA.

c = Maine – Fläche 91 646 km² – Hauptstadt Augusta
Maine liegt am äußersten Rand der Vereinigten Staaten (östlichster Bundesstaat).

P 4: **a)** Er liegt im Nordwesten der USA an der Küste des Pazifischen Ozeans, nördlich von Oregon, westlich von Idaho und südlich von „British Columbia“ in Kanada.

b) Aufgrund der Vielzahl von Nadelbäumen trägt dieser Staat den Namen „Evergreen State“ = Immergrüner Staat.

W 1: Der Bundesstaat Montana hat eine Fläche von 380 831 km² und ist damit etwas größer als Deutschland mit 357 340 km².

W 2:
- Montana ist ein Bundesstaat im Nordwesten der Vereinigten Staaten.
- Der Name stammt aus dem Spanischen (*montanas* = Berge). Der Staat unterteilt sich in zwei Gebiete, und zwar in Ost-Montana mit den Great Plains (= Große Ebenen) und West-Montana mit den *Rocky Mountains*.
- Die Hauptstadt heißt Helena.

W 3: Alaska liegt zwischen 60°N und 70°N.
Hawaii liegt am 20°N.

W 4: Lösungswort: Nebraska

Chimney Rock, Nebraska

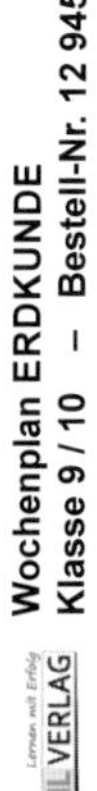

Wochenplan ERDKUNDE
Klasse 9 / 10 – Bestell-Nr. 12 945

11 Wochenplan: Vereinigte Staaten von Amerika (USA) II

für die Zeit vom:	bis zum:	
Name:	Klasse:	Wochenplan-Nr.:

➲ Infotext: **Vereinigte Staten von Amerika (USA)**

Pflichtaufgaben ✓ **Diese Aufgaben musst du bearbeiten.**

☐ **P 1**: Nenne die Namen der 13 Gründerstaaten der USA?

____

____

____

☐ **P 2**: Welche 7 der 13 Gründerstaaten sind hier mit a bis g gekennzeichnet?

a) ______________________

b) ______________________

c) ______________________

d) ______________________

e) ______________________

f) ______________________

g) ______________________

☐ **P 3**: Nenne die Hauptstädte und die Flächen von a, b, d und f.

a) ______________________________

b) ______________________________

d) ______________________________

f) ______________________________

☐ **P 4**: Wie heißen die Nachbarstaaten von a mit Angabe von Himmelsrichtungen?

____

____

____

____

____

11 Wochenplan: Vereinigte Staaten von Amerika (USA) II

für die Zeit vom:	bis zum:	
Name:	Klasse:	Wochenplan-Nr.:

➲ Infotext: **Vereinigte Staten von Amerika (USA)**

Wahlaufgaben **X** **Diese Aufgaben kannst du bearbeiten.**

W 1: Welche amerikanische Bundesstaaten sind hier abgebildet? Nenne ihre Namen, ihre Hauptstadt und die Fläche in km².

a) **b)** **c)**

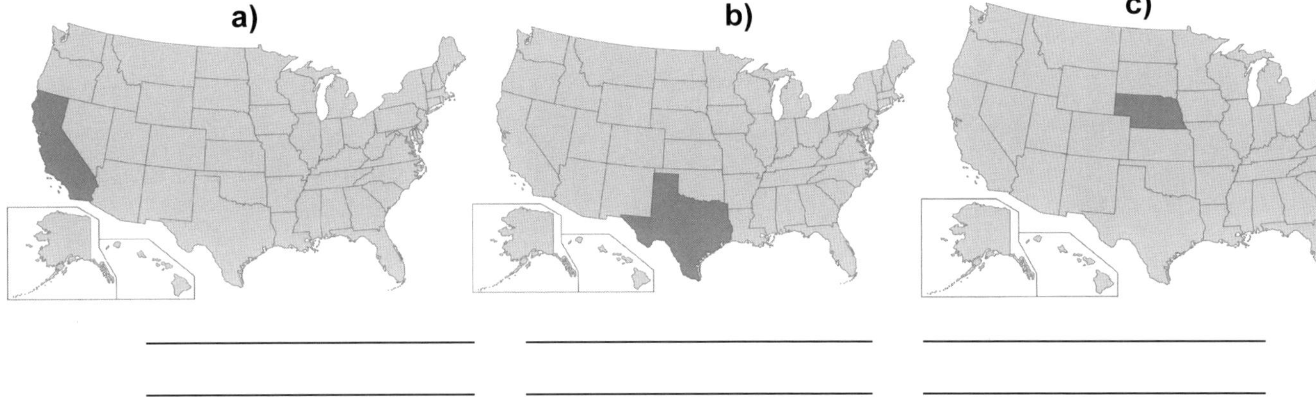

W 2: An welchem Breitengrad liegt die Hauptstadt von Bild b?

W 3: Ergänze das Säulendiagramm für die Flächen der Bundesstaaten aus W 1 und zum Vergleich die Flächen von Deutschland und Bayern.
Deutschland = 357 581 km² ; Bundesland Bayern = 70 542 km²

Wochenplan ERDKUNDE Klasse 9 / 10 – Bestell-Nr. 12 945
KOHL VERLAG

11 Wochenplan: Vereinigte Staaten von Amerika (USA) II

Lösungen

P 1: Virginia, New Hampshire, Rhode Island, Massachusetts, Maryland, Connecticut, North Carolina, South Carolina, Delaware, New Yersey, New York, Pennsylvania und Georgia.

P 2: a = Georgia / b = South Carolina / c = North Carolina / d = Pennsylvania / e = New York / f = New Hampshire / g = Virginia

P 3:

a = Georgia	→ Hauptstadt Atlanta	– Fläche 153 909 km²
b = South Carolina	→ Hauptstadt Columbia	– Fläche 82 932 km²
d = Pennsylvania	→ Hauptstadt Harrisburg	– Fläche 119 283 km²
f = New Hampshire	→ Hauptstadt Concord	– Fläche 24 216 km²

P 4: Die Nachbarstaaten von Georgia heißen …
Florida im Süden / Alabama im Westen / Tennessee im Norden / North-Carolina im Nordosten / South-Carolina im Osten

W 1:

a = Kalifornien	→ Hauptstadt Sacramento	– Fläche 423 970 km²
b = Texas	→ Hauptstadt Austin	– Fläche 695 621 km²
c = Nebraska	→ Hauptstadt Lincoln	– Fläche 200 520 km²

W 2: Austin liegt am 30°N.

W 3:

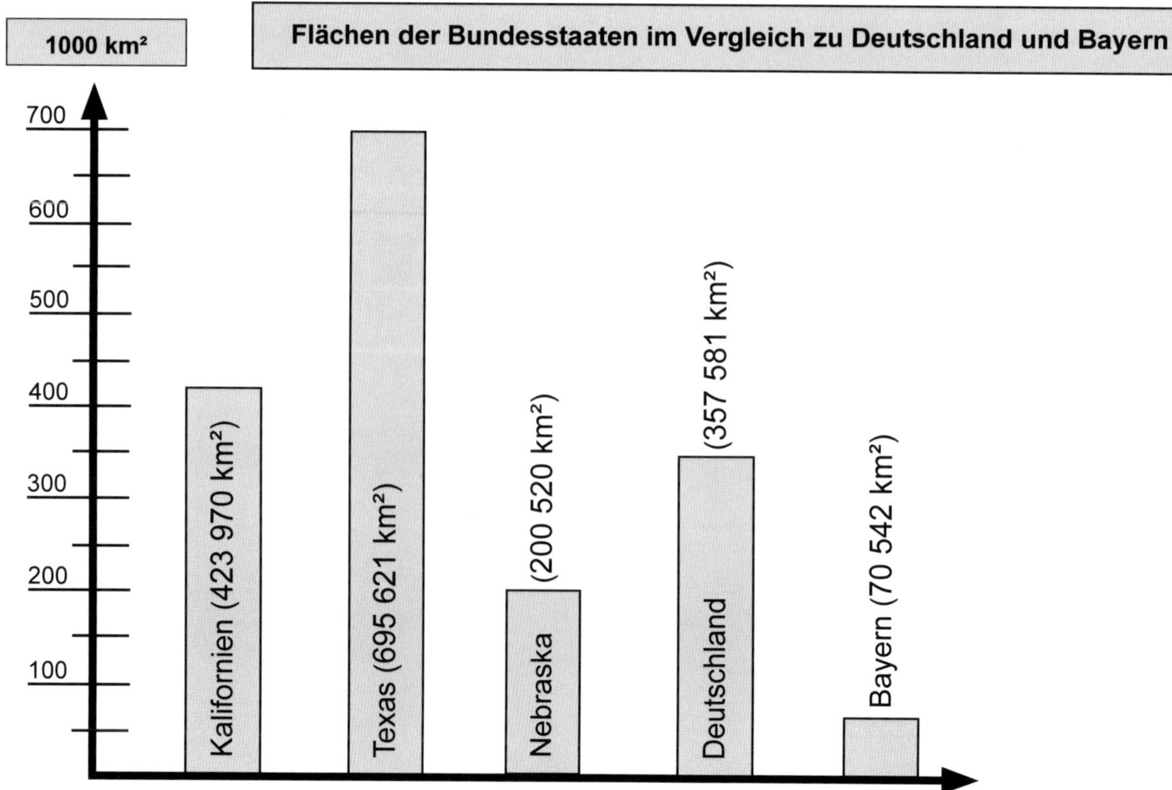

12 Wochenplan: Seen und Flüsse in Nordamerika I

für die Zeit vom:	bis zum:	
Name:	Klasse:	Wochenplan-Nr.:

➲ Infotext: **Seen und Flüsse in Nordamerika**

Pflichtaufgaben ✓ **Diese Aufgaben musst du bearbeiten.**

☐ **P 1**: Nenne die Namen der Wasserflächen von 1 bis 8.

1) ______________________
2) ______________________
3) ______________________
4) ______________________
5) ______________________
6) ______________________
7) ______________________
8) ______________________

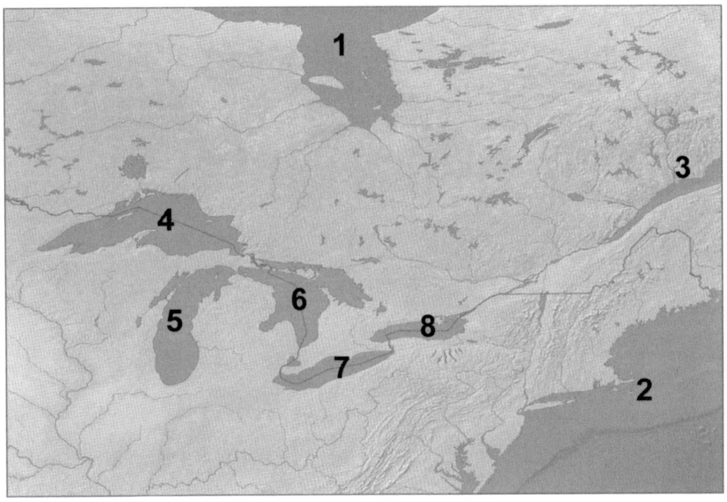

☐ **P 2**: Welche Seen grenzen an den Bundesstaat Michigan und an die kanadische Provinz Ontario?

____

☐ **P 3**: Welches Bundesland in Deutschland ist ca. halb so groß wie der Huronsee?

____

☐ **P 4**: Welcher große See in Nordamerika liegt komplett auf dem Gebiet der USA? Woher hat dieser See seinen Namen?

____

Wahlaufgaben ✗ **Diese Aufgaben kannst du bearbeiten.**

△ **W 1**: Durch welche großen Seen verläuft die kanadisch-amerikanische Landesgrenze?

____

△ **W 2**: Welcher See hat in etwa die Größe von Österreich, welcher die Größe der Schweiz? Nenne dazu jeweils die Fläche in km².

____

△ **W 3**: Welche Seen sind hier abgebildet? Nenne ihre Namen, die Flächen in km², erläutere ihre Lage und evtl. Besonderheiten. Schreibe in dein Heft.

a) **b)**

△ **W 4**: Füge die Namen der angrenzenden US-Bundesstaaten auf der Karte (a) ein.

KOHL VERLAG Wochenplan ERDKUNDE Klasse 9 / 10 – Bestell-Nr. 12 945

12 Wochenplan: Seen und Flüsse in Nordamerika I

Infotext: Seen und Flüsse in Nordamerika

Besonders große Gewässer sind die „**Großen Seen**“, die sich an der Grenze von Kanada und den USA befinden. Dabei handelt es sich um 5 Seen, die gemeinsam mit 245 000 km² die größte Binnenwasserfläche der Erde bilden. Die Großen Seen liegen überwiegend im zentralen Tiefland Nordamerikas. Im Westen reichen sie in die *Great Plains* hinein, im Norden grenzen sie an den Kanadischen Schild. Zwei Drittel ihrer Fläche gehören zu den USA, ein Drittel zu Kanada.

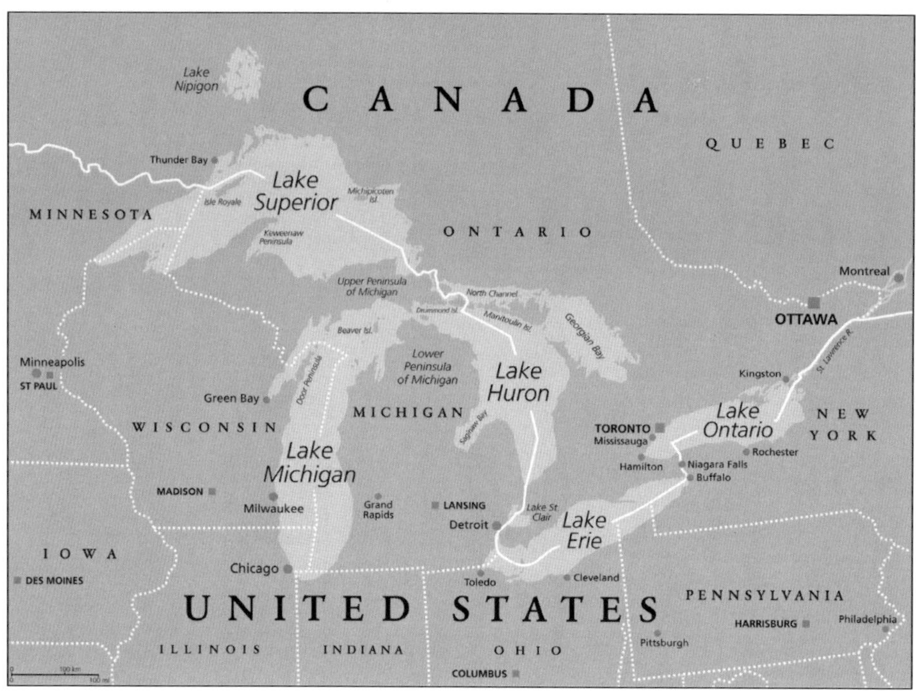

An den Ufern der Großen Seen liegen bedeutende Industriezentren, wie Chicago am Michigansee oder Detroit und Cleveland am Eriesee.

<u>Die 5 Seen im Überblick</u>

- Der **Obere See** hat eine Fläche von ca. 84 000 km² (150-mal so groß wie der Bodensee). Seine Fläche entspricht etwa der Größe Österreichs. Mit ca. 650 km Länge und bis zu 260 km Breite ist er der flächengrößte Süßwassersee der Erde. Der See wurde im 17. Jahrhundert von französischen Forschern *„le lac supérieur“* (Oberer See) genannt, weil er sich oberhalb des Huronsees befindet.

- Der **Huronsee** wurde nach dem Indianerstamm der Huronen benannt, die hier ursprünglich lebten. Er ist mit einer Fläche von rund 58 000 km² der zweitgrößte See. Er verbindet den Michigansee und den Oberen See mit dem Eriesee. Der Huronsee grenzt an den US-Bundesstaat Michigan und an die kanadische Provinz Ontario.

- Der **Michigansee** liegt als einziger der 5 Seen mit seiner gesamten Fläche von 57 800 km² (größer als die Schweiz) in den USA und ist über die Straße von Mackinac mit dem Huronsee verbunden. Er grenzt an die Bundesstaaten Indiana, Illinois, Wisconsin und Michigan. Der Name leitet sich wahrscheinlich von *„mishi-gami“* ab, was in der Anishinabe-Indianer-Sprache so viel wie großes Gewässer heißt.

- Der **Eriesee** ist mit einer Fläche von knapp 26 000 km² der zweitkleinste der Seen und mit einer durchschnittlichen Tiefe von 18 m der flachste aller 5 Seen. Der Name leitet sich von den Erie-Indianern ab. Der Eriesee bildet einen Teil der Grenze zwischen Kanada und den Vereinigten Staaten.

- Der **Ontariosee** ist mit 19 000 km² der kleinste und östlichste der Großen Seen. Vom Ontariosee fließen die Wassermassen aller Seen in den Sankt-Lorenz-Strom ab. Das Wasser aus dem See wird auch zur Trinkwasserversorgung der Stadt Toronto verwendet. Der Name leitet sich von der Sprache der Wyandot ab, wo das Wort *„ontario“* großer See bedeutet. Durch den Ontariosee verläuft die Grenze zwischen Kanada und den USA.

Wochenplan ERDKUNDE Klasse 9 / 10 – Bestell-Nr. 12 945
KOHL VERLAG

12 Wochenplan: Seen und Flüsse in Nordamerika I

Ströme und Flüsse

Große Ströme und ihre Nebenflüsse durchfließen den nordamerikanischen Kontinent. Die Flüsse liefern nicht nur lebenswichtiges Wasser (Wasserquellen für die Bewässerung), sondern sind auch wirtschaftlich von Bedeutung, weil sie Transportwege sind, um Waren/Güter und Personen zu befördern. Die Flüsse haben auch das Ökosystem und in gewissem Maße das Klima Nordamerikas beeinflusst. An vielen Flüssen befinden sich Stauseen und Wasserkraftwerke zur Energiegewinnung. Personen, die täglich geschäftlich unterwegs sind, nutzen die Möglichkeiten der Wasserstraßen. Da die Flüsse Nordamerikas durch ihre Schönheit und Vielfalt beeindrucken, ist das Reisen auf dem Wasser für viele Touristen besonders attraktiv.

Ströme/Flüsse in der Übersicht (alphabetisch geordnet)

Name	Länge in km	Mündungsgebiet
Arkansas	2364	Mississippi
Der Arkansas ist ein Nebenfluss des Mississippi. Er entspringt in der *Sawatch Range* der Rocky Mountains auf etwa 4260 m Höhe. Auf dem Weg von den Rocky Mountains hinab in die Hochebenen der *Great Plains* entwickelt sich der Arkansas aufgrund des starken Gefälles zu einem reißenden Fluss, der viele tiefe Schluchten passiert.		
Colorado	2334	Golf von Kalifornien
Der Colorado entspringt im Rocky-Mountains-Nationalpark im US-Bundesstaat Colorado. Der Colorado ist wichtig für Landwirtschaft, Trinkwasser- und Elektrizitätsversorgung im Südwesten der USA. Im Jahre 2013 wurde der Colorado auf Platz 1 der 10 am stärksten gefährdeten Flüsse der USA gesetzt.		
Columbia	1953	Pazifik
Der Columbia ist der wasserreichste aller nordamerikanischen Flüsse, die in den Pazifik münden. Der einst an Lachsen reiche Fluss wird heute von Staudämmen zur Stromerzeugung und zur Kontrolle von Überschwemmungen eingedämmt. Die natürliche Lachswanderung wird dadurch weitgehend eingeschränkt und soll demnächst wieder hergestellt werden.		
Mackenzie	1903	Beaufort See (Arktischer Ozean)
Der Mackenzie River ist ein Strom in den Nordwest-Territorien Kanadas. Der Mackenzie entspringt an der Westspitze des großen Sklavensees, durchfließt die Täler des Mackenzie-Gebirges (nördlicher Teil der Rocky Mountains) und mündet in einem großen Flussdelta in die Beaufortsee. Der Mackenzie ist eine Hauptverkehrsader für den Transport von Gütern und spielt eine wichtige Rolle in der Wirtschaft Kanadas.		
Mississippi	3778	Golf von Mexiko
Seine Quelle liegt beim Lake Itasca im nördlichen Minnesota. Auf seinem Weg durchfließt der Mississippi 8 Bundesstaaten: Minnesota, Illinois, Missouri, Kentucky, Arkansas, Tennessee, Mississippi und Louisiana. Das Mississippi-Delta bei New Orleans ist eines der größten Mündungsgebiete weltweit. Der Name Mississippi stammt wahrscheinlich aus der Sprache der Algonkin-Indianer: *„messe“* für groß und *„sepe“* für Wasser.		
Missouri	4130	Mississippi
Der Missouri trägt den Spitznamen *„Big Buddy“* (deutsch „großer Kumpel“) wegen seines hohen Schlammanteils. Er ist der längste Nebenfluss des Mississippi und längste Fluss der USA. Er entsteht aus zwei Quellflüssen, dem Jefferson und dem Madison, die sich 7 km nordöstlich der Ortschaft *Three Forks* in Montana vereinigen und ab da den Fluss Missouri bilden. Zusammen mit dem Mississippi bildet der Missouri den längsten Strom in Nordamerika.		
Ohio	1579	Mississippi
Der Ohio ist der größte linke Nebenfluss des Mississippi. Der Ohio entsteht bei Pittsburg aus dem Zusammenfluss von *Allegheny River* und *Monongahela River*. Der Ohio führt an seiner Mündung rund ein Drittel mehr Wasser als der Mississippi und ist damit hydrologisch der Hauptfluss des Mississippi-Flusssystems. Sein Einzugsgebiet umfasst 14 Bundesstaaten, darunter die meisten südlichen Staaten der USA.		

Wochenplan ERDKUNDE
Klasse 9 / 10 – Bestell-Nr. 12 945
KOHL VERLAG

12 Wochenplan: Seen und Flüsse in Nordamerika I

<table>
<tr><th>Name</th><th>Länge in km</th><th>Mündungsgebiet</th></tr>
<tr><td>Red River</td><td>2075</td><td>Atchafalaya River</td></tr>
<tr><td colspan="3">Der Red River entsteht im Nordwesten von Texas unweit der Grenze zu New Mexico in den Great Plains aus dem Zusammenfluss von 4 Quellflüssen. Der Red River ist ein Fluss in der Mitte und im Süden der USA und mündet 110 km nordöstlich von Baton Rouge in den Atchafalaya River, den längsten Mündungsarm des Mississippi.</td></tr>
<tr><td>Rio Grande</td><td>3034</td><td>Golf von Mexiko</td></tr>
<tr><td colspan="3">Der Rio Grande entspringt in den Rocky Mountains. Die Quelle des Flusses liegt im Rio Grande National Forest, San Juan County, in Colorado in einer Höhe von mehr als 600 m. Ab der texanischen Grenze bei El Paso bildet der Rio Grande die Grenze zwischen den USA und Mexiko. Der Fluss wird in großem Maße zur Bewässerung landwirtschaftlicher Flächen angezapft.</td></tr>
<tr><td>Snake River</td><td>1674 km</td><td>Columbia</td></tr>
<tr><td colspan="3">Der Snake River ist ein Nebenfluss des Columbia im Nordwesten der USA. Seine Quelle hat der Fluss im Yellowstone-Nationalpark, fließt dann in Wyoming nach Süden durch den Grand-Teton-Nationalpark. Der Snake durchfließt den Hells Canyon, der mit bis zu 2410 m Tiefe zu den tiefsten Schluchten der Welt zählt.</td></tr>
<tr><td>Yukon</td><td>3120</td><td>Beringmeer</td></tr>
<tr><td colspan="3">Der Yukon fließt von British Columbia (Kanada) durch das Yukon Territory nach Alaska (USA) und mündet im breit aufgefächerten Yukon-Kuskokwim-Delta ins Beringmeer. In Dawson mündet der (durch die Goldfunde von 1896 bekannte) Klondike River in den Strom.</td></tr>
</table>

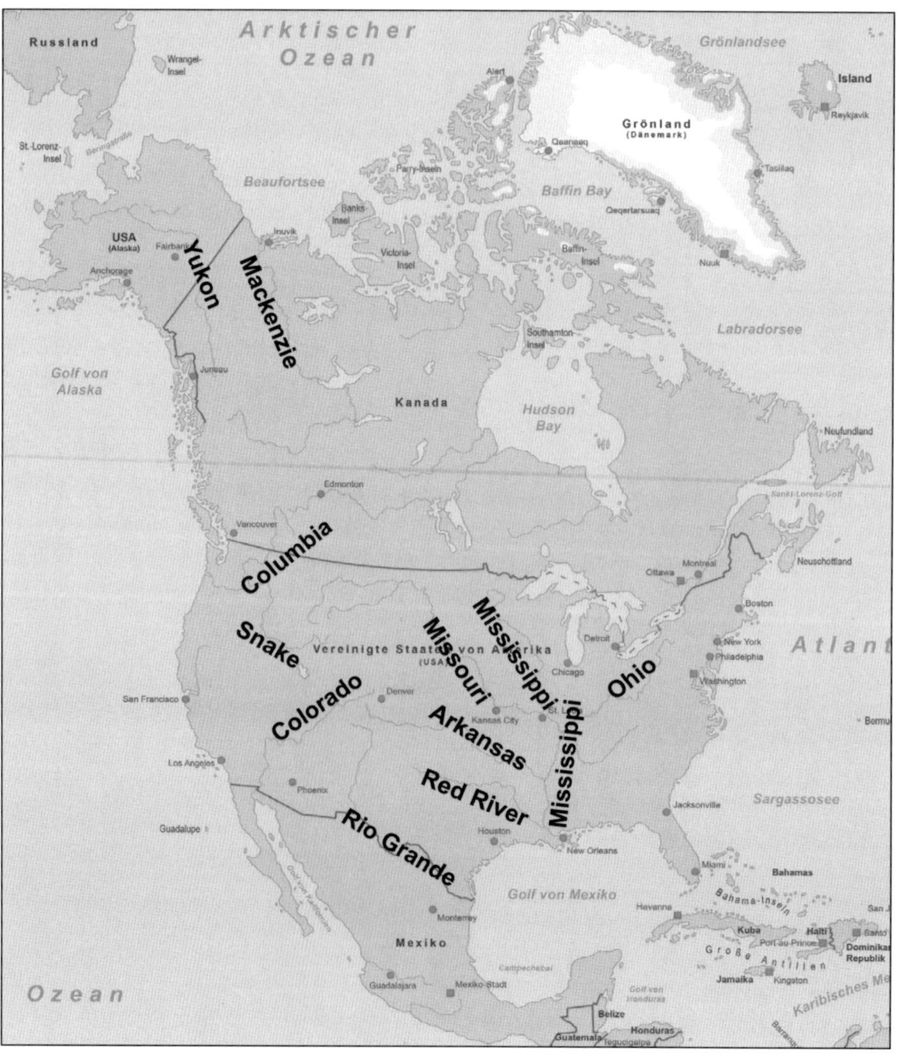

12 Wochenplan: Seen und Flüsse in Nordamerika I

Lösungen

P 1: 1 = Hudson Bay / 2 = Saragossa See – Atlantik / 3 = Sankt-Lorenz-Golf / 4 = Oberer See / 5 = Michigansee / 6 = Huronsee / 7 =Erisee / 8 = Ontariosee

P 2: der Huronsee und der Ontariosee

P 3: Das Bundesland Brandenburg ist halb so groß mit einer Fläche von 29 654 km².

P 4: der Michigansee
Der Name leitet sich wahrscheinlich von „mishi-gami“ ab, was in der Anishinabe-Indianer-Sprache so viel wie großes Gewässer heißt.

W 1: Die kanadisch-amerikanische Grenze verläuft durch den Oberen See, den Huronsee, den Eriesee und den Ontariosee.

W 2: Der Obere See ist mit 84 000 km² etwas größer als Österreich mit 83 879 km².
Der Michigansee ist mit 57 800 km² größer als die Schweiz mit 41 285 km².

W 3: a = Oberer See – 84 000 km² – liegt im Norden der USA an der kanadisch-amerik. Grenze. Er ist der größte Süßwassersee der Erde.

b = Ontariosee – 19 000 km² – liegt im Nordwesten der USA an der kanadisch-amerik. Grenze. Über den Ontariosee fließen die Wassermassen in den Sankt-Lorenz-Strom ab.

W 4:

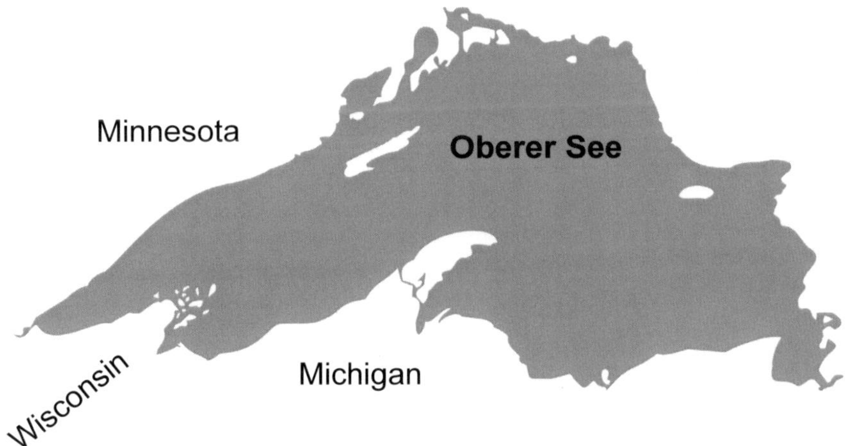

13 Wochenplan: Seen und Flüsse in Nordamerika II

für die Zeit vom:	bis zum:	
Name:	Klasse:	Wochenplan-Nr.:

➲ Infotext: **Seen und Flüsse in Nordamerika**

Pflichtaufgaben ✓ **Diese Aufgaben musst du bearbeiten.**

☐ **P 1**: Nenne die Namen der Flüsse von 1 bis 13.

1) ____________ 2) ____________
3) ____________ 4) ____________
5) ____________ 6) ____________
7) ____________ 8) ____________
9) ____________ 10) ____________
11) ____________ 12) ____________
13) ____________

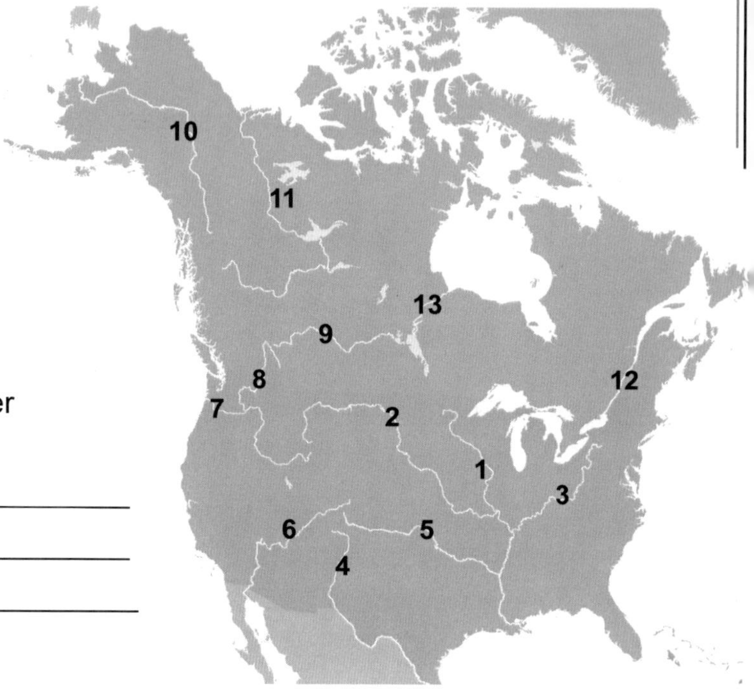

☐ **P 2**: Wie heißen die Mündungsgebiete dieser Flüsse: 1, 2, 7, 8, 9, 10, 12?

1) ____________ 2) ____________
7) ____________ 8) ____________
9) ____________ 10) ____________
12) ____________

☐ **P 3**: Durch welche Bundesstaaten fließen die Flüsse 5 und 6?

5) ____________
6) ____________

☐ **P 4**: Aus welchen Quellflüssen entsteht der Missouri und bei welcher Ortschaft in welchem Bundesland vereinigen sie sich?

____

Wahlaufgaben ☒ **Diese Aufgaben kannst du bearbeiten.**

△ **W 1**: An welchen Flüssen/Seen liegen die folgenden großen Städte?

Portland (Oregon) → ____________ New Orleans → ____________
Chicago → ____________ Minneapolis → ____________
St. Louis → ____________ Toronto → ____________

△ **W 2**: **a)** Welcher Fluss mündet bei Dawson in den Yukon?

____

b) Wodurch wurde dieser Fluss so bekannt?

____

c) Welcher amerikanische Schriftsteller hat diese Besonderheit damals beschrieben?

____

Wochenplan ERDKUNDE Klasse 9 / 10 – Bestell-Nr. 12 945 KOHL VERLAG

13 Wochenplan: Seen und Flüsse in Nordamerika II

Lösungen

P 1: 1 = Mississippi / 2 = Missouri / 3 = Ohio / 4 = Rio Grande / 5 = Arkansas / 6 = Colorado / 7 = Snake / 8 = Columbia / 9 = Saskatchewan / 10 = Yukon / 11 = Mackenzie / 12 = Sankt-Lorenz-Strom / 13 = Nelson

P 2: 1 → Golf von Mexiko / 2 → Mississippi / 7 → Pazifik / 8 → Snake / 9 → Winnipeg-See / 10 → Arktischer Ozean / 12 → Atlantik

P 3: 5) Arkansas fließt durch die Bundesstaaten Colorado, Kansas, Oklahoma und Arkansas.

6) Colorado fließt durch die Bundesstaaten Colorado, Utah, Arizona, Nevada und Kalifornien.

P 4: Die beiden Quellflüsse heißen Jefferson und Madison, die sich 7 km nordöstlich der Ortschaft „Three Forks“ im Bundesstaat Montana vereinigen und ab da den Fluss Missouri bilden.

W 1: Portland → Columbia
Chicago → Michigansee
St. Louis → Mississippi
New Orleans → Mississippi
Minneapolis → Mississippi
Toronto → Ontariosee

W 2: **a)** Der Klondike mündet bei Dawson in den Yukon.

b) Dieser Fluss wurde durch den Klondike-Goldrausch Ende des 19. Jahrhunderts so bekannt. Es machten sich tausende Goldsucher auf in den eisigen Norden, um dort das große Geld zu machen.

c) Jack London hat den Goldrausch am Klondike aufgrund seiner eigenen Erfahrungen in Zeitungsberichten und Büchern beschrieben.

KOHL VERLAG Wochenplan ERDKUNDE Klasse 9 / 10 – Bestell-Nr. 12 945

14 Wochenplan: Seen und Flüsse in Nordamerika III

für die Zeit vom:	bis zum:	
Name:	Klasse:	Wochenplan-Nr.:

➲ Infotext: **Seen und Flüsse in Nordamerika**

Pflichtaufgaben ✓ **Diese Aufgaben musst du bearbeiten.**

☐ **P 1**: Erkennst du die Gewässer auf diesen Kartenausschnitten von a bis j?

I)

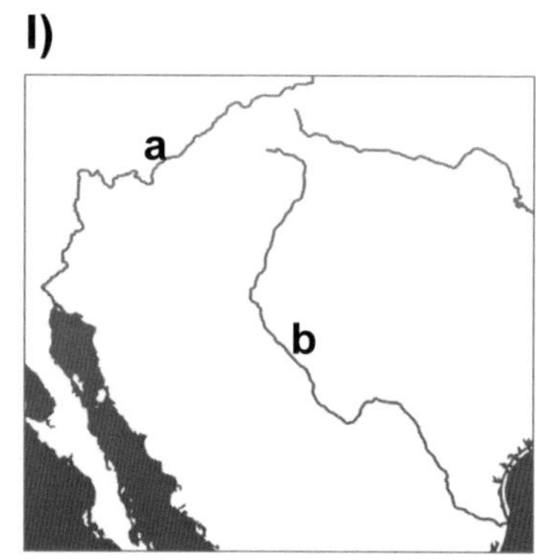

II)

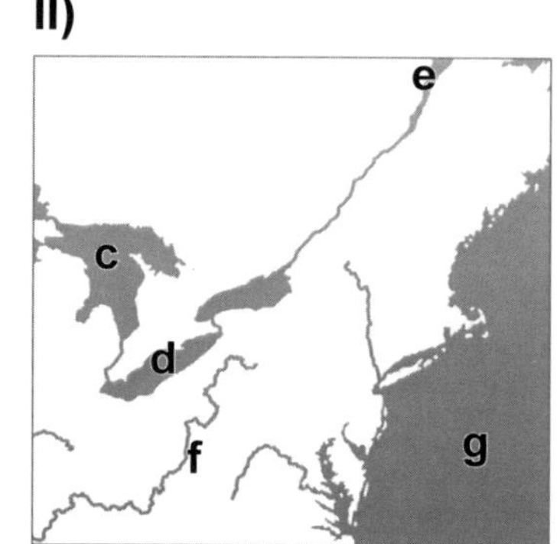

III)

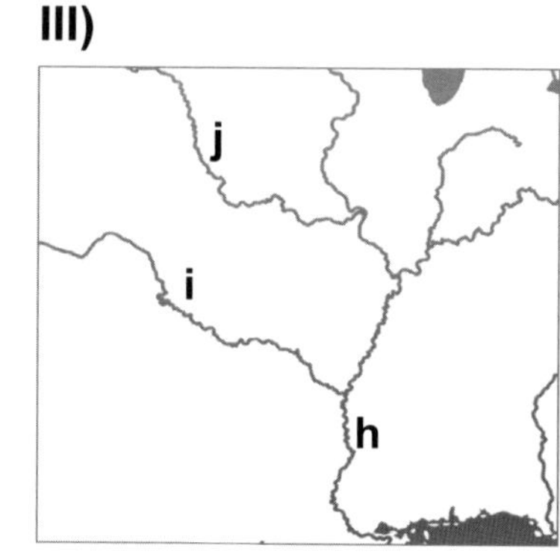

a) ____________________ d) ____________________ h) ____________________

b) ____________________ e) ____________________ i) ____________________

c) ____________________ f) ____________________ j) ____________________

g) ____________________

☐ **P 2**: Ordne die folgenden Kartenausschnitte A) - C) den Ausschnitten I) - III) von P 1 zu.

A)

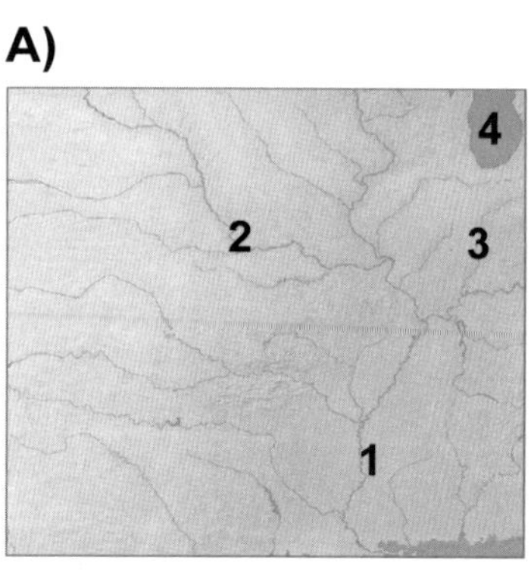

____

B)

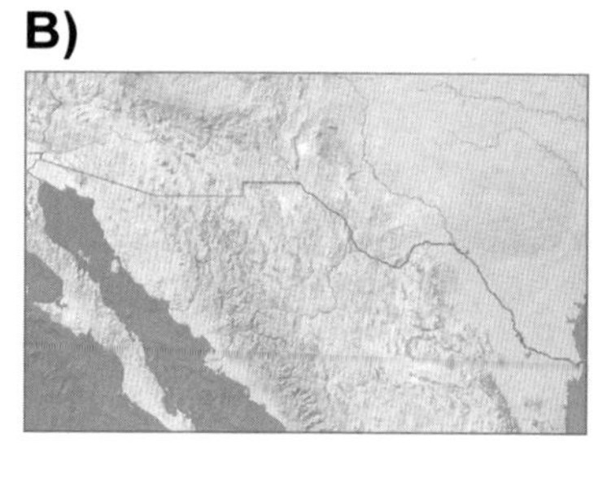

____

C)

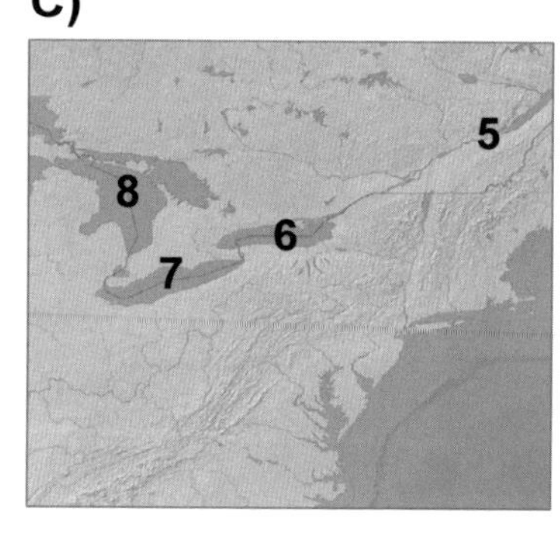

____

☐ **P 3**: „Lese" die Kartenausschnitte A) und C) von P 2 und nenne die Begriffe, die hinter den Zahlen 1 bis 8 stehen.

1) ____________________ 5) ____________________

2) ____________________ 6) ____________________

3) ____________________ 7) ____________________

4) ____________________ 8) ____________________

Wochenplan ERDKUNDE
Klasse 9 / 10 – Bestell-Nr. 12 945
KOHL VERLAG

14 Wochenplan: Seen und Flüsse in Nordamerika III

für die Zeit vom:	bis zum:	
Name:	Klasse:	Wochenplan-Nr.:

➲ Infotext: **Seen und Flüsse in Nordamerika**

Wahlaufgaben 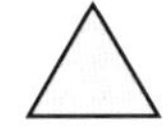 **Diese Aufgaben kannst du bearbeiten.**

W 1: Ergänze das Säulendiagramm für die Flächen folgender Seen in Nordamerika:
Oberer See: 84 000 km² / Huronsee: 58 000 km² / Michigansee: 57 800 km²
Eriesee: 26 000 km² / Ontariosee: 19 000 km²

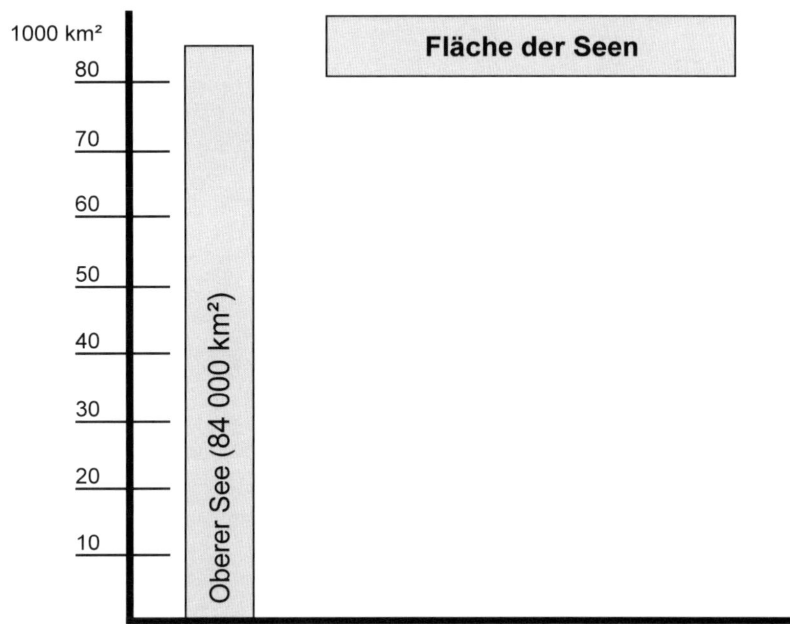

W 2: Ergänze das Stabdiagramm für die Längen einiger Flüsse Nordamerikas im Vergleich zur Elbe: Rio Grande: 3034 km / Arkansas: 2364 km / Mackenzie: 1903 km / Missouri: 4130 km / Elbe: 1245 km

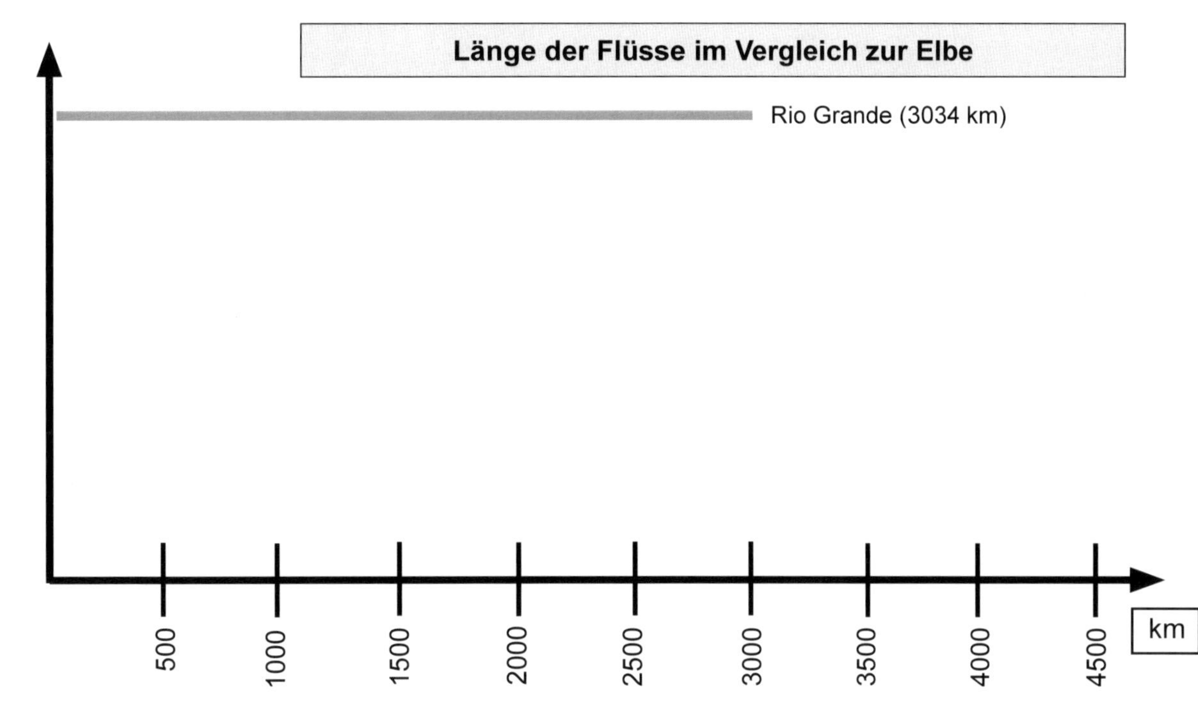

Wochenplan ERDKUNDE
Klasse 9 / 10 – Bestell-Nr. 12 945
KOHL VERLAG

14 Wochenplan: Seen und Flüsse in Nordamerika III

Lösungen

P 1: a = Colorado   d = Eriesee   h = Mississippi   b = Rio Grande
e = Sankt-Lorenz-Strom   i = Arkansas   c = Huronsee   f = Ohio   j = Missouri
g = Sargasso-See

P 2: A → III   B → I   C → II

P 3: 1 = Mississippi   2 = Missouri   3 = Ohio   4 = Michigansee
5 = Sankt-Lorenz-Strom   6 = Ontariosee   7 = Eriesee   8 = Huronsee

W 1:

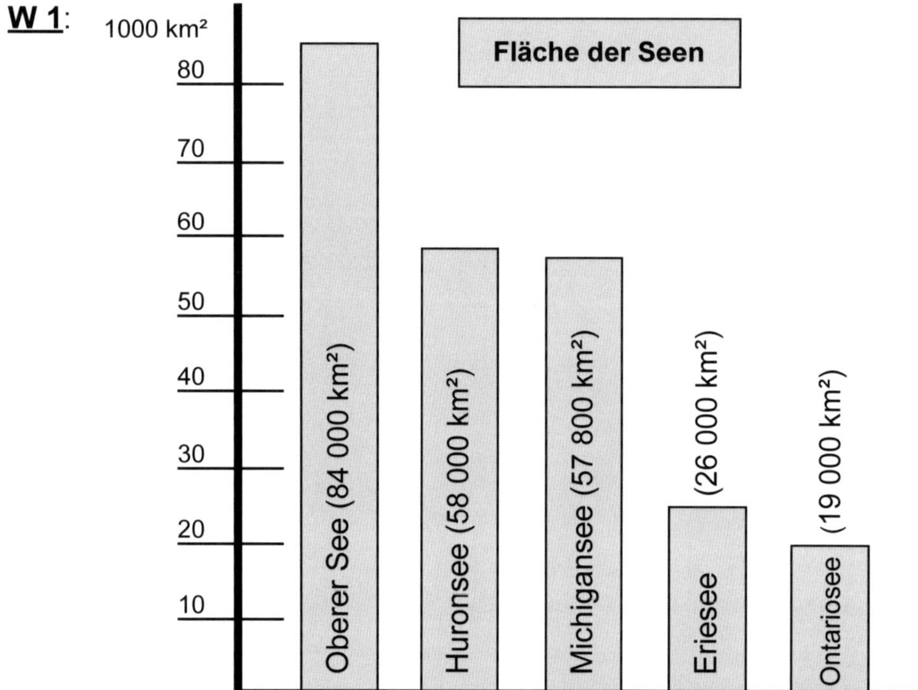

W 2:

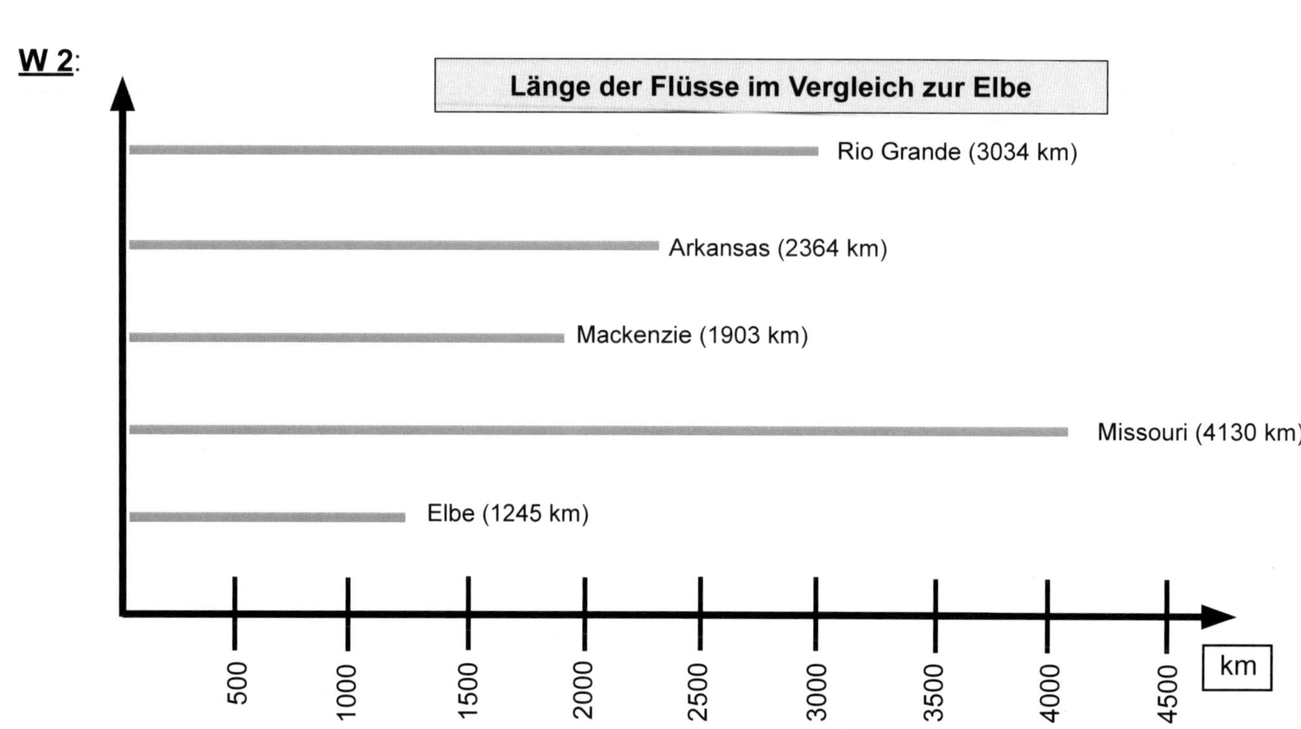

KOHL VERLAG Wochenplan ERDKUNDE Klasse 9 / 10 – Bestell-Nr. 12 945

15 Wochenplan: Oberflächengestalt – Gebirge und Tieflandschaften I

für die Zeit vom:	bis zum:	
Name:	Klasse:	Wochenplan-Nr.:

➲ Infotext: **Oberflächengestalt – Gebirge und Tieflandschaften**

Pflichtaufgaben ✓ **Diese Aufgaben musst du bearbeiten.**

☐ **P 1**: Füge die Namen der Gebirge und Tieflandschaften an der richtigen Stelle ein.

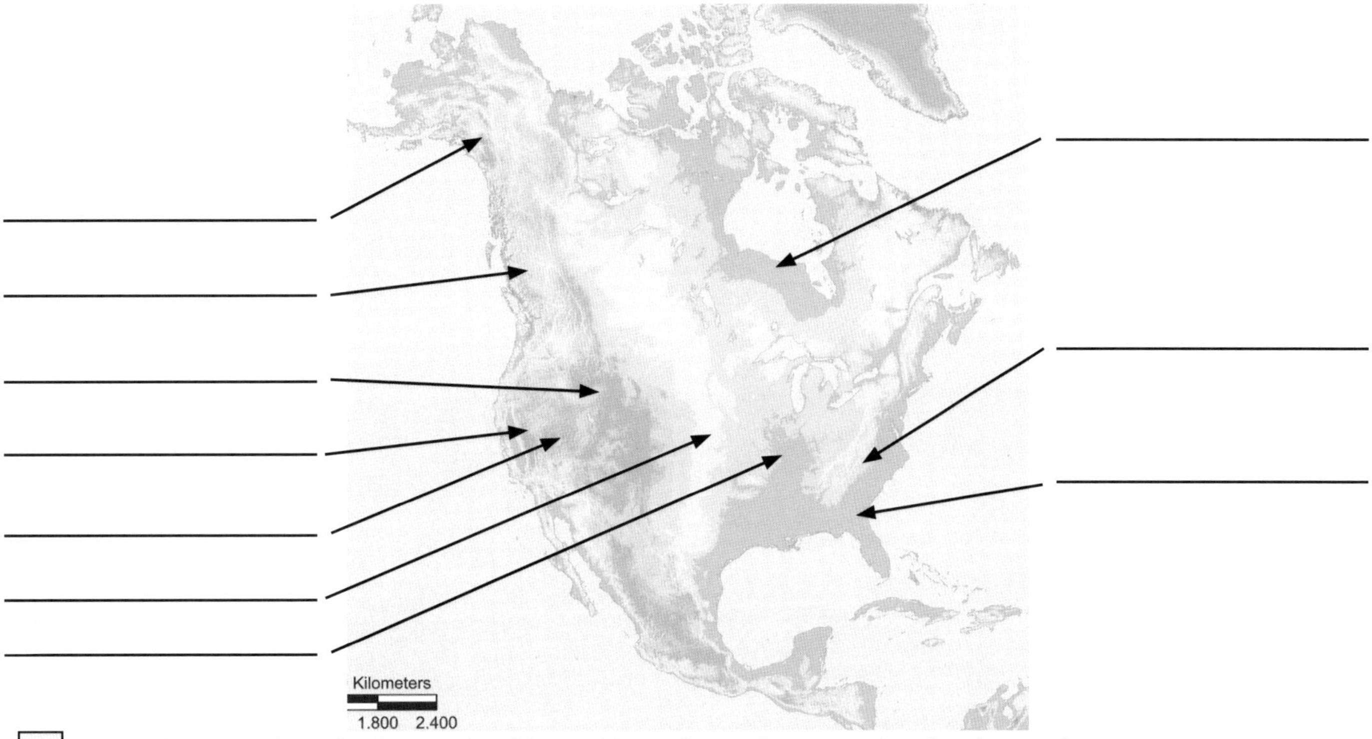

Kilometers
1.800 2.400

☐ **P 2**: Beschreibe die Lage der Sierra Nevada und nenne den höchsten Berg.

☐ **P 3**: Beschreibe die Lage und Ausmaße der Rocky Mountains in Nordamerika.

☐ **P 4**: Beschreibe die Lage und die Ausmaße der Appalachen.

Wahlaufgaben X **Diese Aufgaben kannst du bearbeiten.**

△ **W 1**: Welche Person überquerte als erster Weißer die Rocky Mountains?

W 2: Welcher große Nationalpark liegt in den Rocky Mountains? Nenne seine Fläche und seine Gründungsdaten.

W 3: Auf welchen Bundesstaat entfällt der größte Anteil seiner Fläche?

W 4: Nenne 5 Säugetiere, die in diesem Nationalpark besonderen Schutz finden.

Wochenplan: Oberflächengestalt – Gebirge und Tieflandschaften I

Infotext: Oberflächengestalt – Gebirge und Tieflandschaften

Die Oberfläche Nordamerikas ist klar und einfach gegliedert. Sie besteht im Wesentlichen aus folgenden Großlandschaften:

- Im Norden der **Kanadische Schild**;
- Im Osten die **Appalachen** – ein bewaldetes Mittelgebirge (wie der Schwarzwald), das sich von der kanadischen Provinz Quebec bis in den Norden des US-Bundesstaates Alabama erstreckt. Der Mount Mitchell mit 2037 m ist der höchste Berg der Appalachen. Er liegt im US-Bundesstaat North Carolina.
- Den gesamten Westen des Kontinents durchziehen 3 parallel laufende Hochgebirgsketten der Nordamerikanischen Kordilleren: das **Küstengebirge**, die **Sierra Nevada** und die **Rocky Mountains** (Hochgebirge wie die Alpen). Die Sierra Nevada und die Rocky Mountains sind durch das 1000-2000 m hohe Hochbecken getrennt. Höchster Berg der Sierra Nevada ist der Mount Whitney mit 4421 m.
- Zwischen den Kordilleren und den Appalachen liegt die zentrale Tiefebene (innere Ebenen) mit den **Great Plains** und dem **Mississippi-Becken** (durch das der Missouri und der Mississippi fließen).

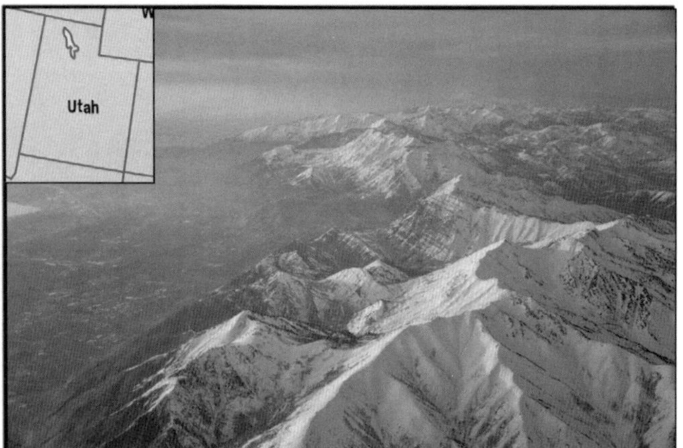

Luftaufnahme der Wasatchkette – Rocky Mountains – Utah

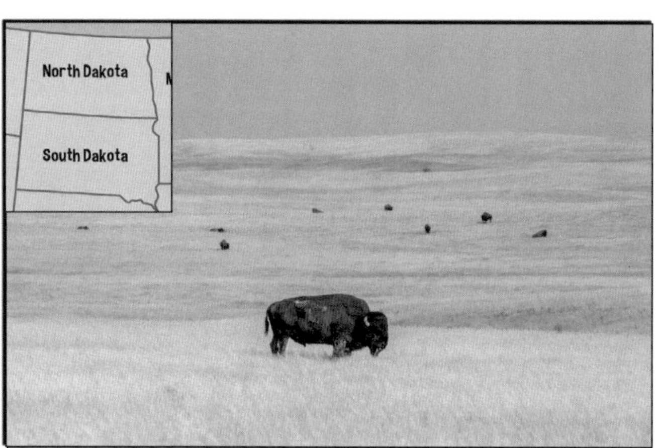

Bisonherden grasen auf dem Grasland der Great Plains in South Dakota.

Luftaufnahme des Mississippi, der sich um Ackerland in Louisiana schlängelt.

Shenandoah National Park – Virginia – Blue Ridge Mountains – ein Teil der Appalachen

Die Wasatchkette ist ein Gebirgszug der Rocky Mountains. Sie ist rund 350 km lang und durchschnittlich etwa 3000 m hoch.
Die Gebirge und Tieflandschaften verlaufen in Nordamerika eher in nord-südlicher Richtung und nicht wie in Europa von Westen nach Osten.

KOHL VERLAG Wochenplan ERDKUNDE Klasse 9 / 10 – Bestell-Nr. 12 945

15 Wochenplan: Oberflächengestalt – Gebirge und Tieflandschaften I

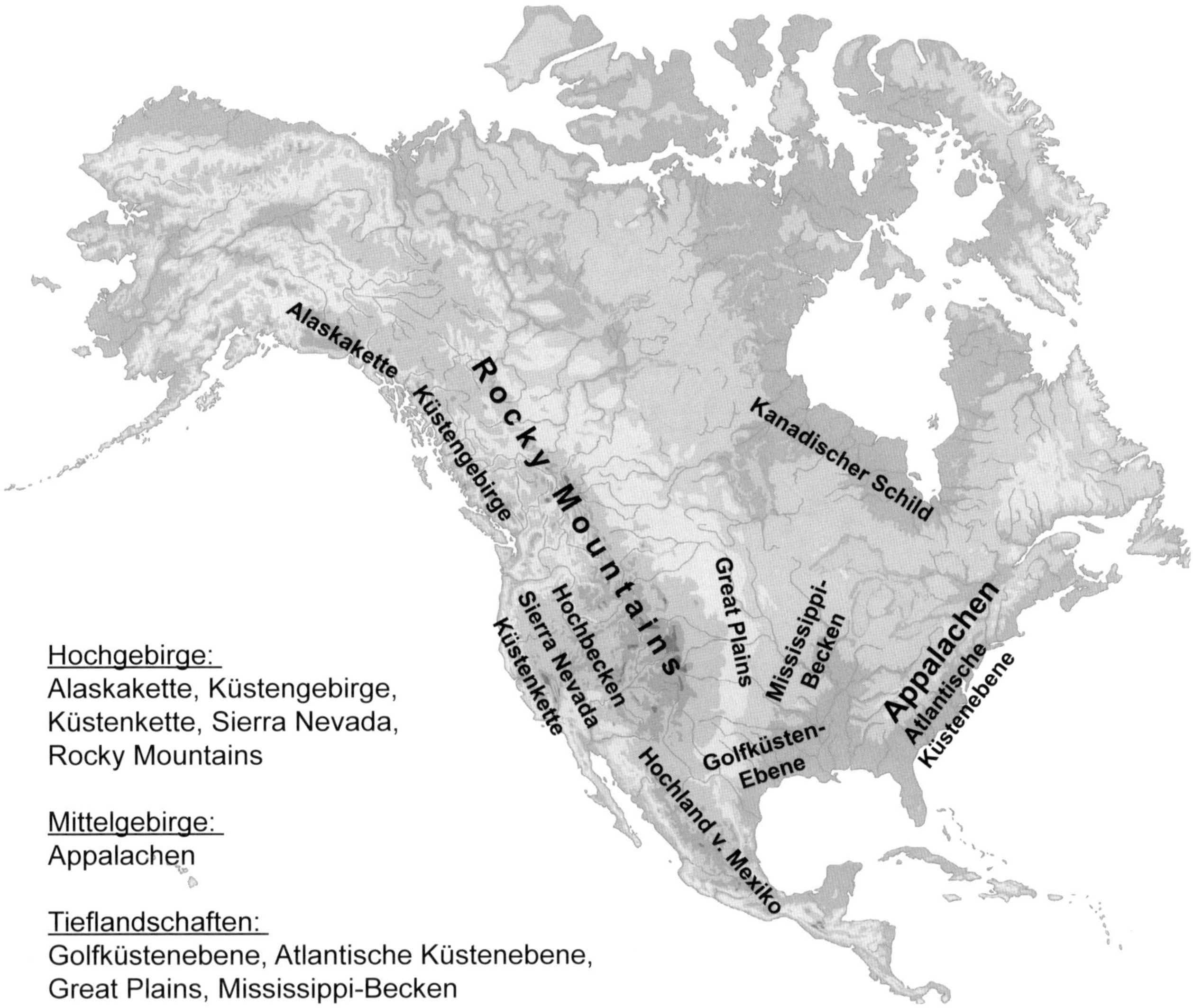

Alaskakette
Küstengebirge
Rocky Mountains
Kanadischer Schild
Küstenkette
Sierra Nevada
Hochbecken
Great Plains
Mississippi-Becken
Appalachen
Atlantische Küstenebene
Golfküsten-Ebene
Hochland v. Mexiko

Hochgebirge:
Alaskakette, Küstengebirge, Küstenkette, Sierra Nevada, Rocky Mountains

Mittelgebirge:
Appalachen

Tieflandschaften:
Golfküstenebene, Atlantische Küstenebene, Great Plains, Mississippi-Becken

Zwischen den Kordilleren und den Appalachen liegen die inneren Ebenen mit den Great Plains und dem Mississippi-Becken.

Oberflächengestalt von Nordamerika

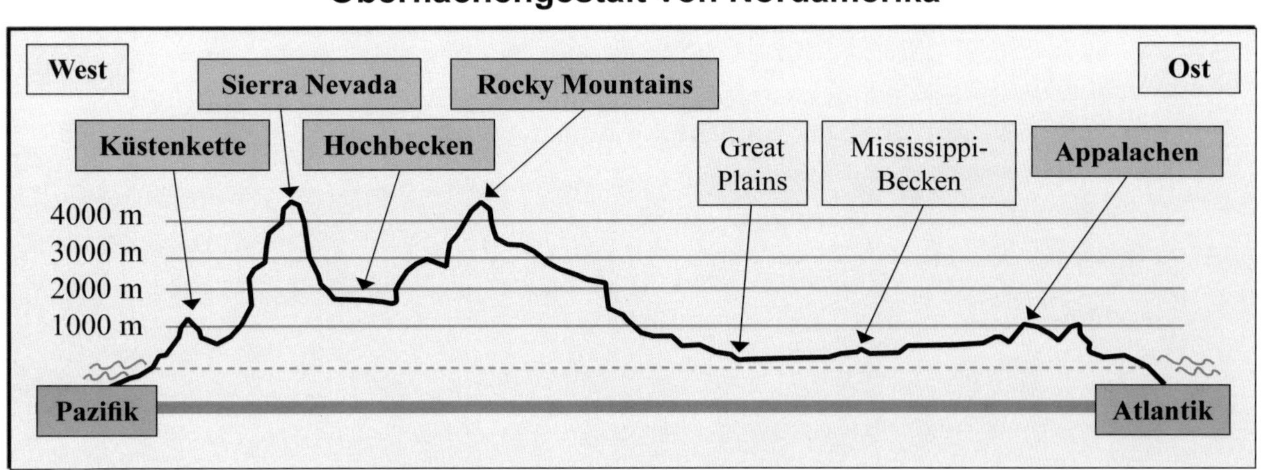

Wochenplan ERDKUNDE
Klasse 9 / 10 – Bestell-Nr. 12 945
KOHL VERLAG

15 Wochenplan: Oberflächengestalt – Gebirge und Tieflandschaften I

Lösungen

P 1:

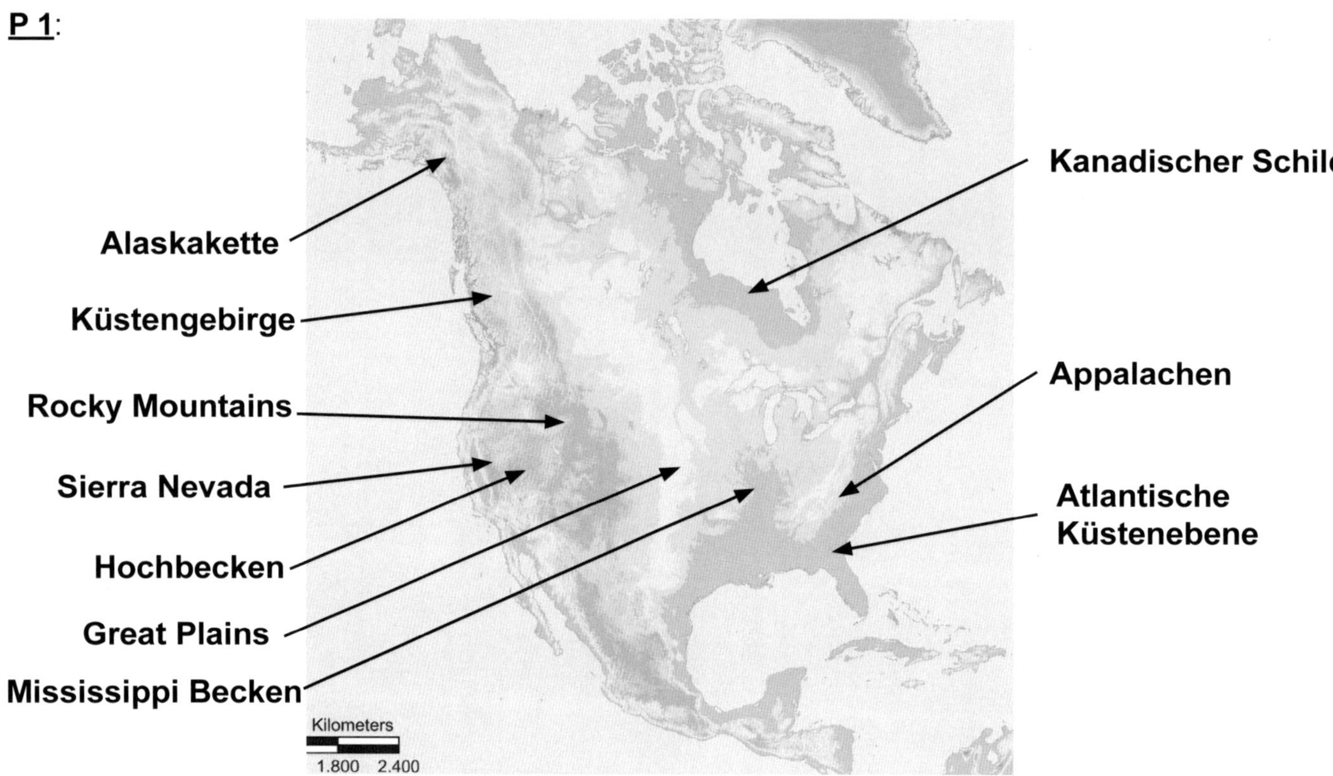

P 2: Die Sierra Nevada ist ein Hochgebirge im Westen der USA und liegt hauptsächlich im US-Bundesstaat Kalifornien. Der höchste Berg ist der Mount Whitney mit 4421 m.

P 3: Die Rocky Mountains liegen im Westen der USA und von Kanada und erstrecken sich über eine Länge von ca. 5000 km.

P 4: Die Appalachen liegen im Osten der USA und erstrecken sich über 2400 km von Quebec im Norden bis Alabama im Süden.

W 1: 1793 überquerte Alexander MacKenzie als erster Weißer die Rocky Mountains.

W 2: Der Yellowstone-Nationalpark ist der älteste Nationalpark der Welt und mit einer Fläche von 8987 km² auch der größte Nordamerikas. Am 1. März 1872 unterschrieb Präsident Ulysses S. Grant das Gesetz.

W 3: Der größte Anteil der Parkfläche liegt auf dem Gebiet des US-Staats Wyoming. Nur 3 % der Fläche liegen im Bundesstaat Montana und 1 % in Idaho.

W 4: Amerikanischer Bison – Elch – Berglöwe – Wolf – Grizzly-Bär.

KOHL VERLAG Wochenplan ERDKUNDE Klasse 9 / 10 – Bestell-Nr. 12 945

16 Wochenplan: Oberflächengestalt – Gebirge und Tieflandschaften II

für die Zeit vom:	bis zum:	
Name:	Klasse:	Wochenplan-Nr.:

➲ Infotext: **Oberflächengestalt – Gebirge und Tieflandschaften**

Pflichtaufgaben ✓ **Diese Aufgaben musst du bearbeiten.**

☐ **P 1**: Ergänze dieses Schaubild „Oberflächengestalt von Nordamerika" mit den fehlenden Angaben.

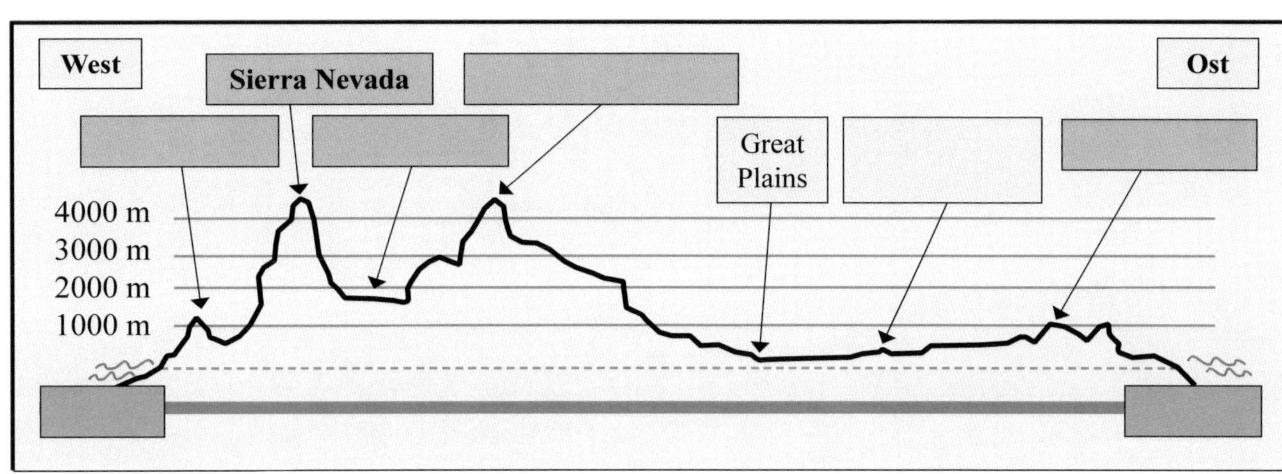

☐ **P 2**: Welche Gebirge bzw. Tieflandschaften sind auf diesen Kartenausschnitten erkennbar?

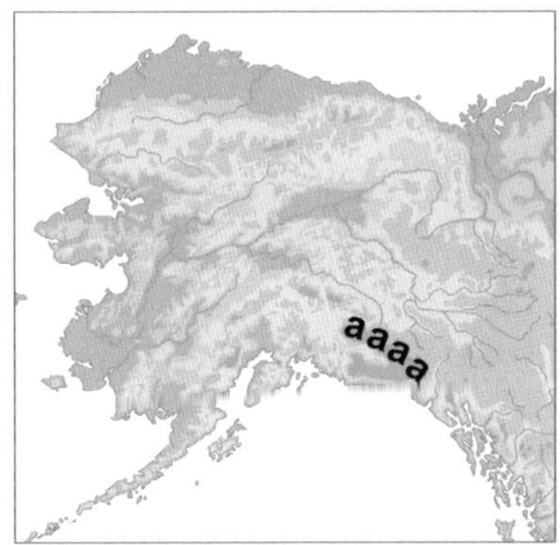

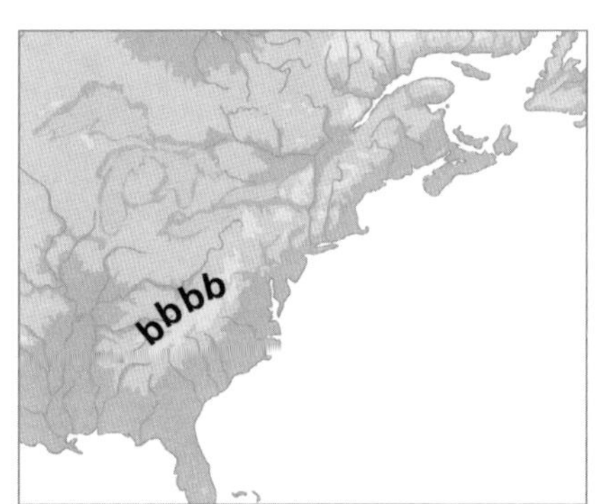

______________________ ______________________ ______________________

☐ **P 3**: Nenne den höchsten Berg in Nordamerika mit Namen und Höhe. Beschreibe seine Lage.

____

____

☐ **P 4**: Wie heißt der Nationalpark, der um den Mount McKinley errichtet wurde? Nenne seine Größe in km² und beschreibe seine Lage.

____

____

Wochenplan ERDKUNDE Klasse 9 / 10 – Bestell-Nr. 12 945
KOHL VERLAG

16 Wochenplan: Oberflächengestalt – Gebirge und Tieflandschaften II

für die Zeit vom:	bis zum:	
Name:	Klasse:	Wochenplan-Nr.:

➲ Infotext: **Oberflächengestalt – Gebirge und Tieflandschaften**

Wahlaufgaben ☒ **Diese Aufgaben kannst du bearbeiten.**

△ **W 1**: Finde Rekorde in Nordamerika, trage Namen und Zahlen ein.

	Name	Rekord-Zahl
größtes Land		
längstes Gebirge		
höchster Berg		
Größte Insel (der USA)		
größter Nationalpark		
größter See		
längster Fluss		
bevölkerungsreichste Stadt		
Größter Bundesstaat (USA)		

△ **W 2**: Ergänze das Säulendiagramm für die Höhen folgender Berge im Vergleich zur Zugspitze und zum Mont Blanc.

Mount Whitney 4421 m
Mount Elbert 4401 m
Mount Mitchell 2037 m
Zugspitze 2962 m
Mount McKinley 6194 m
Mont Blanc 4807 m

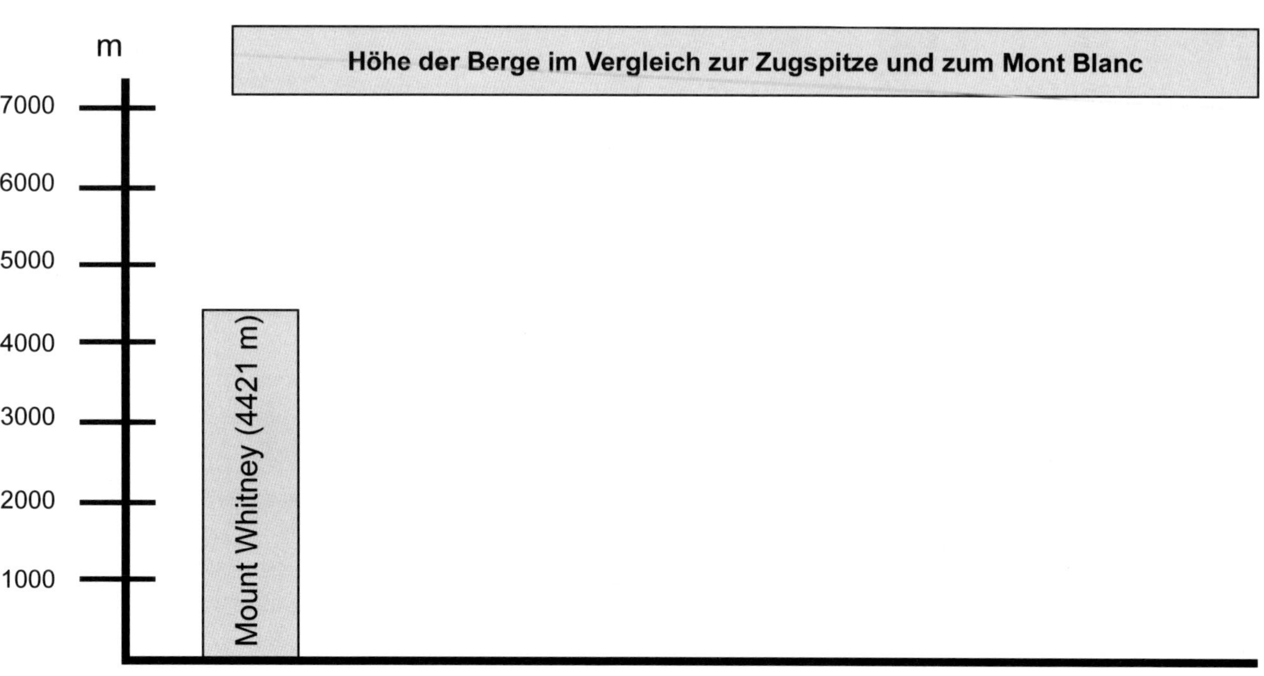

KOHL VERLAG Wochenplan ERDKUNDE Klasse 9 / 10 – Bestell-Nr. 12 945

16 Wochenplan: Oberflächengestalt – Gebirge und Tieflandschaften II

Lösungen

P 1:

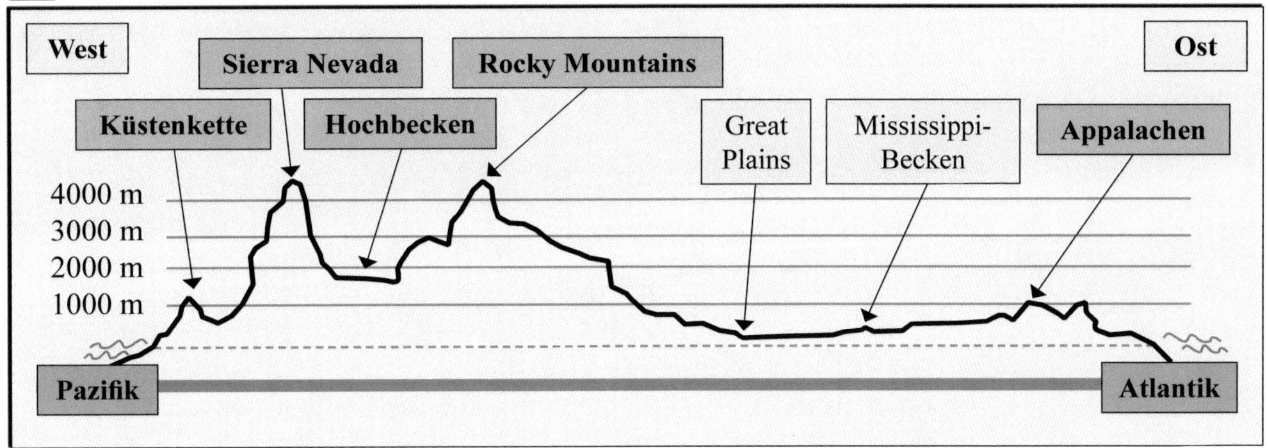

P 2: aaa = Alaskakette / bbb = Appalachen / ccc = Kanadischer Schild

P 3: Der höchste Berg in Nordamerika ist der Mount McKinley mit 6194 m in Alaska.

P 4: Es ist der Denali-Nationalpark, der bis 1980 McKinley-National-Park genannt wurde. Er ist 20 000 km² groß und liegt in Zentralalaska.

W 1:

	Name	Rekord-Zahl
größtes Land	Kanada	9 984 670 km²
längstes Gebirge	Rocky Mountains	4800 km
höchster Berg	Mount McKinley	6195 m
Größte Insel (der USA)	Hawaii	10 432 km²
größter Nationalpark	Yellowstone	8987 km²
größer See	Oberer See	82 414 km²
längster Fluss	Missouri-Mississippi	6051 km
bevölkerungsreichste Stadt	New York	8,8 Mio
Größter Bundesstaat (USA)	Alaska	1 723 337 km²

W 2:

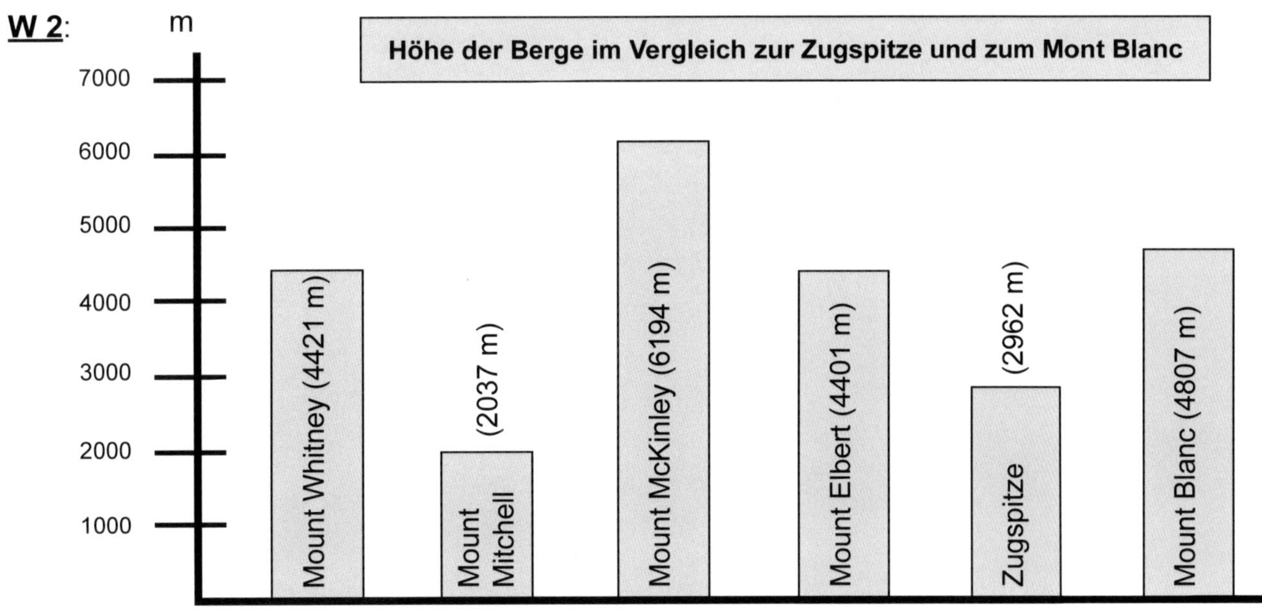

Wochenplan ERDKUNDE Klasse 9 / 10 – Bestell-Nr. 12 945
KOHL VERLAG

17 Wochenplan: Oberflächengestalt – Gebirge und Tieflandschaften III

für die Zeit vom:	bis zum:	
Name:	Klasse:	Wochenplan-Nr.:

➲ Infotext: **Oberflächengestalt – Gebirge und Tieflandschaften**

Pflichtaufgaben ✓ **Diese Aufgaben musst du bearbeiten.**

☐ **P 1**: Wie heißt der höchste Berg in den nordamerikansichen Rocky Mountanis? Nenne den Namen und die Höhe in m.

____

☐ **P 2**: In welchem US-Bundesstaat liegt dieser Berg? Ermittle die Fläche dieses Bundesstaates und eine Besonderheit in Bezug auf alle US-Bundesstaaten.

____

____

☐ **P 3**: Welches europäische Land hat rund 30 000 km² weniger Fläche als dieser US-Bundesstaat?

____

☐ **P 4**: Welche große Stadt liegt östlich vom Mount Elbert am Fuße der Rocky Mountains? Nenne den Namen und die Einwohnerzahl und andere Besonderheiten.

____

____

____

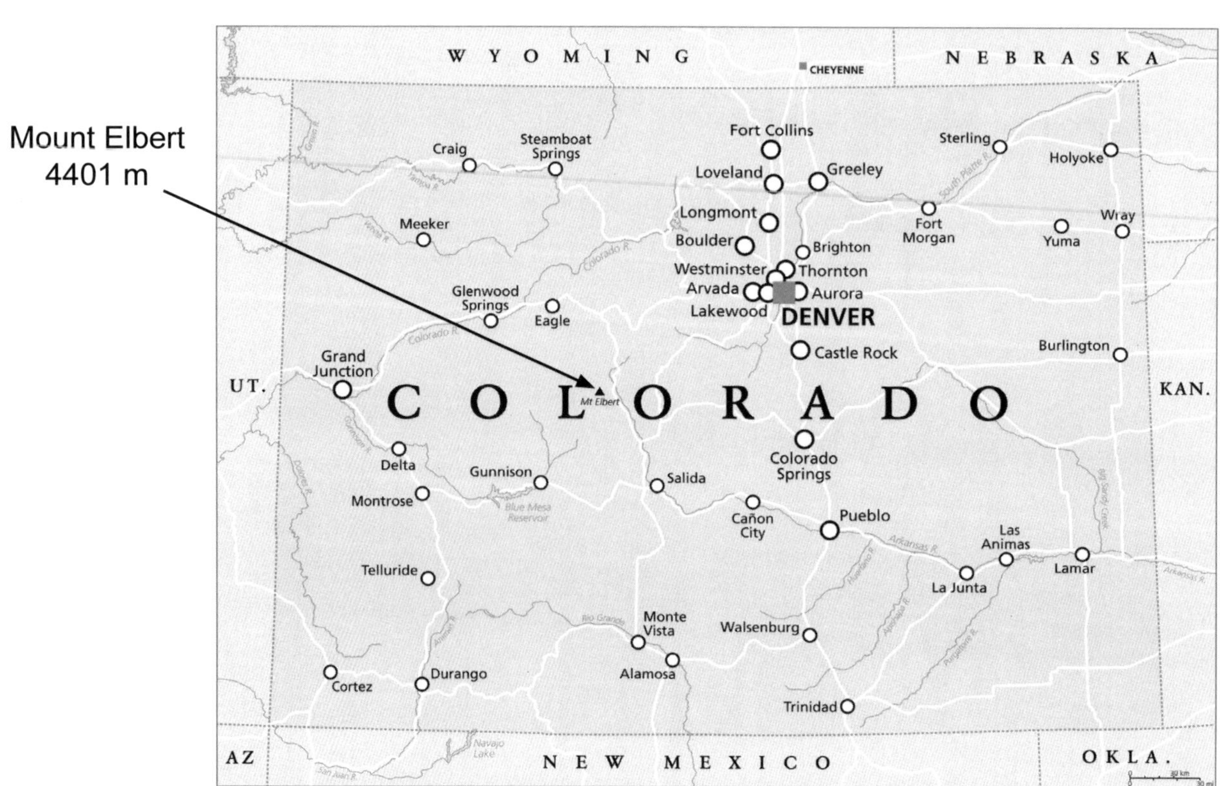

Wochenplan ERDKUNDE Klasse 9 / 10 – Bestell-Nr. 12 945
KOHL VERLAG

17 Wochenplan: Oberflächengestalt – Gebirge und Tieflandschaften III

für die Zeit vom:	bis zum:	
Name:	Klasse:	Wochenplan-Nr.:

➲ Infotext: **Oberflächengestalt – Gebirge und Tieflandschaften**

Wahlaufgaben **x** **Diese Aufgaben kannst du bearbeiten.**

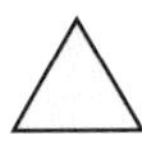

W 1: Wie heißen die Nachbar-Bundesstaaten von Colorado. Gib dazu immer die entsprechende Himmelsrichtung an.

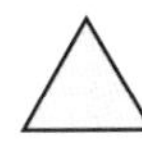

W 2: Ordne die Nachbarstaaten nach ihrer Fläche, beginne mit dem Land mit der kleinsten Fläche.

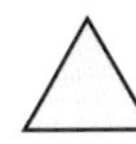

W 3: Welche Berge sind hier abgebildet? Nenne den Namen, die Höhe und das dazugehörige Gebirge, in dem sie liegen.

a)

b)

c)

d)

KOHL VERLAG Wochenplan ERDKUNDE Klasse 9 / 10 – Bestell-Nr. 12 945

17 Wochenplan: Oberflächengestalt – Gebirge und Tieflandschaften III

Lösungen

P 1: Es ist der Mount Elbert mit 4401 m.

P 2: Der Mount Elbert liegt im Zentrum des US-Bundesstaates Colorado. Colorado hat eine Fläche von 269 601 km². Colorado ist der höchstgelegenste Bundesstaat der USA.

P 3: Rumänien mit 238 391 km²

P 4: Denver ist die Hauptstadt vom US-Bundesstaat Colorado und hat 727 211 Einwohner (2020). Denver war ursprünglich eine Goldgräbermetropole.

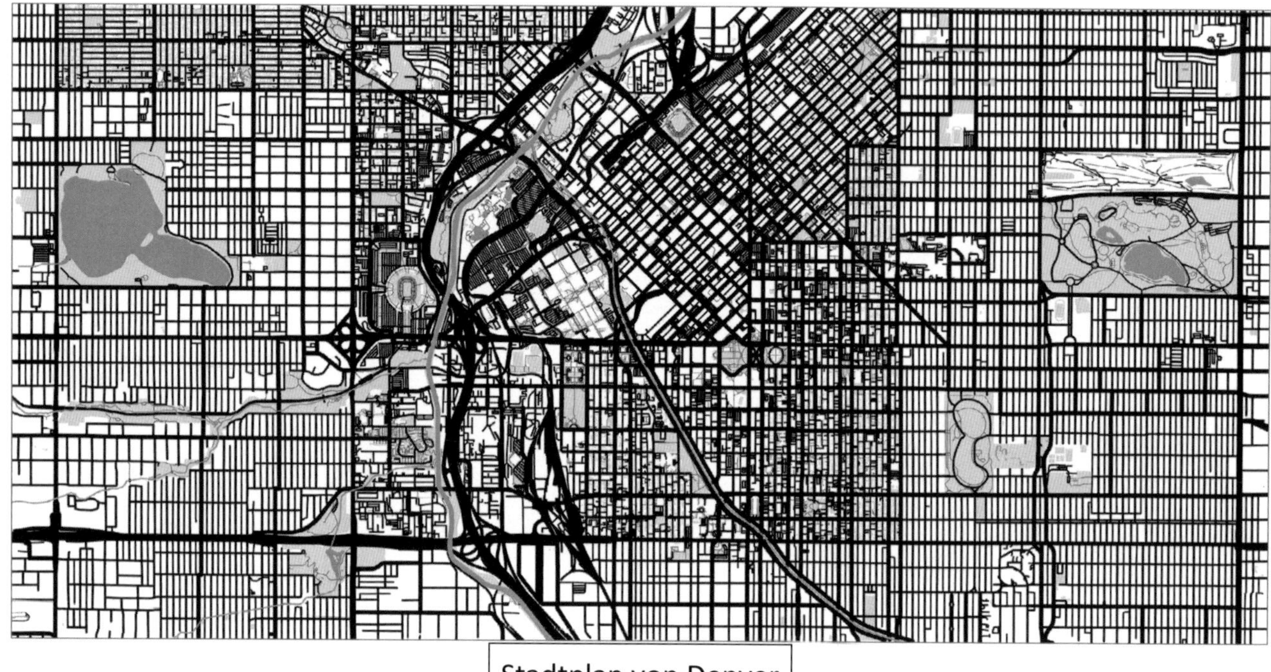

Stadtplan von Denver

W 1: im Norden = Wyoming / im Nordosten = Nebraska / im Osten = Kansas / im Südosten = Oklahoma / im Süden = New Mexiko / im Westen = Utah

W 2: Oklahoma = 181 035 km² / Nebraska = 200 345 km² / Kansas = 213 096 km² / Utah = 219 887 km² / Wyoming = 253 336 km² / New Mexiko = 314 915 km²

W 3: a = Mount McKinley – 6194m – Alaskakette
b = Mount Mitchell – 2037m – Appalachen
c = Mount Whitney – 4421m – Sierra Nevada
d = Mount Elbert – 4401m – Rocky Mountains

18 Wochenplan: Klima und Klimazonen in Nordamerika I

für die Zeit vom:	bis zum:	
Name:	Klasse:	Wochenplan-Nr.:

➲ Infotext: **Klima unmd Klimazonen in Nordamerika**

Pflichtaufgaben ✓ **Diese Aufgaben musst du bearbeiten.**

☐ **P 1**: Prüfe die folgenden Aussagen. Kreuze an, welche richtig und welche falsch sind.

		richtig	falsch
a	Nordamerika hat Anteile an allen Klimazonen, deshalb sind die klimatischen Gegensätze innerhalb des Kontinents groß.		
b	An der Südspitze Floridas herrscht gemäßigtes Klima.		
c	Ganz oben im Norden Alaskas und Kanadas herrscht subpolares/ polares Klima.		
d	Der Dempster Highway beginnt östlich von Dawson und endet bei Inuvik.		
e	Die gemäßigte Zone entspricht etwa den Gebieten zwischen dem 30. und 40. Breitengrad.		
f	Im Unterschied zu Europa gibt es keine in West-Ost-Richtung verlaufende Gebirge, sondern meridional angeordnete Reliefs.		
g	Zwischen den Rocky Mountains und den Appalachen findet kaum Luftaustausch statt.		
h	Die Vegetation der Tundra besteht hauptsächliche aus Kiefern, Sträuchern, Gräsern und Moosen.		
i	Die Taiga wächst oberhalb 40°N und gedeiht in einem Klima langer Sommer und kurzer Winter.		
j	Die tropischen/subtropischen Trockengebiete befinden sich in Wendekreisnähe.		
k	Die Subtropen sind eine Klimazone zwischen 0° bis 20° nördlicher bzw. südlicher Breite.		

☐ **P 2**: Korrigiere die falschen Aussagen von Aufgabe 1.

KOHL VERLAG Wochenplan ERDKUNDE Klasse 9 / 10 – Bestell-Nr. 12 945

18 Wochenplan: Klima und Klimazonen in Nordamerika I

für die Zeit vom:	bis zum:	
Name:	Klasse:	Wochenplan-Nr.:

➲ Infotext: **Klima unmd Klimazonen in Nordamerika**

Pflichtaufgaben ✓ **Diese Aufgaben musst du bearbeiten.**

☐ **P 3**: Trage die entsprechenden Klimazonen auf der Karte ein.

a) – – – – – – – – –

______________________ →

______________________ →

______________________ →

______________________ →

b) – – – – – – – – –

______________________ →

c) – – – – – – – – –

☐ **P 4**: Welche Breitengrade sind in Form der gestrichelten Linien dargestellt?

a) ______________________________________

b) ______________________________________

c) ______________________________________

Wahlaufgaben ✗ **Diese Aufgaben kannst du bearbeiten.**

△ **W 1**: In welchen Klimazonen liegen die folgenden Städte?

Guadalajara = ______________________

Tampa = ______________________

Inuvik = ______________________

San Diego = ______________________

Miami = ______________________

Boston = ______________________

△ **W 2**: Wodurch entstehen Tornados?

____

____

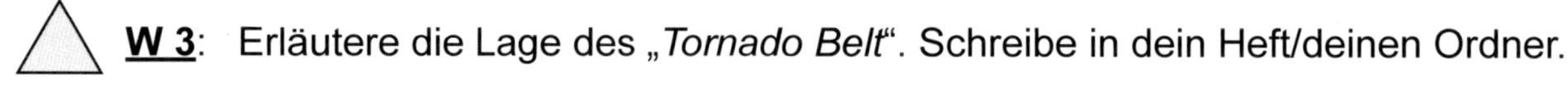

△ **W 3**: Erläutere die Lage des „*Tornado Belt*“. Schreibe in dein Heft/deinen Ordner.

△ **W 4**: Was bezeichnet man als „*Norther*“ und welche Begleiterscheinungen treten auf? Schreibe in dein Heft/deinen Ordner.

18 Wochenplan: Klima und Klimazonen in Nordamerika I

Infotext: Klima und Klimazonen in Nordamerika

Da Nordamerika Anteile an allen Klimazonen[1] hat, sind die klimatischen Gegensätze innerhalb des Kontinents groß – von arktisch bis tropisch. So weisen die Inseln im Norden Kanadas Polarklima auf, die Südspitze Floridas dagegen tropisches Klima.

Wright's Pass – Dempster Highway Gesamtlänge: 736 km, Straßenbeginn: 40 km östlich von Dawson, Straßenende: Inuvik

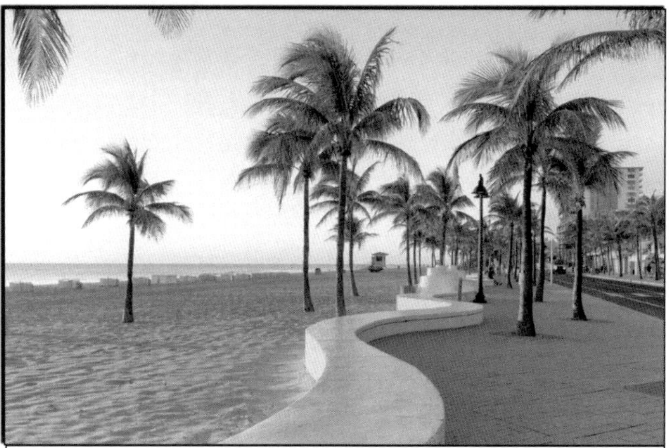

Sonnenaufgang am Fort Lauderdale, Beach und Promenade, Florida

Die folgende Abbildung (mit vereinfachter Einteilung in Klimazonen) macht deutlich, dass der Großteil des nordamerikanischen Kontinents in der gemäßigten Zone und der subtropischen Zone, d. h. zwischen ca. 30° und 60° nördlicher Breite liegt.

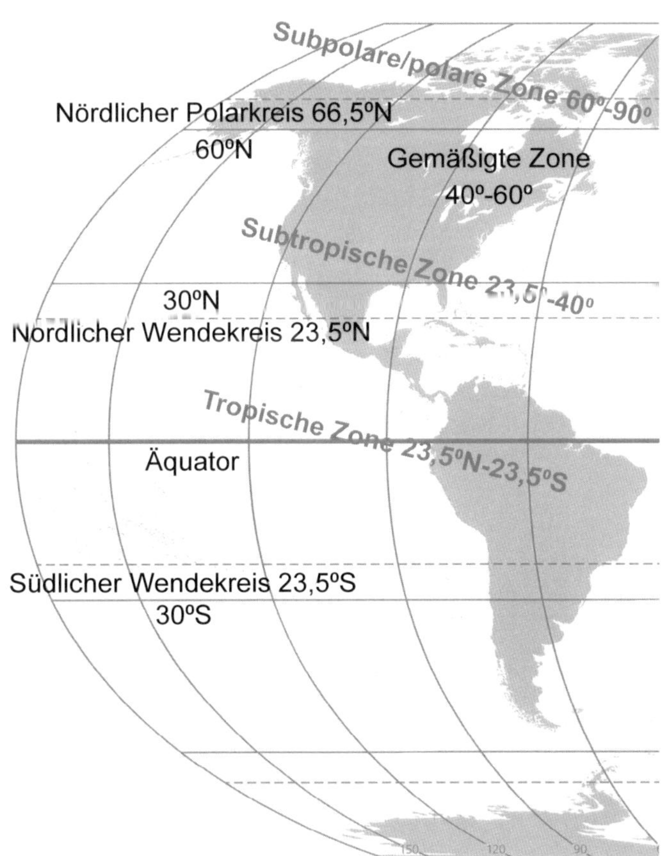

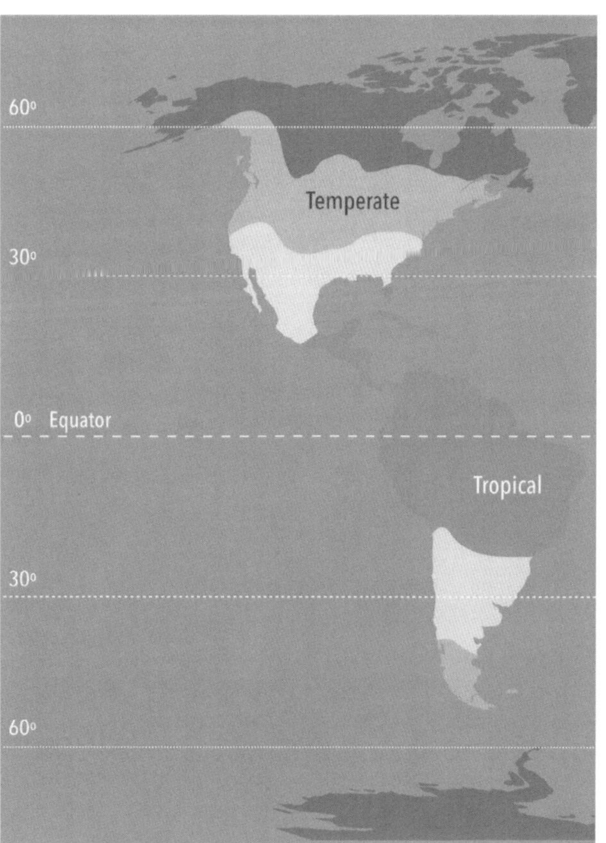

[1] Klimazonen sind Zonen mit ähnlichen klimatischen Bedingungen.

18 Wochenplan: Klima und Klimazonen in Nordamerika I

Neben der geografischen Breitenlage spielen auch die Besonderheiten der Oberflächengestalt und die Meeresströmungen eine wichtige Rolle für das Klima. Im Unterschied zu Europa gibt es keine in West-Ost verlaufende Gebirge, sondern meridional[2] angeordnete Reliefs[3]. So können im Winter kalte Luftmassen bis tief in den Süden (Frosteinbrüche bis nach Florida sind daher keine Seltenheit) und im Sommer warme Luftmassen bis weit in den Norden vordringen. Die Temperaturen steigen vom Norden nach Süden stetig an. Der Osten Nordamerikas ist feuchter als der Westen, erst direkt an der Westküste nehmen die Niederschläge wieder zu. Zwischen den Rocky Mountains und den Appalachen findet ein Austausch verschiedener Lufttemperaturen statt, wodurch es das ganze Jahr zu starken Witterungs- und Temperaturwechseln kommen kann, z. B.:

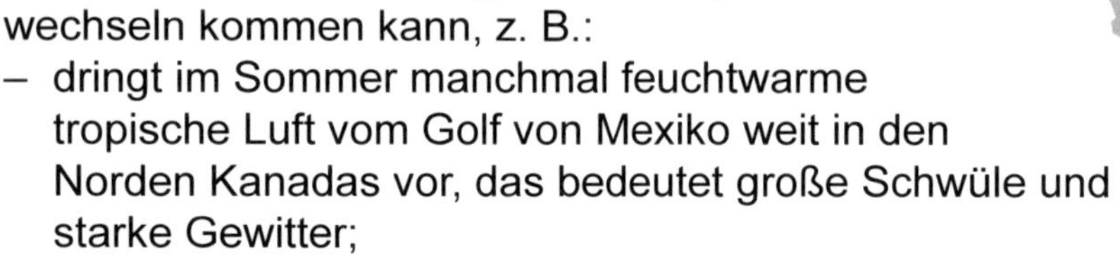

- dringt im Sommer manchmal feuchtwarme tropische Luft vom Golf von Mexiko weit in den Norden Kanadas vor, das bedeutet große Schwüle und starke Gewitter;
- und umgekehrt dringt Kaltluft aus subarktischen Breiten nach Süden vor, wodurch die Ernte beschädigt wird. Auch der Straßenverkehr wird manchmal dadurch lahmgelegt. Diese arktischen Kaltluftwellen werden auch als *Norther*[4] bezeichnet. Sie werden häufig von *Blizzards*[5] begleitet.

„Tornado Belt“

Wenn unterschiedlich warme Luftmassen aufeinandertreffen, kommt es zu heftigen Verwirbelungen mit starken Gewittern und heftigen Niederschlägen. Im Extremfall entstehen auch *Tornados*[6]. Diese trichterförmigen rüsselartigen Luftwirbel mit einem Durchmesser von nur etwa 200 m rasen mit einer hohen Geschwindigkeit dahin und verursachen durch ihre Kraft enorme Schäden. Der „Tornado Belt“ liegt zwischen Texas und den Großen Seen im Norden. Jährlich entstehen hier ca. 700 dieser Landwirbelstürme.

Nicht geräumte Straßen nach einem Schneesturm in einem Vorstadtviertel.

---

2 steht für „in Nord-Süd-Richtung“, d. h. entlang einem Meridian

3 in der Geographie die Oberflächengestalt der Erde, d. h. die Form des Geländes

4 Der *Norther* ist ein kräftiger kalter Wind in den USA, der im Winter bis nach Texas vordringen kann und dort zu einem plötzlichen und drastischen Temperatursturz führt.

5 Der *Blizzard* ist ein starker Schneesturm, der hauptsächlich in Nordamerika auftritt.

6 *Tornado* stammt aus dem Spanischen und bedeutet "drehend". In den USA werden Tornados umgangssprachlich *Twister* genannt, in Deutschland auch als *Windhose* oder *Großtrombe* bezeichnet.

18 Wochenplan: Klima und Klimazonen in Nordamerika I

Hurrikanes – tropische Wirbelstürme

Hurrikanes können im Atlantik oder über dem warmen Wasser der Karibik entstehen. Voraussetzung für ihre Entstehung ist eine Wassertemperatur von über 26 °C. Als Hurrikan wird ein Sturm erst dann bezeichnet, wenn seine Geschwindigkeit mehr als 118 km/h oder die Windstärke 12 erreicht wurde.
Von Verwüstungen durch *Hurrikanes* sind besonders die Küsten Floridas und die Regionen am Golf von Mexiko betroffen.

„Auge“ des Hurrikan: In diesem Zentrum hat er keine Wolken, es fallen keine Niederschläge und das „Auge“ ist windfrei.

Hurrikan über Florida

Nordamerika – Klimazonen und Vegetation in Kürze von Nord nach Süd

Im Norden Alaskas und Kanadas herrscht subpolares Klima.

Die subpolare Zone (lat. *sub* = vor) ist jene Klimazone, die den Übergang zwischen der kaltgemäßigten Zone und dem Polargebiet bildet.
Vegetation: Tundra (Kältesteppe) = Bezeichnung für das Gebiet in Nordkanada, das im Allgemeinen nördlich der Baumgrenze oder des borealen Waldes liegt. Der Begriff stammt vom russischen *тундра*, und bedeutet so viel wie „baumlose Hochfläche“. Die Vegetation besteht hauptsächlich aus Sträuchern, Farnen, Moosen und Flechten. Polargebiete und subpolare Zone lassen sich nicht genau voneinander abgrenzen, da die Kältesteppe typisch für beide Klimazonen ist.

Dall-Schafe in Denali (Tundra), Alaska

Es schließt sich die gemäßigte kontinentale Zone an, die sich über ganz Kanada mit Ausläufern über die Rocky Mountains bis weit nach Südwesten ausdehnt. Die gemäßigte Zone ist eine Klimazone zwischen den Subtropen und der subpolaren Zone und entspricht etwa den Gebieten zwischen dem 40. und 60. Breitengrad. In den Prärieprovinzen Kanadas dominiert winterkaltes Steppenklima. Die Pazifikküste hat ein ausgesprochenes Seeklima.

Im Osten Kanadas herrscht ein überwiegend kontinentales Klima. Kurze, trockene, heiße Sommer und lange, sehr kalte Winter sind dafür kennzeichnend. In der Mitte von Nordamerika herrscht wie bei uns ein gemäßigtes Klima. Hier sind ähnlich wie in Mitteleuropa warme bis heiße Sommer und kalte Winter zu finden.
Vegetation: Die Taiga (nördliche Nadelwälder oder Borealwald)[7] wächst oberhalb 50° nördlicher Breite. Die Taiga gedeiht in einem Klima kurzer warmer Sommer und langer kalter Winter.

Borealer Wald im Herbst – Quebec, Kanada

[7] (lat.) *borealis* = nördlich

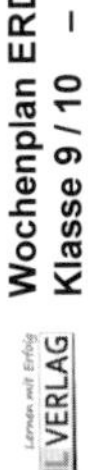

18 Wochenplan: Klima und Klimazonen in Nordamerika I

Im Südwesten Nordamerikas bis Mexiko breitet sich eine subtropisch[8]-trockene Zone aus, d. h. ganzjährig arides Klima mit den Vegetationszonen Wüste oder Steppe. Arides[9] Klima bezeichnet das Klima in Gebieten, in denen der Niederschlag geringer ist als die Verdunstung. Die tropischen/subtropischen Trockengebiete befinden sich in Wendekreisnähe. Die subtropisch-trockene Zone wird im Südosten von subtropisch-feuchtem Klima abgelöst. Die Subtropen sind eine Klimazone zwischen der warmgemäßigten Zone und den Tropen, etwa zwischen 20° und 40° nördlicher bzw. entsprechend südlicher Breite. Temperatur im Jahresdurchschnitt: ca. 18-22 °C.

Beispiel: Mexiko erstreckt sich von den sommerfeuchten Tropen im Südosten über die ganzjährig recht trockenen Subtropen in der Mitte und im Norden bis hin zum subtropischen Winterregenklima im äußersten Nordwesten.

Immerfeuchte Subtropen (Ostseitenklima):
Passatwinde sorgen für ganzjährigen Niederschlag. Während der Regenzeit im Sommer fällt deutlich mehr Niederschlag (u. a. an der Ostküste der USA). Subtropische Feuchtwälder kommen an den Ostseiten der Kontinente Nord- und Südamerika vor.

An der Südspitze Floridas ist das Klima tropisch-feucht. Selbst in den kühleren Monaten beträgt die Durchschnittstemperatur ca. 18°. Die Tropen sind eine Klimazone, die sich zwischen dem nördlichen und südlichen Wendekreis befindet. Typisch ist die fast ganzjährig im Zenit stehende Sonne, die hohe Luftfeuchtigkeit, die hohe Verdunstungsrate und die geringe Schwankungsbreite der Temperatur etc.

Kokospalmen am tropischen Sandstrand in Florida

Klimawandel in Nordamerika

Die Erderwärmung wird durch das Verbrennen fossiler Brennstoffe vorangetrieben. Bis zum Jahr 2100 wird von einem mittleren globalen Temperaturanstieg zwischen 1,8 °C und 4,0 °C ausgegangen. Dadurch verändert sich das Wetter in vielen Regionen der Kontinente. Immer häufiger auftretende Dürreperioden führen zu häufigeren Waldbränden und schlechteren Ernteerträgen. In Kanada wird das Klima dagegen milder und feuchter.
Ein Bericht von US-Regierungsbehörden warnt vor verheerenden Konsequenzen für die USA durch den Klimawandel: Bis 2050 prognostizieren die Wissenschaftler, dass sich durch die Klimawandel-Folgen – wie heißere Temperaturen und Änderungen der Niederschläge – die landwirtschaftliche Produktivität des Mittleren Westens der USA auf das in den 1980er-Jahren zuletzt erreichte Niveau reduzieren werde. Häufige Waldbrände, die bislang vor allem im Westen der USA wüteten, werden auch in anderen Regionen der USA häufiger auftreten. Auch Fischerei und Tourismus seien stark gefährdet. In den Bundesstaaten an der Südküste, Louisiana und Virginia, gebe es Küstenabschnitte und Inseln, die bald unbewohnbar sein werden, aber auch Küstenstädte wie Miami seien betroffen und müssen mit Überschwemmungen kämpfen – das ist nicht neu, aber die Häufigkeit nimmt extrem zu. Ursache sind die steigenden Meeresspiegel.

[8] (grie.) *tropai* = Wendekreise; [9] (lat.) *aridus* = trocken, dürr

18 Wochenplan: Klima und Klimazonen in Nordamerika I

Lösungen

P 1: Richtig sind: a, c, d, f, j

P 2: b = An der Südspitze Floridas herrscht tropisches Klima.

e = Die gemäßigte Zone entspricht etwa den Gebieten zwischen dem 40. und 60. Breitengrad.

g = Zwischen den Rocky Mountains und den Appalachen findet ein Austausch verschiedener Lufttemperaturen statt, das führt zu starken Witterungs- und Temperaturwechseln.

h = Die Vegetation der Tundra besteht hauptsächlich aus Sträuchern, Farnen, Moosen und Flechten.

i = Die Taiga wächst oberhalb 50°N und gedeiht in einem Klima kurzer, warmer Sommer und langer, kalter Winter.

k = Die Subtropen sind eine Klimazone zwischen 20° und 40° nördlicher bzw. südlicher Breite.

P 3:

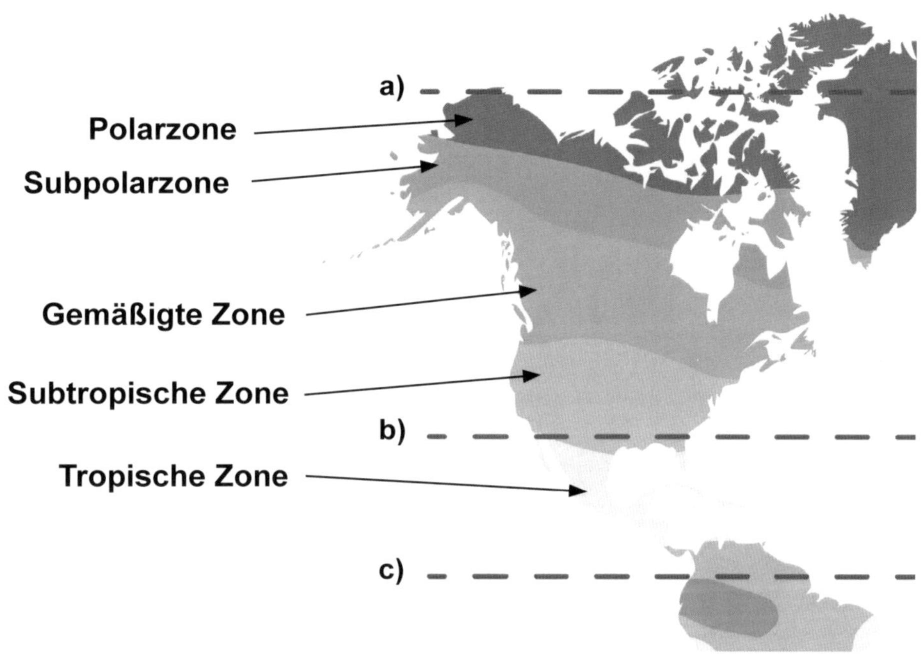

P 4: a = nördlicher Polarkreis – 66,5°N

b = nördlicher Wendekreis – 23,5°N

c = Äquator

W 1: Guadalajara = feuchtes subtropisches Klima / Tampa = subtropisches Klima
Inuvik = subpolares Klima / San Diego = subtropisches Klima
Miami = tropisches Klima / Boston = gemäßigtes Klima

W 2: Wenn unterschiedlich warme Luftmassen aufeinandertreffen, kommt es zu Verwirbelungen und heftigen Niederschlägen – im Extremfall entstehen Tornados.

W 3: Das Gebiet des „Tornado Belt“ liegt zwischen Texas und den Großen Seen im Norden. Hier entstehen jährlich ca. 700 dieser Landwirbelstürme.

W 4: Wenn Kaltluft aus subarktischen Breiten nach Süden vordringt, bezeichnet man diese Kaltluftwellen auch als „Norther“. Sie werden häufig von Blizzards begleitet.

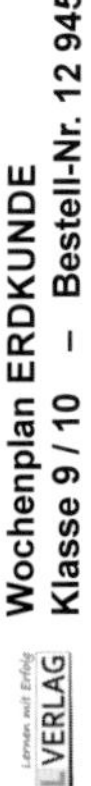

19 Wochenplan: Klima und Klimazonen in Nordamerika II

für die Zeit vom:	bis zum:	
Name:	Klasse:	Wochenplan-Nr.:

➲ Infotext: **Klima unmd Klimazonen in Nordamerika**

Pflichtaufgaben ✓ **Diese Aufgaben musst du bearbeiten.**

☐ **P 1**: Erläutere den Begriff Tundra und ihre Vegetation.

____

____

☐ **P 2**: Woher kommt der Begriff Tundra?

____

☐ **P 3**: Bestimme die Lage der Tundren auf der Nordhalbkugel.

____

____

☐ **P 4**: Das baumlose Hochland (Tundra) hat ein extremes Klima, erläutere Jahreszeiten und Temperaturen im Heft.

Wahlaufgaben ⚠ **Diese Aufgaben kannst du bearbeiten.**

△ **W 1**: Welche Tiere leben in der Tundra? Nenne 5 Säugetiere.

____

△ **W 2**: Wie wirkt sich der Klimawandel auf die Tundra aus? Erläutere im Heft.

△ **W 3**: Welche Gebiete sind hier in den Ausschnitten abgebildet?
Ordne sie der entsprechenden Klimazone zu.

a

b
c

d
e

a) ____________________
→ ____________________

b) ____________________
→ ____________________
c) ____________________
→ ____________________

d) ____________________
→ ____________________
e) ____________________
→ ____________________

△ **W 4**: Welcher Gebietsausschnitt ist hier abgebildet? In welcher Klimazone liegt dieses Gebiet?

____

____

____

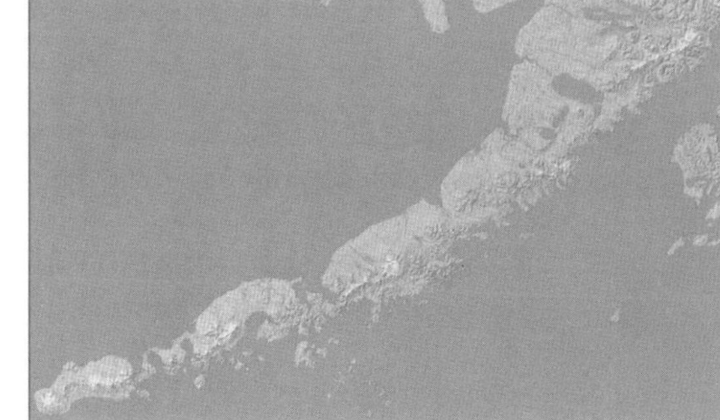

KOHL VERLAG Wochenplan ERDKUNDE Klasse 9 / 10 – Bestell-Nr. 12 945

19 Wochenplan: Klima und Klimazonen in Nordamerika II

Lösungen

P 1: Tundra (Kältesteppe) = Bezeichnung für das Gebiet in Nordkanada, das im Allgemeinen nördlich der Baumgrenze oder des borealen Waldes liegt Die Vegetation besteht hauptsächlich aus Sträuchern, Farnen, Moosen und Flechten.

P 2: Der Begriff stammt vom russischen *тундра*, und bedeutet so viel wie „baumlose Hochfläche".

P 3: Tundren liegen hauptsächlich in den Subpolargebieten (arktische Tundra = Landmassen der Arktis), z. B. in Kanada, Alaska, Sibirien und Skandinavien.

P 4: Jahreszeiten: In der Tundra gibt es sehr lange Winter (etwa 6 Monate), der Sommer ist nur etwa 2 Monate lang.

Temperaturen: Nahe der polaren Regionen herrscht extreme Kälte. In den kalten Monaten können die Tagestemperaturen z. B. in der sibirischen Tundra unter –50 °C sinken. Im Sommer können die Temperaturen allerdings auch bis auf +15 °C steigen.

W 1: In der Tundra leben u. a. Eisbären, Polarfüchse, Wölfe, Schneehasen und Rentiere.

W 2: Durch den von Menschen verursachten Treibhauseffekt und die damit einhergehende Erderwärmung tauen die gefrorenen Böden (Permafrostböden) auf. Dadurch verändert sich folglich die Landschaft und die Tundren verkleinern sich. In den Permafrostböden sind große Mengen Methan gespeichert, die durch die Erwärmung frei werden und den Treibhauseffekt und damit den Klimawandel verstärken.

W 3: a = Mexiko → feuchte subtropische Zone
b = Westküste Kanadas → gemäßigte Zone
c = Westküste USA → subtropische Zone
d = Nord-Alaska → polare Zone
e = Nord-Alaska → subpolare Zone

W 4: Es ist die langgestreckte Alaska-Halbinsel (engl. *Alaska Peninsula*) als Teil des Festlandes von Alaska (USA). Das Gebiet liegt in der subpolaren Klimazone.

Wochenplan ERDKUNDE
Klasse 9 / 10 – Bestell-Nr. 12 945

20 Wochenplan: Klima und Klimazonen in Nordamerika III

für die Zeit vom:	bis zum:	
Name:	Klasse:	Wochenplan-Nr.:

➲ Infotext: **Klima unmd Klimazonen in Nordamerika**

Pflichtaufgaben ✓ Diese Aufgaben musst du bearbeiten.

☐ **P 1**: Welches Klima herrscht in Florida?

____

☐ **P 2**: Beschreibe die Lage Floridas innerhalb der USA, die Nord-Süd-Ausdehnung in km und die Lage im Gradnetz.

____

☐ **P 3**: Was ist typisch für das tropische Klima im Süden von Florida?

____

☐ **P 4**: Beschreibe die gemäßigte kontinentale Zone in ihrer Ausdehnung und ihrer Lage im Gradnetz. Schreibe in dein Heft/deinen Ordner.

Wahlaufgaben X Diese Aufgaben kannst du bearbeiten.

△ **W 1**: Wie heißen diese US-Bundesstaaten und welches Klima herrscht dort.

a) ______________ → ______________
b) ______________ → ______________
c) ______________ → ______________
d) ______________ → ______________
e) ______________ → ______________
f) ______________ → ______________

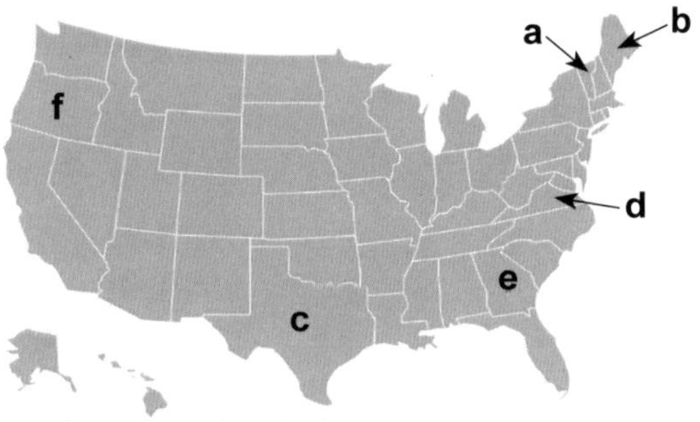

△ **W 2**: Vervollständige das Klimadiagramm mit folgenden Durchschnittswerten aus Miami International Airport (12 km von Miami entfernt) – Zeitraum 1985-2015.

	Jan	Feb	Mär
Temp. °C	25	26	27
Regen mm	13,7	16	17,9
	Apr	**Mai**	**Jun**
Temp. °C	29	31	32
Regen mm	26,8	55,5	165,7
	Jul	**Aug**	**Sep**
Temp. °C	33	33	32
Regen mm	117,3	148,5	156,5
	Okt	**Nov**	**Dez**
Temp. °C	30	28	26
Regen mm	73,6	29,3	17,4

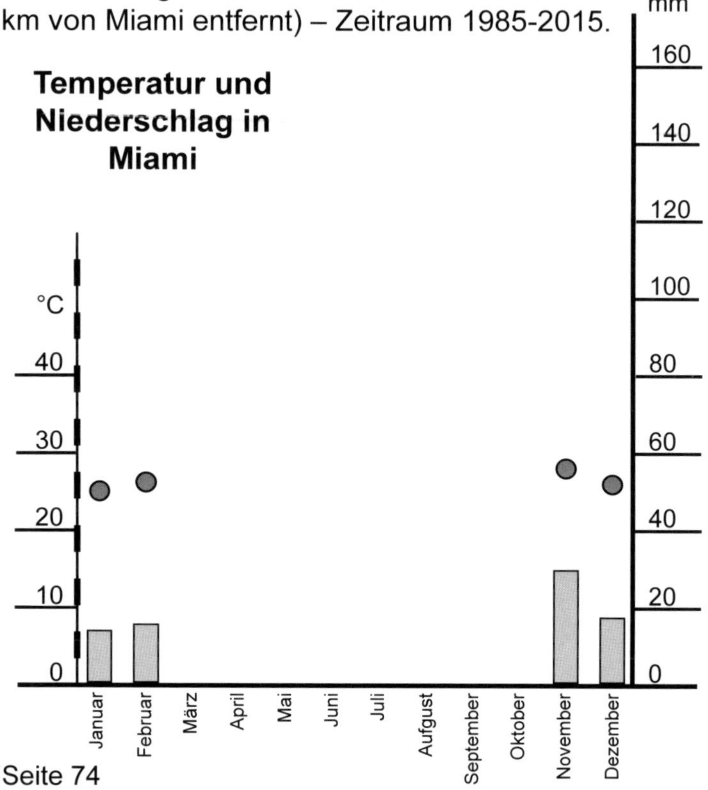

Wochenplan ERDKUNDE
Klasse 9 / 10 – Bestell-Nr. 12 945
KOHL VERLAG

20 Wochenplan: Klima und Klimazonen in Nordamerika III

Lösungen

P 1: allergrößter Teil Floridas: feucht, subtropisch, nur im Süden tropisch

P 2: Lage: äußerster SO; Nord-Süd-Ausdehnung: 800 km; 24-31°N

P 3: Tropisches Regenwaldklima, ganzjährig feucht und warm, keine Trockenzeit

P 4: Die gemäßigte kontinentale Zone dehnt sich über ganz Kanada mit Ausläufern über die Rocky Mountains bis weit nach Südwesten aus. Sie liegt etwa zwischen 40° und 60°N.

W 1: a = Vermont → gemäßigtes Klima / b = Maine → gemäßigtes Klima /
c = Texas → subtropisches Klima / d = Virginia → subtropisches Klima /
e = Georgia → subtropisches Klima / f = Oregon → gemäßigtes Klima

W 2:

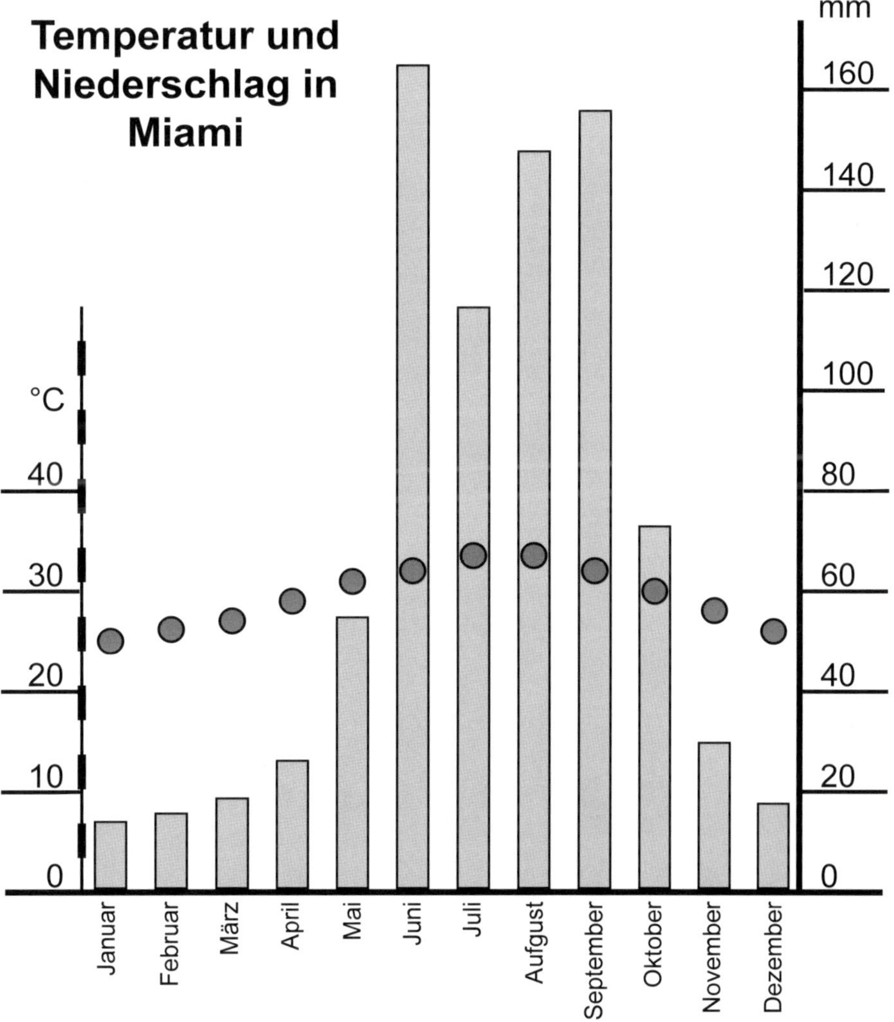

Wochenplan ERDKUNDE
Klasse 9 / 10 – Bestell-Nr. 12 945
KOHL VERLAG

21 Wochenplan: Nationalparks in den USA I

für die Zeit vom:	bis zum:	
Name:	Klasse:	Wochenplan-Nr.:

➲ Infotext: **Nationalprks in den USA**

Pflichtaufgaben ✓ **Diese Aufgaben musst du bearbeiten.**

☐ **P 1**: Welche 2 Ziele werden in den Nationalparks angestrebt?

____

____

☐ **P 2**: Was versteht man unter der Abkürzung IUCN?

____

____

☐ **P 3**: Welche Regeln sollten Besucher unbedingt beim Besuch eines Nationalparks beachten? Schreibe in dein Heft/deinen Order.

☐ **P 4**: Wie heißt der älteste Nationalpark und in welchem Jahr wurde er gegründet? Woher stammt sein Name? Schreibe in dein Heft/deinen Order.

Wahlaufgaben ✗ **Diese Aufgaben kannst du bearbeiten.**

△ **W 1**: Hat Deutschland auch Nationalparks? ______________

△ **W 2**: Bestimme Fläche, Gründungsjahr und Bundesland dieser Nationalparks in Deutschland.

Bayerischer Wald: ______________

Niedersächsisches Wattenmeer: ______________

Vorpommersche Boddenlandschaft: ______________

W 3: Ermittle die Größe der folgenden Nationalparks in den USA:

Great-Smoky-Mountains-Nationalpark: ______________

Yellowstone-Nationalpark: ______________

Grand-Teton-Nationalpark: ______________

W 4: Ergänze das Säulendiagramm für die Flächen folgender Nationalparks:

Great-Smoky-Mountains;
Yellowstone;
Grand-Teton;
Bayerischer Wald;
Niedersächsisches Wattenmeer;
Vorpommersche Boddenlandschaft

Fläche der Nationalparks

KOHL VERLAG Wochenplan ERDKUNDE Klasse 9 / 10 – Bestell-Nr. 12 945

21 Wochenplan: Nationalparks in den USA I

Infotext: Nationalparks in den USA

Auf der ganzen Welt gibt es heute Nationalparks, die Natur und Artenvielfalt schützen, ihre Schönheit aber auch den Menschen zugänglich machen wollen. Die meisten Nationalparks geben dem Schutz von Arten und Lebensräumen ein starkes Gewicht, während andere eher touristische Aspekte in den Vordergrund rücken. Die Schutzvorschriften in einem Nationalpark sind in den verschiedenen Ländern sehr unterschiedlich. Nach der Schutzgebietskategorisierung der Internationalen Union zum Schutz der Natur (IUCN) ist ein Nationalpark als „Schutzgebiet der Kategorie II" geführt mit dem vorrangigen Ziel „Schutz der natürlichen biologischen Vielfalt zusammen mit der ihr zugrunde liegenden ökologischen Struktur und den unterstützenden ökologischen Prozessen sowie Förderung von Bildung und Erholung". Alle deutschen Nationalparks verfolgen dieses Ziel und sind folglich als Schutzgebiete der Kategorie II an die IUCN gemeldet.

Nationalparks in Nordamerika, Südamerika und in Europa – zum Vergleich

Kontinente …	Anzahl Nationalparks	Fläche insgesamt
Nordamerika	1362	1 670 465 km²
Karibik	88	27 101 km²
Zentralamerika	88	28 595 km²
Südamerika	393	694 917 km²
Europa	273	98 165 km²

Sandhill-Kraniche, Everglades-Nationalpark

Die Nationalparks der USA sind fast immer zumindest mit dem Auto leicht erreichbar. Eine touristische Infrastruktur befindet sich entweder im Park selbst oder in unmittelbarer Nähe. Dies zunächst Angenehme ist aber zugleich auch eine Bedrohung der Parks, weil die touristischen Massen auch Lärm und Müll sowie Störungen für die Vegetation und Tiere mit sich bringen.

Nationalparks haben grundsätzlich immer 2 Zielsetzungen, und zwar:

1. Sie schützen die Natur (Vegetation und Tiere), so wie sie ist, ohne dass Menschen steuernd oder regulierend in die natürlichen Vorgänge eingreifen.
2. Außerdem sollen Nationalparks Besuchern das emotionale Erlebnis einer einzigartigen, vom Menschen nicht gesteuerten und gelenkten Natur ermöglichen und dabei Wissen über die Lebensvorgänge in unserer natürlichen Umwelt vermitteln. Dieses emotionale Erleben von natürlicher Schönheit, Ästhetik, Kraft und Vitalität wird häufig durch die Parkverwaltungen mit gezielten Angeboten der Umweltbildung unterstützt.

Besucher eines Nationalparks sollten unbedingt folgende Regeln beachten. Sie dienen der eigenen Sicherheit und verbessern die Chancen, Tiere zu sehen:

- Ein Nationalpark ist kein Zoo, d. h. die dort lebenden Tiere sind wild, auch wenn sie größtenteils an Menschen gewöhnt sind.
- Von wilden (freilebenden) Tieren geht immer eine gewisse Gefahr aus. Verhalte dich also immer respektvoll, zurückhaltend und möglichst unauffällig.
- Sei geduldig, verhalte dich ruhig und bleibe auf den ausgeschilderten Wegen.

Beliebte Nationalparks in den USA – nach Besucherzahlen pro Jahr

- Great-Smoky-Mountains-Nationalpark in North Carolina/Tennessee: 12,1 Mio
- Yellowstone-Nationalpark in Wyoming: 3,81 Mio
- Zion-Nationalpark in Utah: 3,59 Mio
- Rocky-Mountains-Nationalpark in Colorado: 3,31 Mio
- Grand-Teton-Nationalpark in Wyoming: 3,29 Mio
- Grand-Canyon-Nationalpark in Arizona: 2,9 Mio
- Cuyahoga-Valley-Nationalpark in Ohio: 2,76 Mio
- Acadia-Nationalpark in Maine: 2,67 Mio
- Olympic-Nationalpark in Washington: 2,5 Mio
- Joshua-Tree-Nationalpark in Kalifornien: 2,4 Mio

Bisonfamilie im Grand Teton National Park

Wochenplan ERDKUNDE
Klasse 9 / 10 – Bestell-Nr. 12 945

21 # Wochenplan: Nationalparks in den USA I

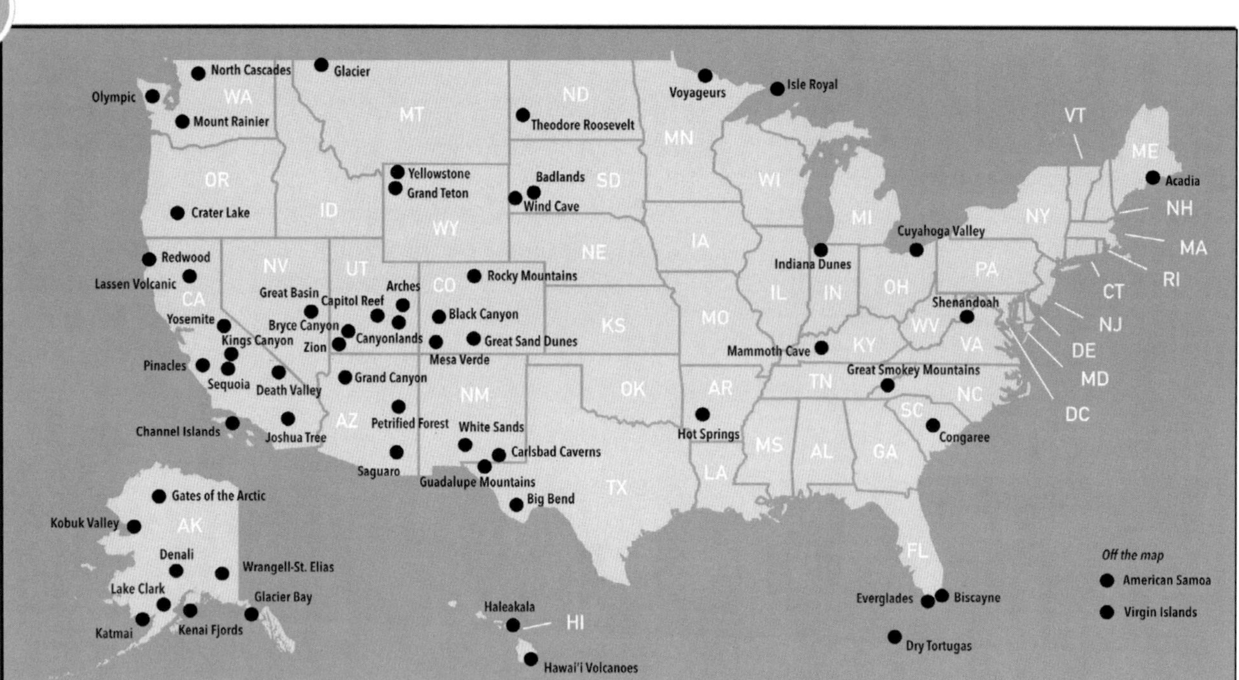

<u>Beispiel: Yellowstone-Nationalpark</u>

Der Yellowstone-Nationalpark wurde am 1. März 1872 gegründet und ist damit der älteste Nationalpark der Welt. Mit 8987 km² Fläche gehört er zu den größten Nationalparks der USA. Er liegt zum überwiegenden Teil im Bundesstaat Wyoming und ist das Herz des größeren Yellowstone-Ökosystems. Namensgeber ist der größte Fluss im Park, der Yellowstone River. Der Park ist für seine geothermalen Quellen bekannt und seit 1976 internationales Biosphären-Reservat der UNESCO. Seit 1978 ist Yellowstone zudem UNESCO-Weltnaturerbe. Rund 80 % der Parkfläche ist mit Wald bedeckt. Es handelt sich dabei vor allem um Nadelwald – vorwiegend um langnadlige Küstenkiefern. Im Park entstehen immer wieder Waldbrände, wobei die Gefahr durch den Klimawandel noch gestiegen ist.

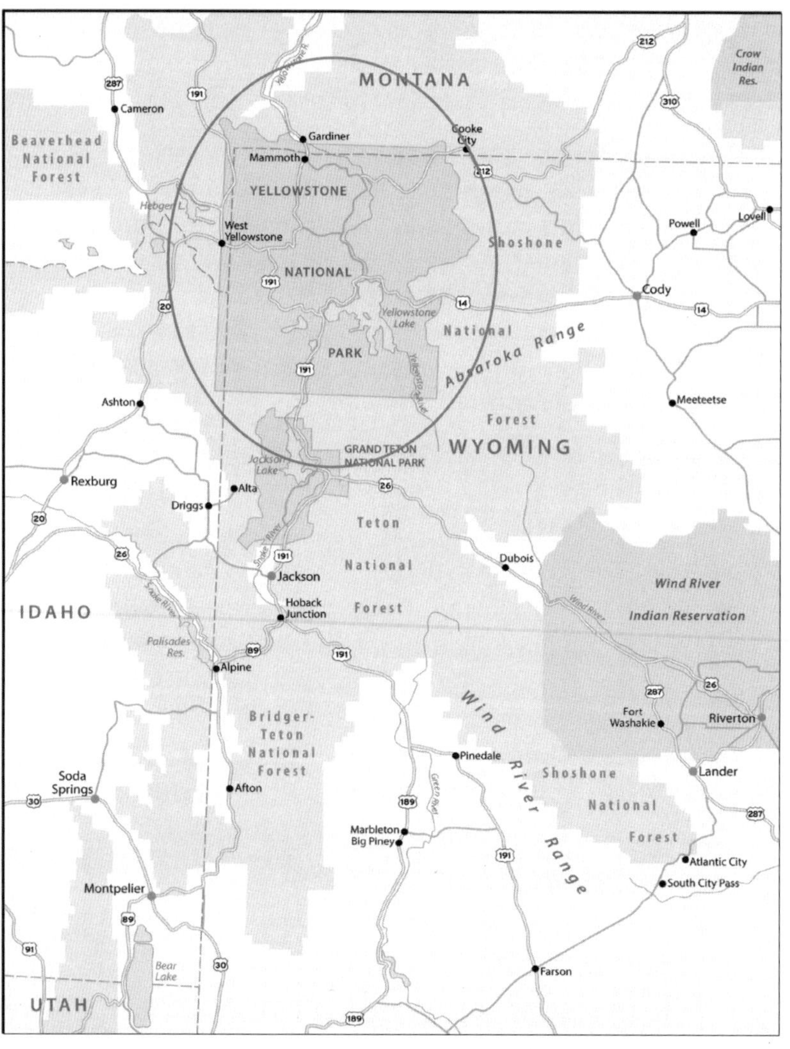

Der Yellowstone-Nationalpark ist ein Rückzugsort für seltene Tierarten. In tiefer gelegenen Gebieten des Parks leben u. a. Pumas, Luchse und Maultierhirsche. In den höheren Lagen Dickhornschafe und Schneeziegen. Außerdem ist der Park Lebensraum für Elche, Schwarz- und Grizzlybären, Wölfe, Kojoten, Streifenhörnchen, Grauhörnchen, Silberdachse, Biber, Murmeltiere usw. Mit etwas Glück kann man im Nationalpark aber auch Vögel wie den Eistaucher, den Weißkopfseeadler, den Fischadler und den Trompeterschwan beobachten.

21 Wochenplan: Nationalparks in den USA I

Lösungen

P 1: 1. Sie schützen die Natur (Vegetation und Tiere), so wie sie ist, ohne dass Menschen steuernd oder regulierend in die natürlichen Vorgänge eingreifen.
2. Außerdem sollen Nationalparks Besuchern das emotionale Erleben einer einzigartigen, vom Menschen nicht gesteuerten und gelenkten Natur ermöglichen und dabei Wissen über die Lebensvorgänge in unserer natürlichen Umwelt vermitteln.

P 2: Die IUCN, ehemals bezeichnet als Weltnaturschutzunion, ist eine internationale Nichtregierungsorganisation und Dachverband zahlreicher internationaler Regierungs- und Nichtregierungsorganisationen. Die IUCN (International Union for Conservation of Nature) wurde 1948 gegründet. Damit ist sie die älteste und größte internationale Naturschutzorganisation.

P 3: – Sei geduldig, verhalte dich ruhig und bleibe auf den ausgeschilderten Wegen.
– Von wilden (freilebenden) Tieren geht immer eine gewisse Gefahr aus. Verhalte dich also immer respektvoll, zurückhaltend und möglichst unauffällig.

P 4: Der Yellowstone-Nationalpark ist ein Nationalpark in den Vereinigten Staaten. Er wurde am 1. März 1872 gegründet und ist damit der älteste Nationalpark der Welt. Namensgeber ist der größte Fluss im Park, der Yellowstone River.

W 1: Ja, Deutschland hat aktuell 16 Nationalparks, wobei die Größen, Zonierungen, Zerschneidungsgrade und die personelle Ausstattung der Nationalparks recht unterschiedlich sind.

W 2: Bayerischer Wald – 249,8 km² – 1970 – Bayern
Niedersächsisches Wattenmeer – 3450 km² – 1986 – Niedersachsen
Vorpommersche Boddenlandschaft – 786 km² – 1990 – Mecklenburg-Vorpommern

W 3: Great-Smoky-Mountains-Nationalpark = 2114 km²
Yellowstone-Nationalpark = 8987 km²
Grand-Teton-Nationalpark = 1255 km²

W 4:

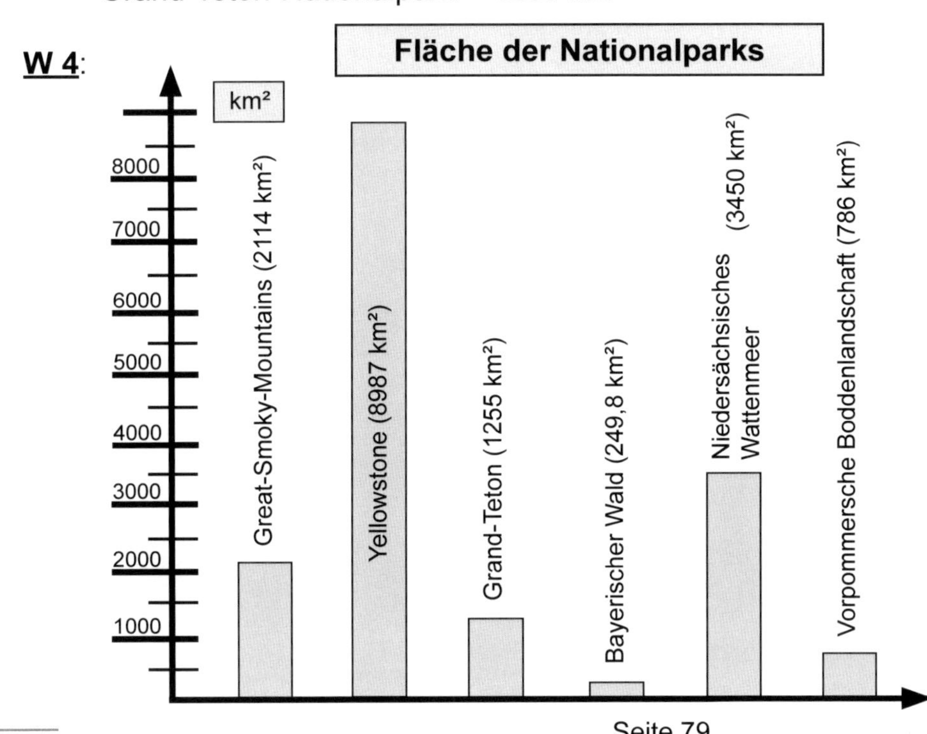

22 Wochenplan: Nationalparks in den USA II

für die Zeit vom:	bis zum:	
Name:	Klasse:	Wochenplan-Nr.:

➲ Infotext: **Nationalprks in den USA**

Pflichtaufgaben ✓ **Diese Aufgaben musst du bearbeiten.**

☐ **P 1**: Erläutere die genaue Lage des Yellowstone-Nationalparks.

☐ **P 2**: Welcher Nationalpark liegt südlich vom Yellowstone? (Name, Fläche, Besonderheiten)

☐ **P 3**: Diese Tiere kann man im Yellowstone-Nationalpark beobachten, nenne ihre Namen.

a

b

c
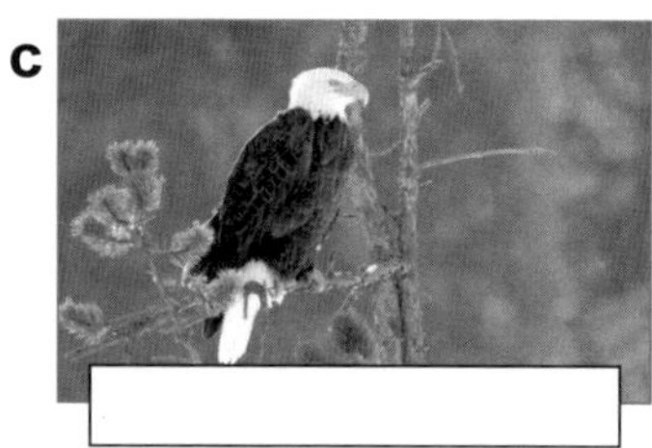

☐ **P 4**: Der Vogel in Bild c ist in den USA etwas Besonderes. Erkläre das. Schreibe ins Heft.

Wahlaufgaben ✗ **Diese Aufgaben kannst du bearbeiten.**

△ **W 1**: Vervollständige die Übersicht mit den entsprechenden Angaben.

National-Park	Fläche km²	Bundesstaat	Besucher
	1255	Wyoming	
Zion-Nationalpark			3,59 Mio
	4000	Washington	
	8987		3,81 Mio
	198,6	Maine	
Rock-Mountains-Nationalpark			3,31 Mio

△ **W 2**: Welcher Nationalpark ist hier abgebildet? (Name, Fläche, Besucherzahl)

W 3: Erkenne die Tiere im Yellowstone-Nationalpark.

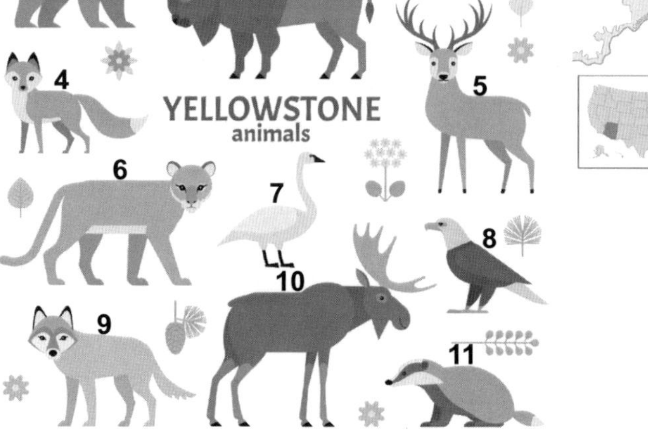

W 4: Wie heißt der einzige Nationalpark in Oregon? (Name, Fläche, Besucherzahl, Besonderheiten) Schreibe in dein Heft.

Wochenplan ERDKUNDE
Klasse 9 / 10 – Bestell-Nr. 12 945
KOHL VERLAG

22 Wochenplan: Tiefländer, Gebirge, Berge II

Lösungen

P 1: Der Yellowstone-Nationalpark liegt hauptsächlich im Bundesstaat Wyoming, mit kleinen Gebieten in Montana und Idaho.

P 2: Der Grand Teton liegt südlich vom Yellowstone-Nationalpark, er befindet sich auch im US-Bundesstaat Wyoming. Er hat eine Fläche von 1255 km². Seinen Namen hat er von der Teton-Kette, die sich in Nord-Süd-Richtung durch den Nationalpark zieht.

P 3: a = Grizzly-Bären
b = Elch
c = Weißkopfseeadler

P 4: Der Weißkopfseeadler ist der Wappenvogel der USA und daher auf dem amtlichen Siegel zu sehen. Für die US-Amerikaner symbolisiert er Freiheit, Mut und Stärke.

W 1:

National-Park	Fläche km²	Bundesstaat	Besucher
Grand-Teton-Nationalpark	1255	Wyoming	3,29 Mio
Zion-Nationalpark	579	Utah	3,59 Mio
Olypic-Nationalpark	4000	Washington	2,5 Mio
Yellowstone-Nationalpark	8987	Wyoming	3,81 Mio
Acadia-Nationalpark	198,6	Maine	2,67 Mio
Rocky-Mountain-Nationalpark	1075	Colorado	3,31 Mio

W 2: Es ist der Grand-Canyon-Nationalpark in Arizona, Fläche 4926 km²; 2,9 Mio Besucher

W 3: 1 = Bär, 2 = Bison, 3 = Vielfraß, 4 = Fuchs, 5 = Hirsch, 6 = Berglöwe (Puma), 7 = Schwan, 8 = Weißkopfseeadler, 9 = Wolf, 10 = Elch, 11 = Dachs

W 4: Der Nationalpark heißt *Crater Lake* und hat eine Größe von 741,48 km². Zahl der jährlichen Besucher: 721 000. Das Zentrum des Nationalparks ist der geologisch interessante Kratersee, der mit einem unglaublich tiefen Blau beeindruckt.

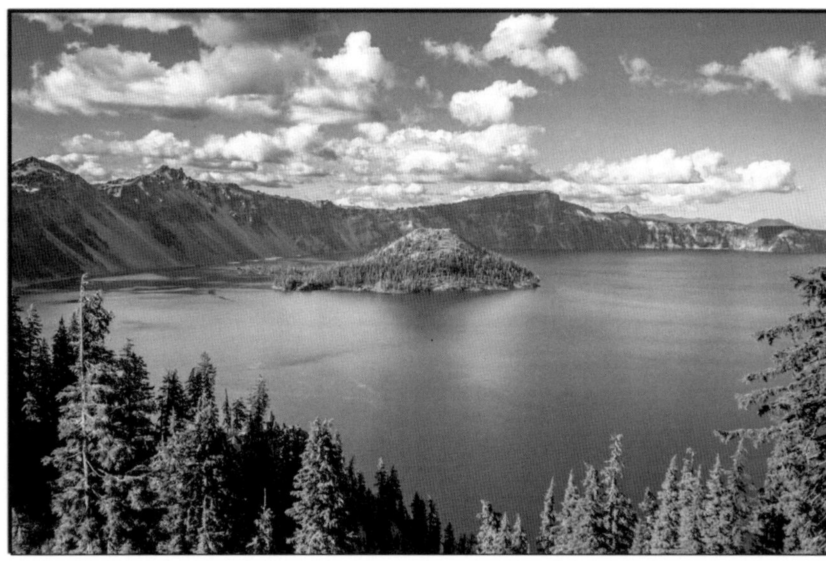

KOHL VERLAG Lernen mit Erfolg
Wochenplan ERDKUNDE
Klasse 9 / 10 – Bestell-Nr. 12 945

23 Wochenplan: Südamerika im Überblick I

für die Zeit vom:	bis zum:	
Name:	Klasse:	Wochenplan-Nr.:

➲ Infotext: **Südamerika im Überblick**

Pflichtaufgaben ✓ Diese Aufgaben musst du bearbeiten.

☐ **P 1**: Beschreibe die Lage und Ausdehnung von Südamerika.

____

____

☐ **P 2**: Von welchen Gewässern wird Südamerika begrenzt?

____

☐ **P 3**: Was versteht man unter dem Begriff „Lateinamerika“?

____

____

☐ **P 4**: Zeichne in die Karte unten den Äquator und die Breitengrade 10°N und 10°S ein.

☐ **P 5**: Durch welche Länder verläuft der Äquator? Schreibe ins Heft.

Wahlaufgaben X Diese Aufgaben kannst du bearbeiten.

△ **W 1**: Welche brasilianische Stadt liegt direkt am Äquator? Nenne die Besonderheiten dieser Stadt.

____

____

△ **W 2**: Welche Hauptstadt eines südamerikanischen Landes liegt ca. 20 km südlich vom Äquator? Nenne die Besonderheiten dieser Stadt.

____

____

____

△ **W 3**: Nenne die Ländernamen von 1-5.

1) ______________________________

2) ______________________________

3) ______________________________

4) ______________________________

5) ______________________________

△ **W 4**: Wie werden diese Länder auch bezeichnet? Begründe. Schreibe ins Heft.

3
2
1
4
5

KOHL VERLAG Wochenplan ERDKUNDE Klasse 9 / 10 – Bestell-Nr. 12 945

23 Wochenplan: Südamerika im Überblick I

Infotext: Südamerika im Überblick

Südamerika ist der südliche Teil des Doppelkontinents Amerika. Südamerika reicht von der südlichen Spitze Argentiniens bis nach Panama.

- Südamerika ist über die Land- und Inselbrücke Mittelamerika mit Nordamerika verbunden.
- Südamerika hat eine Fläche von 18 Mio km², das entspricht rund 12 % des Festlandes der Erde.
- Südamerika ist der viertgrößte Kontinent der Erde und ist damit so groß wie Europa (10 Mio km²) und Australien/Ozeanien (8 Mio km²) zusammen.
- Die Begriffe Südamerika und Lateinamerika darf man nicht verwechseln. Mit Lateinamerika sind die Länder Südamerikas und die spanischsprachigen Länder Nordamerikas, z. B. Mexiko, Guatemala und Nicaragua gemeint – das ist also eher eine politisch-kulturelle Einordnung und keine geografische Bezeichnung.

Lage

Südamerika liegt komplett in der westlichen Hemisphäre, fast der gesamte Teil des Kontinents liegt südlich des Äquators. Nur ein kleiner Teil liegt nördlich des Äquators. Südamerika ist im Süden nur ca. 900 km von der Antarktis entfernt.

Südamerika wird …

- im Norden vom Karibischen Meer,
- im Osten vom Atlantik,
- im Westen vom Pazifik,
- im Süden durch die Wasserstraße „Drakestraße" begrenzt.

Vom nördlichsten Punkt bis zur Südspitze Südamerikas sind es mehr als 7600 km. Die größte West-Ost-Ausdehnung beträgt 5000 km.

Wochenplan ERDKUNDE
Klasse 9 / 10 – Bestell-Nr. 12 945
KOHL VERLAG

Wochenplan: Südamerika im Überblick I

Anzahl Länder:	13: Argentinien – Bolivien – Brasilien – Chile – Ecuadaor – Guyana – Kolumbien – Paraguay – Peru – Suriname – Uruguay – Venezuela
Fläche:	18 Millionen km² – viertgrößter Kontinent der Erde
Anzahl Einwohner:	ca. 443 Millionen (2023)
Größtes Land nach Fläche:	Brasilien (9 Millionen km²)
Größte Stadt (Einwohner):	São Paulo, Brasilien (21 Millionen)
Klima:	größtenteils tropisch, in Teilen aber auch subtropisch, kühlgemäßigt, kaltgemäßigt und subpolar
Vegetation:	Tropen, Savanne, lichte Trockenwälder und weites Buschland
Längster Fluss:	Amazonas (6400 km) – Quelle: Anden – Mündung: Atlantik
Größter See:	Maracaibo-See[1] – Venezuela – 13 512 km² groß und 35 m tief
Gebirgsketten:	die Anden sind mit 7000 km die längste Gebirgskette der Erde.
Höchster Berg:	Mount Aconcagua (6961 m) – Anden – Argentinien – höchster Berg außerhalb Asiens

Sprache

Im Jahr 1494 wurde der Kontinent zwischen Spanien und Portugal aufgeteilt. Dabei ging der östliche Teil mit dem heutigen Brasilien an Portugal und der westliche Teil an Spanien. Deshalb spricht man auch in Brasilien portugiesisch und in den anderen Ländern spanisch.

Religion

Im 15. Und 16. Jahrhundert wurden viele Missionare aus Spanien und Portugal nach Südamerika geschickt, die das Christentum verbreiteten. Deshalb sind heute 80-90 % der Bevölkerung Katholiken. Bei den isoliert lebenden Völkern in den Anden und Amazoniens sind auch noch altindianische Religionen gebräuchlich.

Regionen

Die Andenländer – Länder des Amazonasbeckens – La-Plata-Staaten – Cono Sur – Karibikstaaten

Kolonialisierung und Befreiung

Die ersten Ureinwohner Südamerikas tauchten zwischen 20 000 und 10 000 vor Christus auf. Die meisten der heutigen Südamerikaner sind Nachkommen der indianischen Ureinwohner oder Nachkommen der Einwanderer.

Inka: 1492 entdeckte Kolumbus die „Neue Welt", danach begann die Kolonialisierung Südamerikas. 1532 drangen die Spanier in den Herrschaftsbereich der Inkas vor. Das Inkareich erstreckte sich zeitweise vom heutigen Kolumbien bis in den Norden Chiles und Argentiniens. Es umfasste 250 Völker und 9 Mio Menschen.

Spanier und Portugiesen vernichteten innerhalb weniger Jahrzehnte die Hochkulturen und verdrängten die Sprachen und Kulturen. Ca. 300 Jahre lang konnten die Spanier und Portugiesen ihre Vormachtstellung in Südamerika aufrechterhalten. Erst die napoleonischen Kriege führten zu Änderungen in den Mutterländern, dadurch konnten sich auch die Kolonien langsam befreien und selbstständig machen. Zwischen 1804 und 1826 erlangten alle südamerikanischen Länder ihre staatliche Unabhängigkeit.

Simon Bolívar, geboren am 24. Juli 1783 in Caracas (heute Venezuela), gestorben am 17. Dezember 1830 in Santa Marta (Kolumbien), genannt *El Libertador*, gilt als der bedeutendste Freiheitskämpfer gegen die spanische Kolonialmacht. Im Norden Südamerikas wird Bolívar als Befreier (Libertador) bzw. Nationalheld verehrt. Simon Bolívar wurde 1825 der erste Präsident des befreiten „Oberperu", heute besser bekannt als Bolivien.

[1] Der Maracaibo-See (span. *Lago de Maracaibo*) ist ein Binnenmeer im Maracaibobecken, im Nordwesten von Venezuela. Wegen seiner fast völligen Trennung vom Karibischen Meer wird er meist als See angesehen.

23 Wochenplan: Südamerika im Überblick I

Lösungen

P 1: Südamerika liegt komplett in der westlichen Hemisphäre, fast der gesamte Teil des Kontinents liegt südlich des Äquators. Nur ein kleiner Teil liegt nördlich des Äquators. Vom nördlichsten Punkt bis zur Südspitze Südamerikas sind es mehr als 7600 km. Die größte West-Ost-Ausdehnung beträgt 5000 km. Südamerika ist im Süden nur ca. 900 km von der Antarktis entfernt.

P 2: - im Norden vom Karibischen Meer, - im Osten vom Atlantik,
- im Westen vom Pazifik, - im Süden durch die Wasserstraße „Drakestraße".

P 3: Mit Lateinamerika sind die Länder Südamerikas und die spanischsprachigen Länder Nordamerikas, z. B. Mexiko, Guatemala und Nicaragua gemeint. Es ist also eher eine politisch-kulturelle Einordnung und keine geografische Bezeichnung.

P 4: siehe Karte

P 5: Der Äquator verläuft durch Brasilien, Kolumbien und Ecuador.

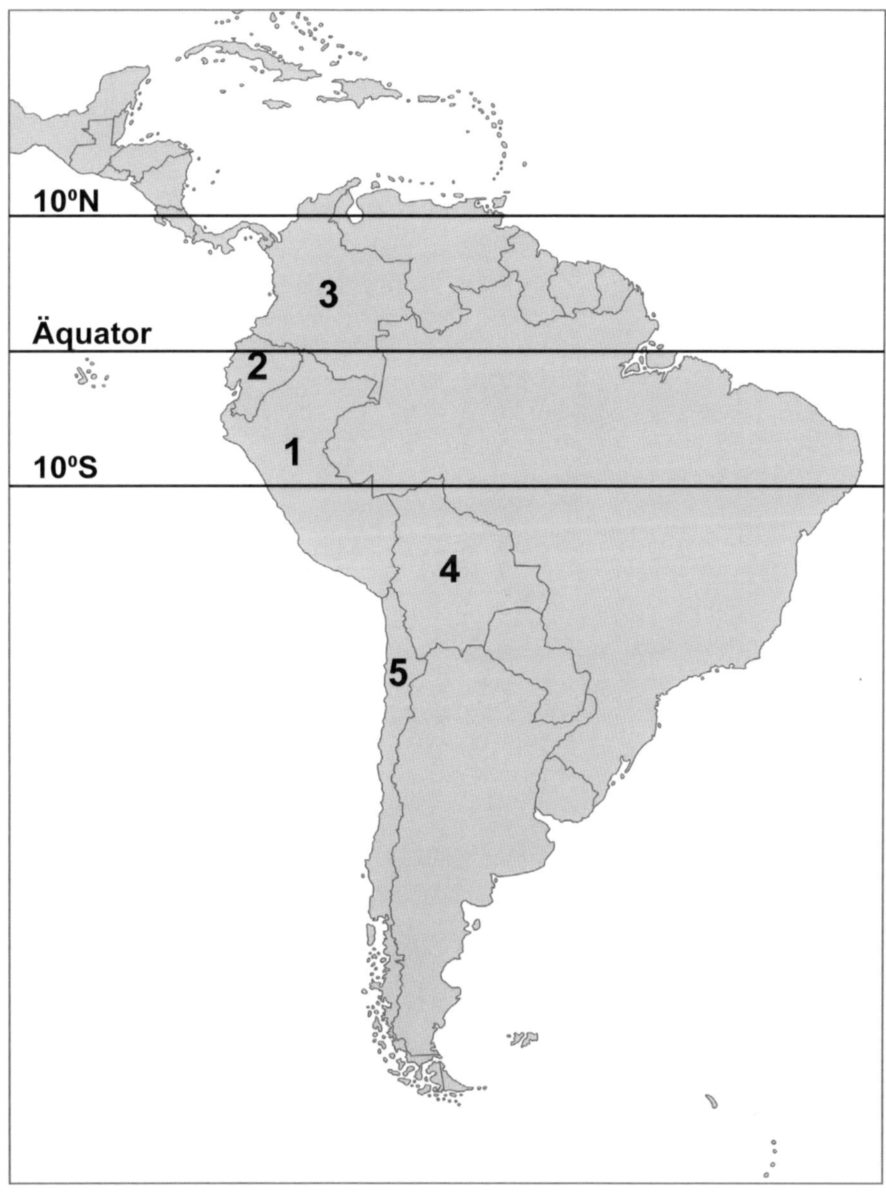

W 1: Macapá – Hauptstadt des brasilianischen Bundesstaates Amapá. Sie liegt im Norden des Landes direkt am Äquator und der Mündung des Amazonas. Macapá hat ca. 350 000 Einwohner.

W 2: Quito ist die Hauptstadt von Ecuador. Sie liegt 20 km südlich des Äquators in einem 2850 m hohen Becken der Anden und ist somit die höchstgelegene Hauptstadt der Welt. Quito hat ca. 2,7 Millionen Einwohner.

W 3: 1 = Peru / 2 = Ecuador / 3 = Kolumbien / 4 = Bolivien / 5 = Chile

W 4: Sie werden auch als Andenländer aufgrund ihrer gemeinsamen Geschichte des Inka-Reichs bezeichnet. Außerdem gibt es sprachliche, kulturelle und ethnische Gemeinsamkeiten. In den Andenländern verwendet man den Quechua, eine Gruppe miteinander verwandter indigener Sprachvarietäten.

24 Wochenplan: Südamerika im Überblick II

für die Zeit vom:	bis zum:	
Name:	Klasse:	Wochenplan-Nr.:

➲ Infotext: **Südamerika im Überblick**

Pflichtaufgaben ✓ **Diese Aufgaben musst du bearbeiten.**

☐ **P 1**: Warum spricht man in Brasilien portugiesisch und in den anderen Ländern spanisch?

____

____

☐ **P 2**: Wie hieß die Hochkultur in Südamerika und über welche Gebiete erstreckte sich dieses Reich? Schreibe in dein Heft/deinen Ordner.

☐ **P 3**: Ergänze das Säulendiagramm für die Flächen folgender Kontinente und Länder:

Australien: 8 Mio km²	Europa: 10 Mio km²	Südamerika: 18 Mio km²
Brasilien: 8,5 Mio km²	Kanada: 9,9 Mio km²	Argentinien: 2,8 Mio km²

Fläche der Länder und Kontinente

Mio km²

18
16
14
12
10
8
6
4
2

Australien (8 Mio km²)

Wahlaufgaben ☒ **Diese Aufgaben kannst du bearbeiten.**

△ **W 1**: Wie hieß der südamerikanische Freiheitskämpfer, der gegen die spanische Kolonialmacht kämpfte? Welches Land wurde nach ihm benannt?

____

____

△ **W 2**: Welches Land ist hier abgebildet? Nenne Namen, Hauptstadt und Fläche.

____

△ **W 3**: Nenne die Gewässer von a bis d.

a) ____________________

b) ____________________

c) ____________________

d) ____________________

a
c
b
d

Wochenplan ERDKUNDE Klasse 9 / 10 – Bestell-Nr. 12 945

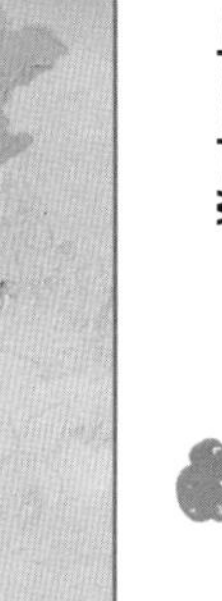

24 Wochenplan: Südamerika im Überblick II

Lösungen

P 1: Im Jahr 1494 wurde der Kontinent zwischen Spanien und Portugal aufgeteilt. Dabei ging der östliche Teil mit dem heutigen Brasilien an Portugal und der westliche Teil an Spanien. Deshalb spricht man auch in Brasilien portugiesisch und in den anderen Ländern spanisch.

P 2: Das Inkareich erstreckte sich zeitweise vom heutigen Kolumbien bis in den Norden Chiles und Argentiniens. Es umfasste 250 Völker und 9 Millionen Menschen. Spanier und Portugiesen vernichteten innerhalb weniger Jahrzehnte die Hochkulturen und verdrängten die Sprachen und Kulturen.

P 3:

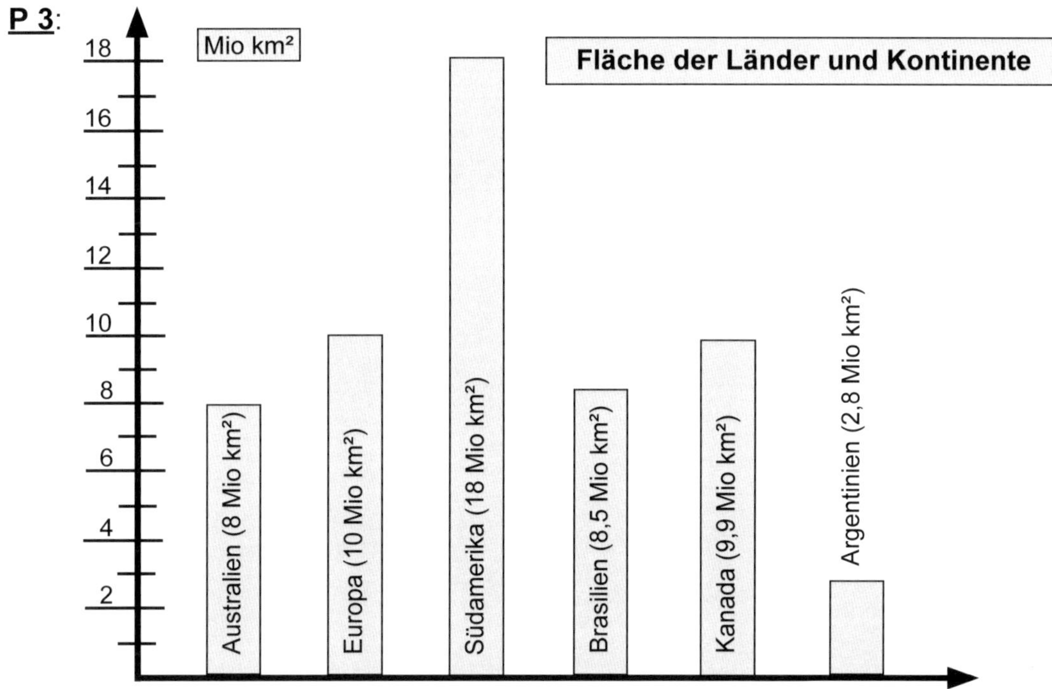

W 1: Simon Bolivar, geboren am 24. Juli 1783 in Caracas (heute Venezuela), gestorben am 17. Dezember 1830 in Santa Marta (Kolumbien), genannt El Libertador, gilt als der bedeutendste Freiheitskämpfer gegen die spanische Kolonialmacht. Nach ihm wurde das Land Bolivien benannt.

W 2: Venezuela – Hauptstadt Caracas – Fläche 912 050 km²

W 3: a = Atlantik / b = Maracaibo-See / c = Golf von Venezuela / d = Orinoco

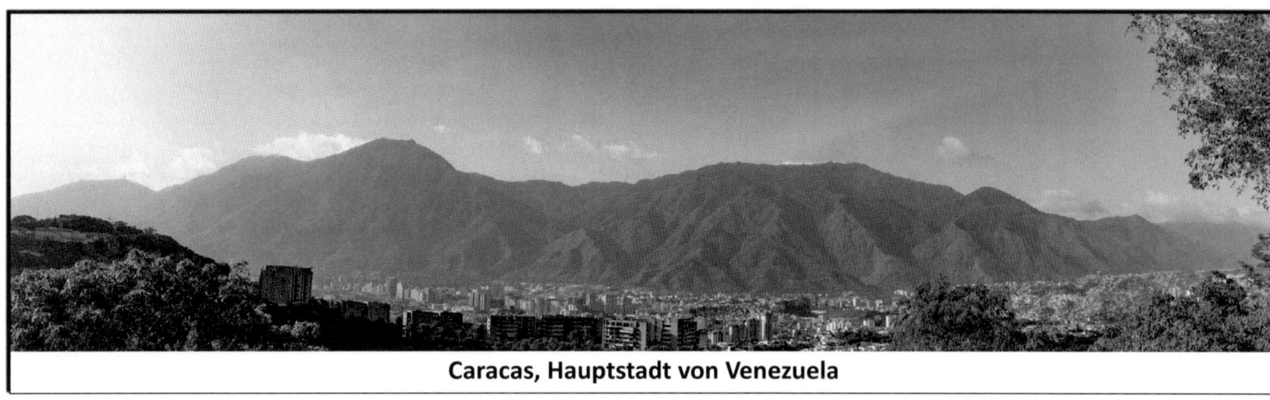

Caracas, Hauptstadt von Venezuela

Wochenplan ERDKUNDE
Klasse 9 / 10 – Bestell-Nr. 12 945
KOHL VERLAG

25 Wochenplan: Südamerika im Überblick III

für die Zeit vom:	bis zum:	
Name:	Klasse:	Wochenplan-Nr.:

➲ Infotext: **Südamerika im Überblick**

Pflichtaufgaben ✓ **Diese Aufgaben musst du bearbeiten.**

☐ **P 1**: Welche Länder zählt man zu den sogenannten Amazonasbecken-Staaten? Markiere diese Länder mit einem Buchstaben und nenne den Namen. Beginne mit a = Brasilien und fahre dann mit b, c … im Uhrzeigersinn fort.

a) ______________________

b) ______________________

c) ______________________

d) ______________________

e) ______________________

f) ______________________

g) ______________________

h) ______________________

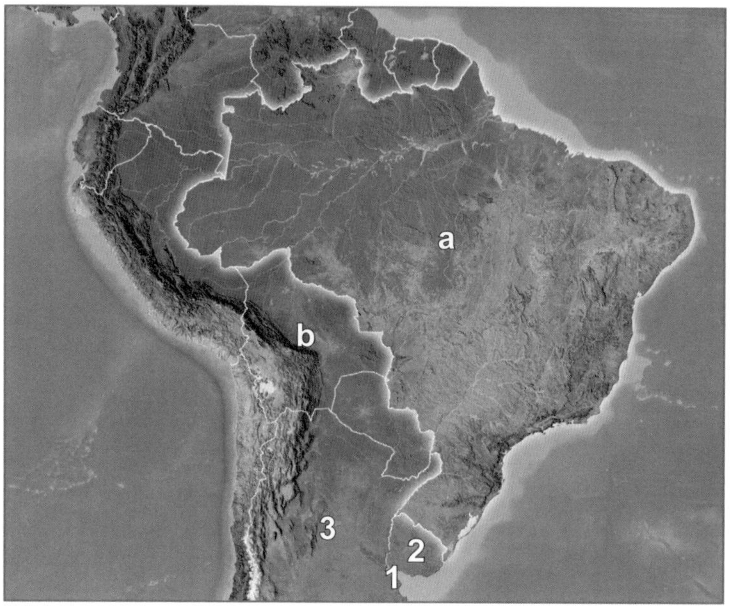

☐ **P 2**: Nenne die Besonderheiten der Länder g (Fläche!) und b (Armut!).

g) ______________________

____

b) ______________________

____

☐ **P 3**: Nenne die Begriffe (Gewässer bzw. Länder) von 1 bis 3.

1) ______________ 2) ______________ 3) ______________

Wahlaufgaben ☒ **Diese Aufgaben kannst du bearbeiten.**

△ **W 1**: Das Land e verfügt über riesige Erdölreserven. Recherchiere dazu und erläutere.

____

____

____

△ **W 2**: Ermittle die Fläche des Lago de Maracaibo und seine Verbindung zum Golf von Venezuela.

____

____

KOHL VERLAG Wochenplan ERDKUNDE Klasse 9 / 10 – Bestell-Nr. 12 945

25 Wochenplan: Südamerika im Überblick III

Lösungen

P 1: a = Brasilien / b = Bolivien / c = Peru / d = Kolumbien / e = Venezuela / f = Guyana / g = Suriname / h = Französisch-Guyana

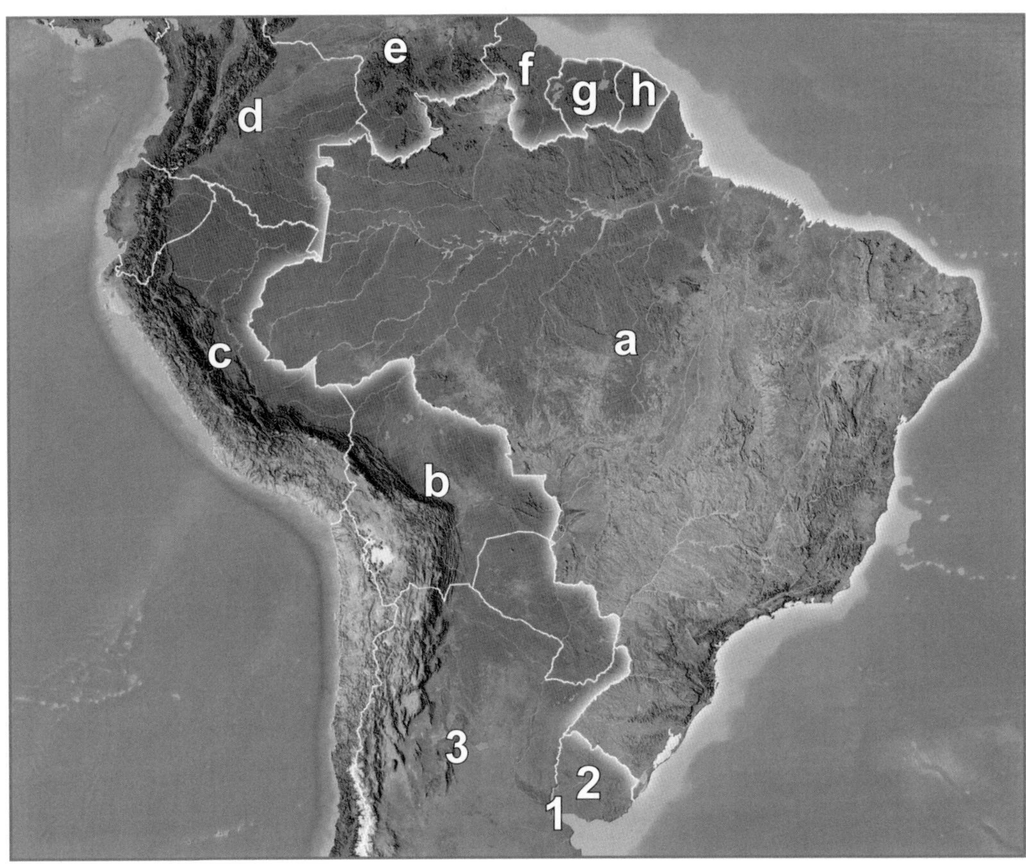

P 2: g = Suriname ist das kleinste Land in Südamerika mit einer Fläche von 163 821 km² und ist etwa halb so groß wie Deutschland mit 357 340 km².

b = Bolivien ist das ärmste Land in Südamerika. Ein Großteil der Bevölkerung lebt in bitterer Armut, es gibt eine hohe Arbeitslosigkeit und einen schlechten Zugang zu Bildung und Gesundheitsvorsorge.

P 3: 1 = Rio de la Plata / 2 = Uruguay / 3 = Argentinien

W 1: Im Jahr 2020 verfügte Venezuela mit knapp 304 Milliarden Barrel über die weltweit größten Erdölreserven. Saudi-Arabien folgte an zweiter Stelle mit etwa 298 Milliarden Barrel Erdöl. So viel Erdöl wie 304 Milliarden Barrel besitzen Iran und Irak gerade zusammen. Das meiste davon wird im Norden gefördert, am *Lago de Maracaibo*.

W 2: Dieses Binnenmeer ist 13 512 km² groß und bis zu 35 m tief. Es ist durch die 38 km lange und 5,5 – 14,6 km breite Meerenge *Canal de San Carlos* mit dem Golf von Venezuela und der Karibik verbunden. Der Maracaibo-See wird wegen seiner kurzen Verbindung zum Meer auch von Hochseeschiffen befahren; an der Mündung befinden sich die Hafenstädte Cabimas und Maracaibo.

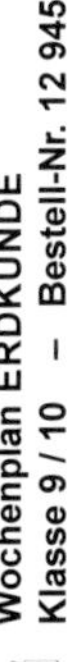
Wochenplan ERDKUNDE
Klasse 9 / 10 – Bestell-Nr. 12 945

26 Wochenplan: Länder, Hauptstädte, Flächen, Einwohner u. Sprachen I

für die Zeit vom:	bis zum:	
Name:	Klasse:	Wochenplan-Nr.:

➲ Infotext: **Länder, Hauptstädte, Flächen, Einwohner und Sprachen**

Pflichtaufgaben ✓ **Diese Aufgaben musst du bearbeiten.**

☐ **P 1**: Schreibe die Ländernamen und daneben deren Hauptstädte auf die Linien.

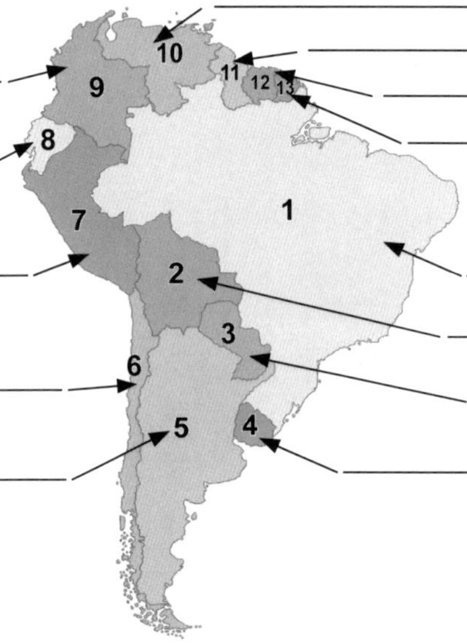

1 2 3 4 5 6 7 8 9 10 11 12 13

☐ **P 2**: Wie heißen die Nachbarländer von Land Nr. 3? ______________________

☐ **P 3**: Welche Sprachen werden in den Ländern mit diesen Nummern gesprochen?

1) ______________ 6) ______________ 9) ______________

11) ______________ 12) ______________ 13) ______________

Wahlaufgaben ✗ **Diese Aufgaben kannst du bearbeiten.**

△ **W 1**: Vervollständige die Tabelle mit den richtigen Begriffen und Zahlen.

Land	Hauptstadt	Fläche in km²	Sprache
Kolumbien			
	Montevideo		
		916 445	
			Englisch
		756 950	

△ **W 2**: Welches südamerikanische Land wurde 1950 Fußball-Weltmeister? ______________

△ **W 3**: Wo liegt die Pampa und was versteht man darunter?

____

____

△ **W 4**: Welche Sprache spricht ein Großteil der indianischen Bevölkerung Ecuadors und welchen Hintergrund hat diese Sprache?

____

____

Wochenplan ERDKUNDE Klasse 9 / 10 – Bestell-Nr. 12 945
KOHL VERLAG

Infotext: Länder, Hauptstädte, Flächen, Einwohner und Sprachen

Südamerika umfasst 13 Länder und es leben dort aktuell ca. 444 Millionen Menschen.

Im Folgenden sind die Länder alphabetisch aufgelistet. Außerdem werden die Hauptstädte, die Fläche des Landes in km², die aktuelle Einwohnerzahl und die Sprache genannt.

Aufgrund der Kolonialzeiten sprechen die meisten Menschen in Südamerika spanisch und portugiesisch. Es gibt aber auch noch aktiv gesprochene indigene Sprachen.

	Land	Hauptstadt	Fläche in km²	Einwohner
1	**Argentinien**	Buenos Aires	2 766 890	46 489 238
		Sprache: Spanisch		
2	**Bolivien**	Sucre	1 098 581	12 179 088
		Sprache: Spanisch, Quechua, Aymara[1]		
3	**Brasilien**	Brasilia	8 514 215	217 996 445
		Sprache: Portugiesisch		
4	**Chile**	Santiago	756 950	19 687 730
		Sprache: Spanisch		
5	**Ecuador**	Quito	283 560	18 390 021
		Sprache: Spanisch, Quechua		
6	**Französisch-Gu(a)yana**	Cayenne	86 504	321 553
		Sprache: Französisch		
7	**Guyana**	Georgetown	214 970	793 716
		Sprache: Englisch		
8	**Kolumbien**	Bogota	1 138 910	52 207 885
		Sprache: Spanisch		
9	**Paraguay**	Asuncion	406 752	7 394 309
		Sprache: Spanisch, Guarani[2]		
10	**Peru**	Lima	1 285 220	34 135 188
		Sprache: Spanisch, Quechua, Aymara		
11	**Suriname**	Paramaribo	163 820	601 567
		Sprache: Niederländisch		
12	**Uruguay**	Montevideo	176 220	3 504 931
		Sprache: Spanisch		
13	**Venezuela**	Caracas	916 445	29 767 152
		Sprache: Spanisch		

[1] Das *Aymara* (auch Aimara) gehört mit 2,2 Millionen Sprechern zusammen mit dem Quechua und dem Guaraní zu den heute am meisten gesprochenen indigenen Sprachen Südamerikas.

[2] *Guaraní* [gwara'ni] ist eine Sprache, die in Paraguay, im nordöstlichen Argentinien, Teilen Boliviens und im südwestlichen Brasilien gesprochen wird.

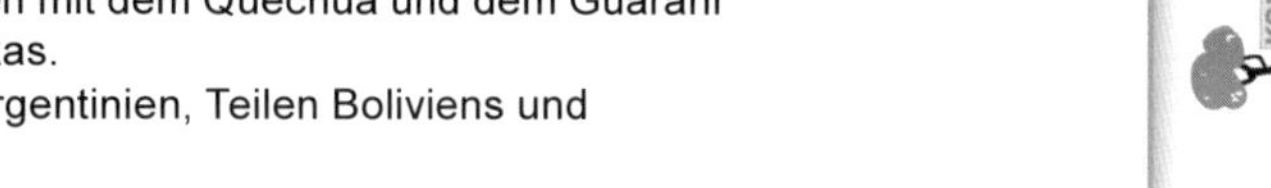

KOHL VERLAG
Wochenplan ERDKUNDE
Klasse 9 / 10 – Bestell-Nr. 12 945

Wissenswertes über Länder – ausgewählte Beispiele

Argentinien:
von Patagonien bis zum Gran Chaco

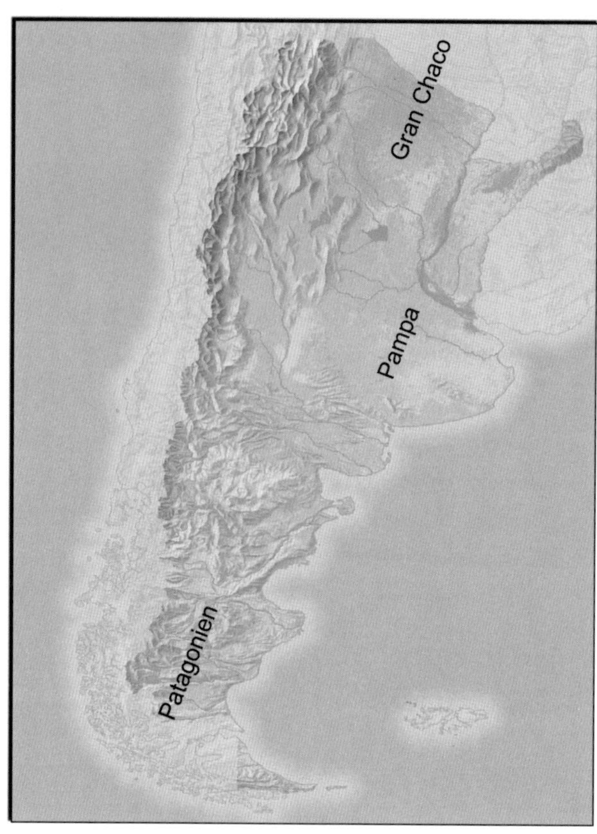

Argentinien ist flächenmäßig das zweitgrößte Land in Südamerika. Über 90 % der argentinischen Bevölkerung sind Weiße, die überwiegend spanischer und italienischer Herkunft sind, ca. 500 000 Menschen sind deutschstämmig. Im Westen des Landes verlaufen die Anden (Aconcagua 6961 m, höchster Berg Südamerikas). Die Pampa erstreckt sich in einem großen Bogen um den *Río de la Plata* und nimmt einen bedeutenden Teil Argentiniens, ganz Uruguays und einen kleinen Teil von Südost-Brasilien ein. In der Pampa wird Rinder- und Schafzucht sowie Getreideanbau betrieben. Die Pampa bildet den wirtschaftlichen Kernraum Argentiniens. Getreide, Wolle und Rindfleisch sind wichtige Exportgüter. Steinkohle und Eisenerze werden in größerem Umfang abgebaut. Die Erdölreserven werden auf ca. 2,5 Milliarden Barrel, die Erdgasreserven auf ca. 740 Milliarden m³ geschätzt. Auch der Tourismus ist eine wichtige Einnahmequelle, jährlich reisen ca. 3 Millionen Ausländer nach Argentinien und besuchen u. a. die Wasserfälle von Iguacu, die Nationalparks der Anden, Feuerland und die Felslandschaft Talampaya.

Venezuela: ein an Bodenschätzen reiches Land

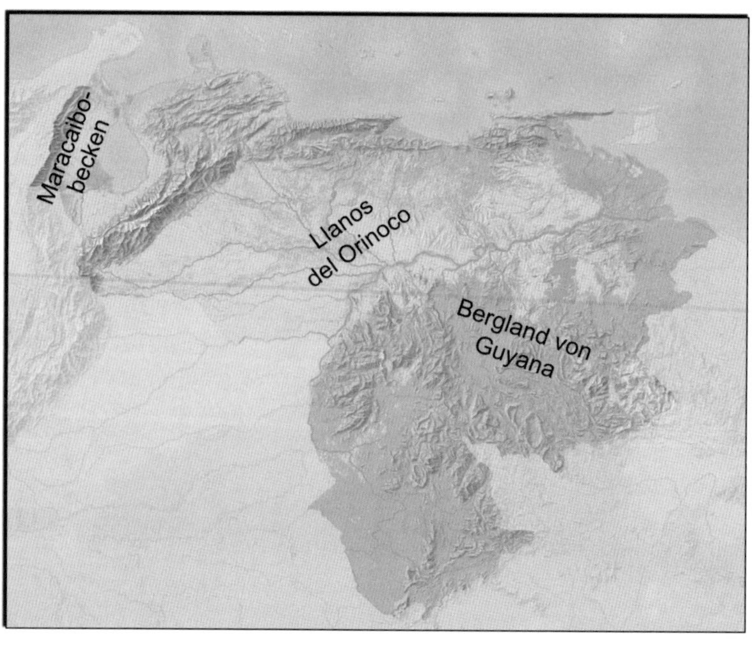

Das Land erhielt seinen Namen Venezuela „Klein Venedig“ nach den Pfahlbaudörfern der indianischen Bewohner. Simon Bolivar (1783-1830), der südamerikanische Unabhängigkeitskämpfer, wurde in Venezuela geboren. Die Ausläufer der Anden im Norden und im Nordwesten umschließen das Maracaibo-Becken. Südöstlich liegt ein weites Tiefland (Llanos del Orinoco) und im Süden liegt das Bergland von Guyana. Über zwei Drittel der Einwohner sind Mischlinge (Mestizen, Mulatten), 20 % sind Weiße, meist mit spanischer und italienischer Herkunft. Indianer findet man nur noch in den Rückzugsgebieten, z. B. im Orinoco-Delta und im Bergland von Guyana. Venezuela ist einer der größten Erdölexporteure der Welt, der Export/Verkauf von Erdöl macht rund 50 % der Staatseinnahmen aus. Außerdem verfügt das Land über große Vorkommen von Steinkohle, Mangan, Kupfer, Magnesit und Bauxit. Die Landwirtschaft mit dem Anbau von Mais, Kaffee, Reis, Zuckerrohr, Gemüse und die Viehzucht deckt rund 70 % des Eigenbedarfs.

Wochenplan ERDKUNDE
Klasse 9 / 10 – Bestell-Nr. 12 945
KOHL VERLAG

26 Wochenplan: Länder, Hauptstädte, Flächen, Einwohner u. Sprachen I

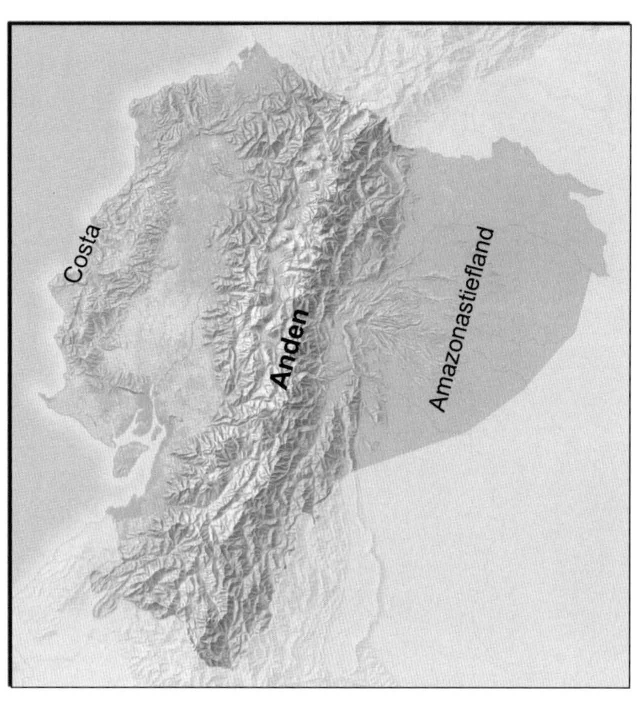

Ecuador: im Land der Inka
Belalcàzar, (1495-1551) ein Unterführer des spanischen Eroberers Francisco Pizarro, eroberte das Gebiet 1533/34 für Spanien und gründete die Städte Quito und Guayaquil. Simon Bolivar beendete 1822 die spanische Herrschaft. Ein Großteil der indianischen Bevölkerung Ecuadors spricht Quechua[3] oder Chibcha. Die übrige Bevölkerung (Mestizen, Weiße, Mulatten) spricht spanisch. Im Westen Ecuadors liegt das pazifische Küstentiefland „Costa". Es ist zwischen 20 und 200 km breit sowie 650 km lang. Im Osten des Landes erstreckt sich das Amazonastiefland, dazwischen verlaufen die Gebirgsketten der Anden. Im Zentrum der Anden liegt auf einer Höhe von 2800 m die höchstgelegene Hauptstadt der Welt: Quito. Ecuador ist der größte Garnelenexporteur der Welt, außerdem sind Bananen und Rohöl wichtige Exportprodukte. In der Landwirtschaft mit den Schwerpunkten Kaffee, Kakao, Zucker, Reis und Baumwolle sind über ein Viertel der Erwerbstätigen beschäftigt.

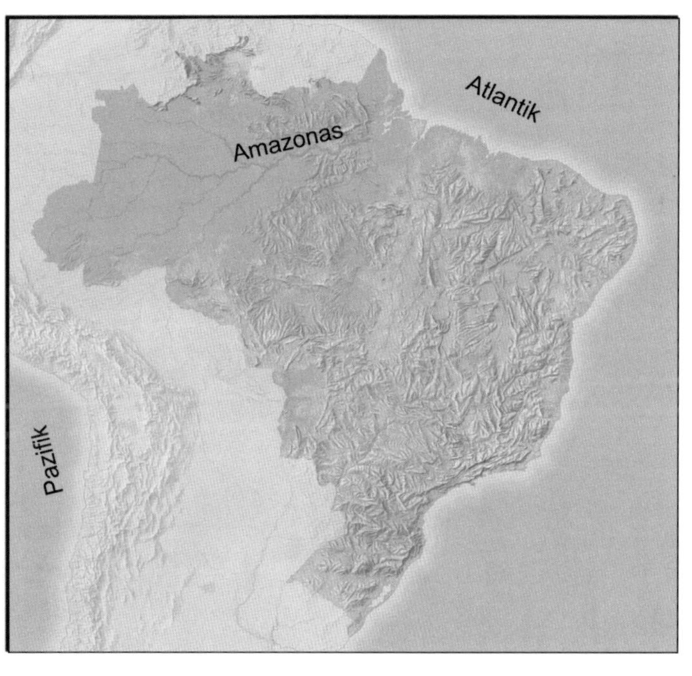

Brasilien: Gigant am Amazonas
Brasilien ist mit 8 547 400 km² fast so groß wie ganz Europa (10,5 Mio km²). Brasilien grenzt an alle anderen südamerikanischen Länder außer Chile und Ecuador. Im Jahr 1500 nimmt der portugiesische Seefahrer Pedro Álvares Cabral das Gebiet für die portugiesische Krone in Besitz. Später wird es den Namen Brasilien bekommen, benannt nach dem ersten Exportgut Brasilholz, aus dem Farbe und Möbel gemacht werden. Große Teile des Landes sind tropisch, warm und feucht, der Süden ist etwas kühler und der Nordosten trockener. Im Norden des Landes liegt der Amazonas-Regenwald, im Süden befinden sich Hochebenen und Gebirge.
Das 5,8 Millionen km² große Amazonastiefland hat eine wichtige Funktion für das Klima und das Ökosystem der gesamten Erde. Brasilien ist weltweit größter Exporteur von Soja und größter Produzent von Rindfleisch. Besonders die Viehzucht benötigt viel Platz, dafür werden Tausende km² Regenwald legal oder illegal abgeholzt. Der Abbau von Mineralstoffen wie Eisenerz, Bauxit, Kupfer, Gold, Mangan und Nickel ist eine weitere Gefahr für das Amazonasgebiet. Die meisten der rund 200 Millionen Brasilianer leben an dem 7400 km langen Küstenstreifen im Osten des Landes (Atlantikküste). Brasilien ist und bleibt ein Land starker sozialer Ungleichheit. Einkommen und Besitz sind häufig mit Herkunft und Hautfarbe verbunden. Oft haben schwarze Brasilianer weniger Geld, schlechtere Jobs und geringere Perspektiven als weiße.

[3] *Quechua* war die offizielle Sprache des Inka-Reiches

26 Wochenplan: Länder, Hauptstädte, Flächen, Einwohner u. Sprachen I

Lösungen

P 1:

P 2: Brasilien – Bolivien – Argentinien

P 3: 1 = Portugiesisch / 6 = Spanisch / 9 = Spanisch / 11 = Englisch / 12 = Niederländisch / 13 = Französisch

W 1:

Land	Hauptstadt	Fläche in km²	Sprache
Kolumbien	Bogota	1 138 910	Spanisch
Uruguay	Montevideo	176 220	Spanisch
Venezuela	Caracas	916 445	Spanisch
Guyana	Georgetown	214 979	Englisch
Chile	Santiago	756 950	Spanisch

W 2: Uruguay wurde 1950 zum zweiten Mal Fußball-Weltmeister.

W 3: Die Pampa ist eine weitgehend flache Graslandschaft im südöstlichen Südamerika. Sie erstreckt sich in einem großen Bogen um den Río de la Plata und nimmt einen bedeutenden Teil Argentiniens, ganz Uruguays und einen kleinen Teil von Südost-Brasilien ein. Die Pampa bildet den wirtschaftlichen Kernraum Argentiniens. In der Pampa wird Rinder- und Schafzucht sowie Getreideanbau betrieben.

W 4: Ein Großteil der indianischen Bevölkerung Ecuadors spricht Quechua oder Chibcha. Quechua war die offizielle Sprache des Inka-Reiches.

KOHL VERLAG Wochenplan ERDKUNDE Klasse 9 / 10 – Bestell-Nr. 12 945

27 Wochenplan: Länder, Hauptstädte, Flächen, Einwohner u. Sprachen II

für die Zeit vom:	bis zum:	
Name:	Klasse:	Wochenplan-Nr.:

➲ Infotext: **Länder, Hauptstädte, Flächen, Einwohner und Sprachen**

Pflichtaufgaben ✓ **Diese Aufgaben musst du bearbeiten.**

☐ **P 1**: Erkenne die Länder am Umriss und ergänze die fehlenden Angaben.

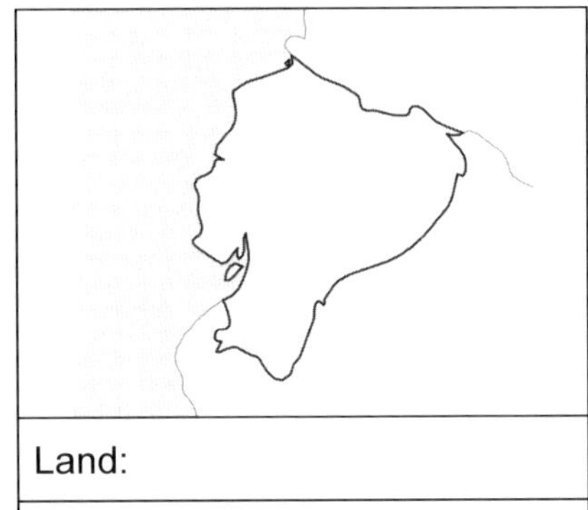	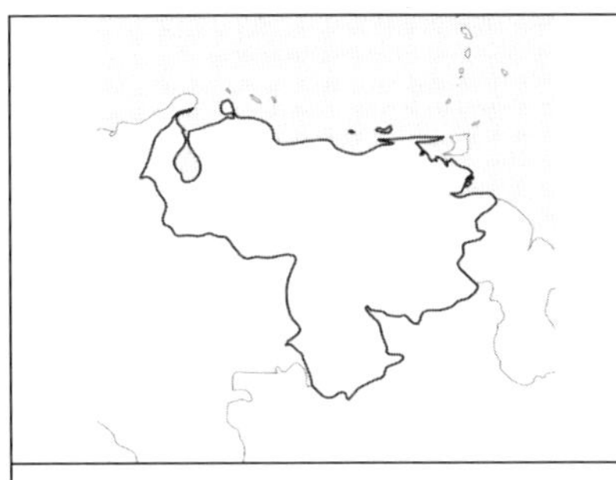	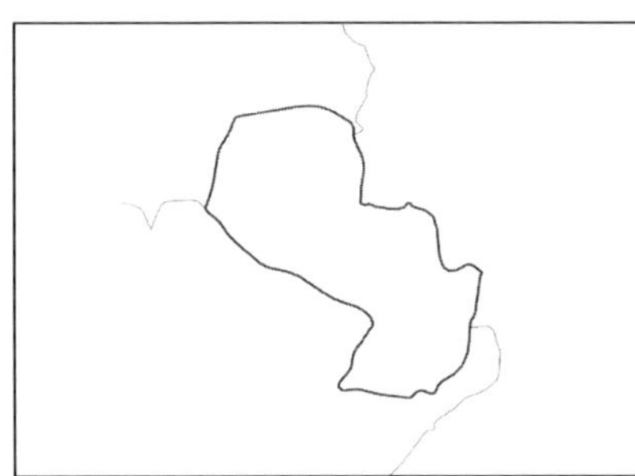
Land:	Land:	Land:
Hauptstadt:	Hauptstadt:	Hauptstadt:
Fläche:	Fläche:	Fläche:

☐ **P 2**: Welche Nationalflaggen sind hier abgebildet?

a  

b 

c 

☐ **P 3**: Nenne die Nachbarländer von c. ______________________

☐ **P 4**: Welcher See liegt im Land b? Erläutere seine Besonderheiten.

____

Wahlaufgaben 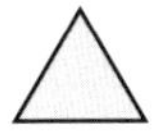 **Diese Aufgaben kannst du bearbeiten.**

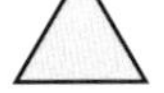 **W 1**: Warum sprechen die meisten Menschen in Südamerika spanisch oder portugiesisch? Schreibe in dein Heft/deinen Ordner.

 **W 2**: Wer gründete die Städte Quito und Guayaquil? ______________________

 **W 3**: Welche großen südamerikanischen Städte sind hier mit ihrer Skyline (Silhouette) abgebildet? Nenne die Stadt und das Land.

a 

____

b 

____

c 

____

d 

____

27 Wochenplan: Länder, Hauptstädte, Flächen, Einwohner u. Sprachen II

Lösungen

P 1:

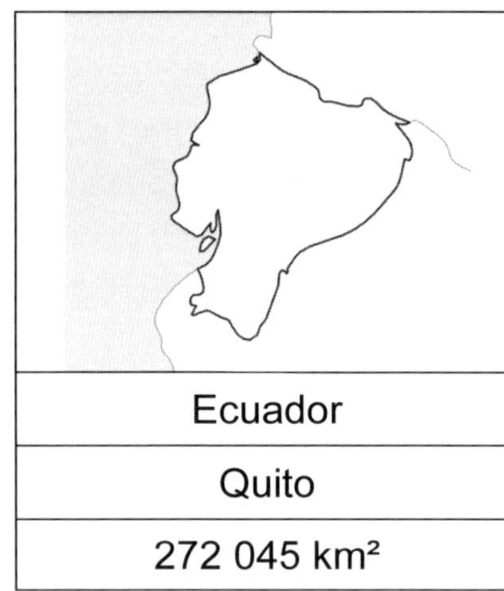		
Ecuador	Venezuela	Paraguay
Quito	Caracas	Asuncion
272 045 km²	912 050 km²	406 752 km²

P 2: a = Uruguay / b = Peru / c = Bolivien

P 3: Brasilien – Paraguay – Argentinien – Chile – Peru

P 4: Es ist der Titicacasee mit einer Fläche von 8288 km² und ca. 281 m Tiefe. Er liegt 3810 m über dem Meeresspiegel und ist damit der höchstgelegene schiffbare See der Welt.

W 1: Aufgrund der Kolonialzeiten sprechen die meisten Menschen in Südamerika spanisch oder portugiesisch. Die Spanier und Portugiesen eroberten (besetzten) die südamerikanischen Gebiete.

– Reisen von Belalcazar –

W 2: Belalcazar (1495-1551) war ein Unterführer des spanischen Eroberers Francisco Pizarro. Er gründete die Städte Quito und Guayaquil.

W 3: a = Lima – Peru / b = Bogota – Kolumbien / c = Rio de Janeiro – Brasilien / d = Montevideo – Uruguay

Wochenplan ERDKUNDE
Klasse 9 / 10 – Bestell-Nr. 12 945
KOHL VERLAG

28 Wochenplan: Länder, Hauptstädte, Flächen, Einwohner u. Sprachen III

für die Zeit vom:	bis zum:	
Name:	Klasse:	Wochenplan-Nr.:

➲ Infotext: **Länder, Hauptstädte, Flächen, Einwohner und Sprachen**

Pflichtaufgaben ✓ **Diese Aufgaben musst du bearbeiten.**

☐ **P 1**: Nenne die Namen der Länder von 1 bis 7.

1) ______________________
2) ______________________
3) ______________________
4) ______________________
5) ______________________
6) ______________________
7) ______________________

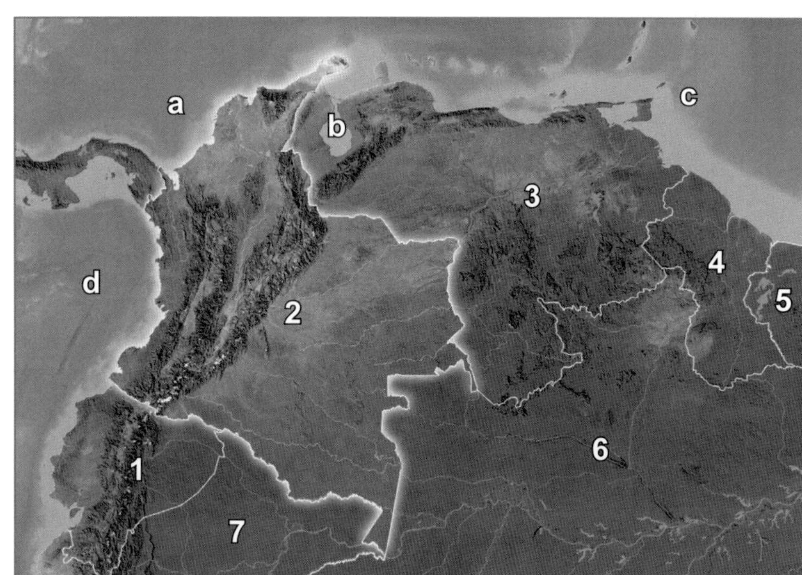

☐ **P 2**: Wie heißen die Gewässer von a bis d?

a) ______________________
b) ______________________
c) ______________________
d) ______________________

☐ **P 3**: Erläutere die Besonderheiten von Gewässer b. Schreibe ins Heft.

☐ **P 4**: Kennzeichne auf der Karte die Lage folgender Gebiete:

Maracaibobecken = a
Bergland von Guyana = b
Costa = c
Amazonas = d
Llanos del Orinoco = e

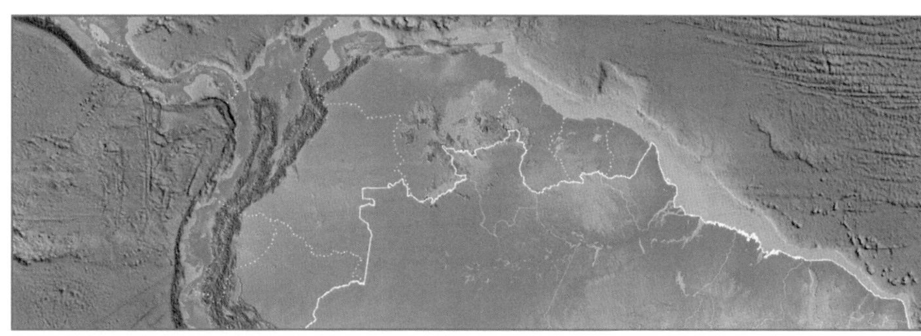

Wahlaufgaben  **Diese Aufgaben kannst du bearbeiten.**

△ **W 1**: Ordne die folgenden großen Städte der jeweiligen Nationalflagge zu.

Stadt	Land	Buchstabe	Stadt	Land	Buchstabe
Sao Paulo			Bogota		
Medellin			Manaus		
Guayaquil			Santiago		

a  b  c 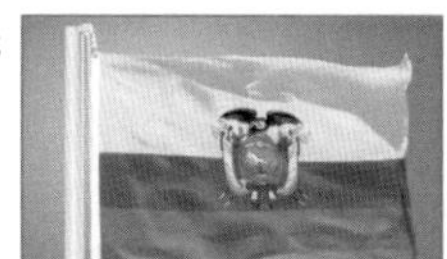 d 

△ **W 2**: Wie heißt die Hauptstadt von c und welche Besonderheiten weist diese Stadt auf?

△ **W 3**: Bestimme die Lage des Landes c im Gradnetz.

Wochenplan ERDKUNDE Klasse 9 / 10 – Bestell-Nr. 12 945

28 Wochenplan: Länder, Hauptstädte, Flächen, Einwohner u. Sprachen III

Lösungen

P 1: 1 = Ecuador / 2 = Kolumbien / 3 = Venezuela / 4 = Guyana / 5 = Suriname / 6 = Brasilien / 7 = Peru

P 2: a = Karibisches Meer / b = Maracaibosee / c = Atlantik / d = Pazifik

P 3: Der Maracaibosee ist 13 512 km² groß und bis zu 35 m tief. Das Binnenmeer ist durch die 38 km lange und 5,5-14,6 km breite Meerenge *Canal de San Carlos* mit dem Golf von Venezuela und der Karibik verbunden und kann auch von Hochseeschiffen befahren werden.

P 4:

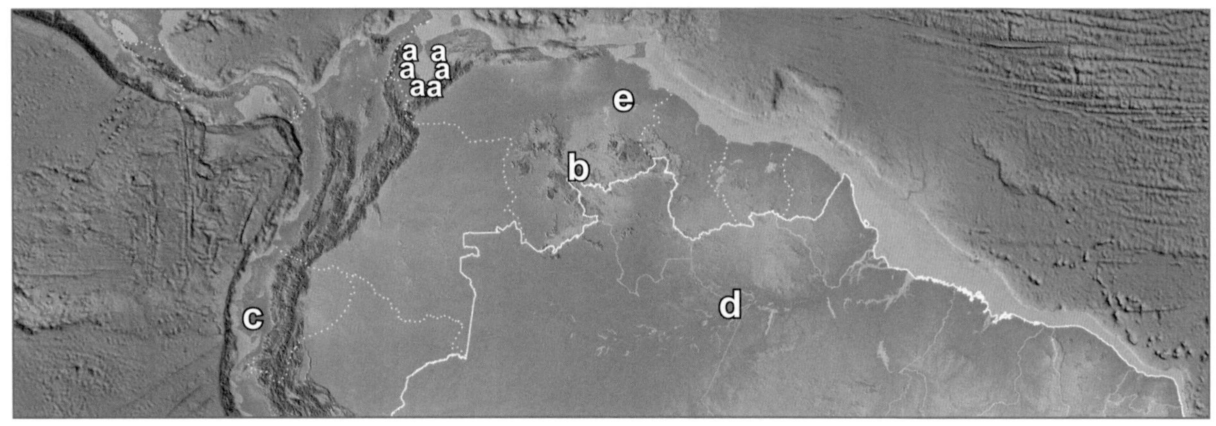

W 1:

Stadt	Land	Buchstabe	Stadt	Land	Buchstabe
Sao Paulo	Brasilien	d	Bogota	Kolumbien	b
Medellin	Kolumbien	b	Manaus	Brasilien	d
Guayaquil	Ecuador	c	Santiago	Chile	a

W 2: Im Zentrum der Anden liegt auf einer Höhe von 2800 m in Ecuador die höchstgelegenste Hauptstadt der Welt: Quito.

W 3: Ecuador liegt zwischen 1°N und 5°S sowie zwischen 75°W und 81°W.

29 Wochenplan: Großlandschaften und Regionen I

für die Zeit vom:	bis zum:	
Name:	Klasse:	Wochenplan-Nr.:

➲ Infotext: **Großlandschaften und Regionen**

Pflichtaufgaben ✓ **Diese Aufgaben musst du bearbeiten.**

☐ **P 1**: Erkenne die Lage der Großlandschaften und nenne ihre Namen.

1) ______________________
2) ______________________
3) ______________________
4) ______________________
5) ______________________
6) ______________________

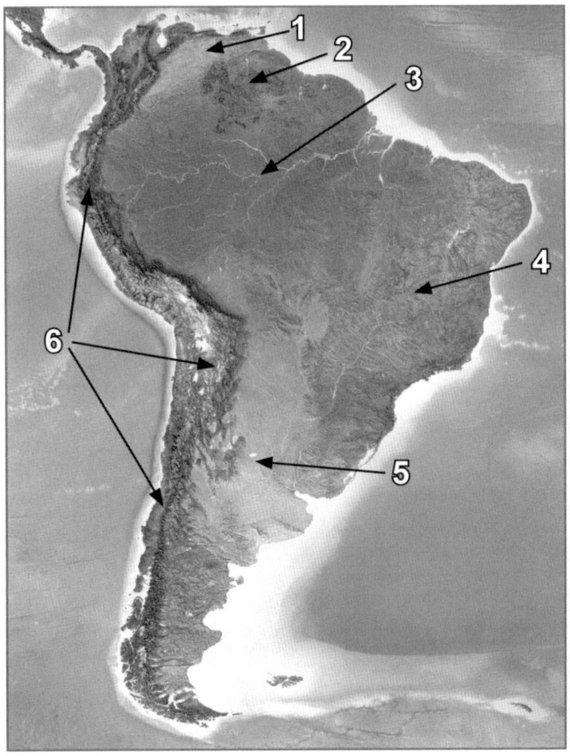

1
2
3
4
5
6

☐ **P 2**: Beschreibe und erläutere die Lage des La-Plata-Tieflands.

____

____

____

☐ **P 3**: Beschreibe die Lage des Amazonastieflands im Gradnetz. Schreibe ins Heft.

☐ **P 4**: Welcher Fluss durchfließt in Nord-Süd-Richtung das gesamte Brasilianische Bergland?

Wahlaufgaben **x** **Diese Aufgaben kannst du bearbeiten.**

△ **W 1**: Über welche Länder erstreckt sich die Orinoco-Ebene? ______________________

△ **W 2**: Beschrifte die Kartenausschnitte: (a-h = Länder / 1-6 = Großlandschaften)

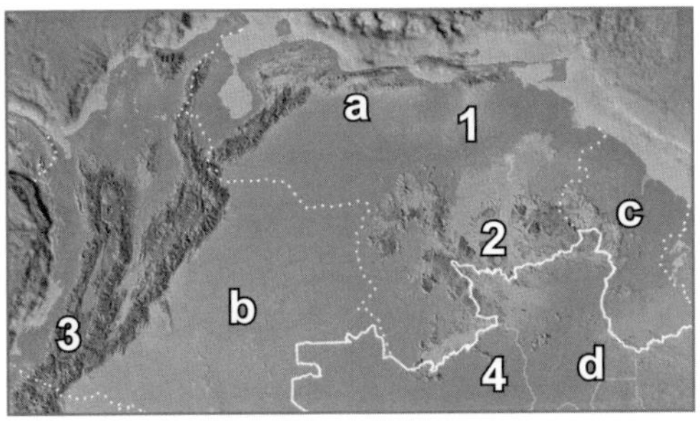

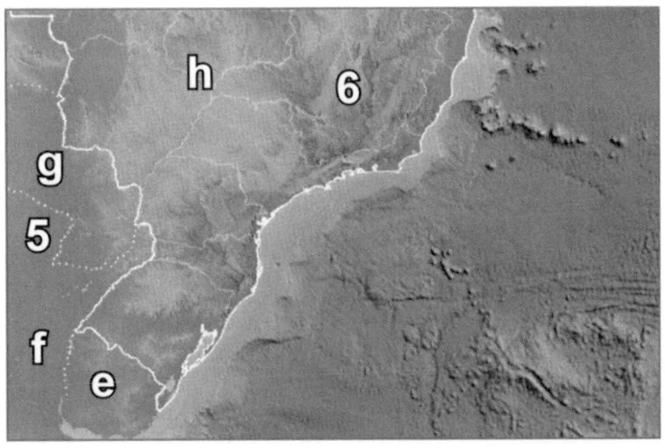

a
1
c
2
3
b
4
d

h
6
g
5
f
e

a) ______________________
b) ______________________
c) ______________________
d) ______________________
e) ______________________
f) ______________________
g) ______________________
h) ______________________

1) ______________________
2) ______________________
3) ______________________
4) ______________________
5) ______________________
6) ______________________

KOHL VERLAG Lernen mit Erfolg
Wochenplan ERDKUNDE Klasse 9 / 10 – Bestell-Nr. 12 945

29 Wochenplan: Großlandschaften und Regionen I

Infotext: Großlandschaften und Regionen

Überblick – Südamerika lässt sich in folgende Großlandschaften einteilen.

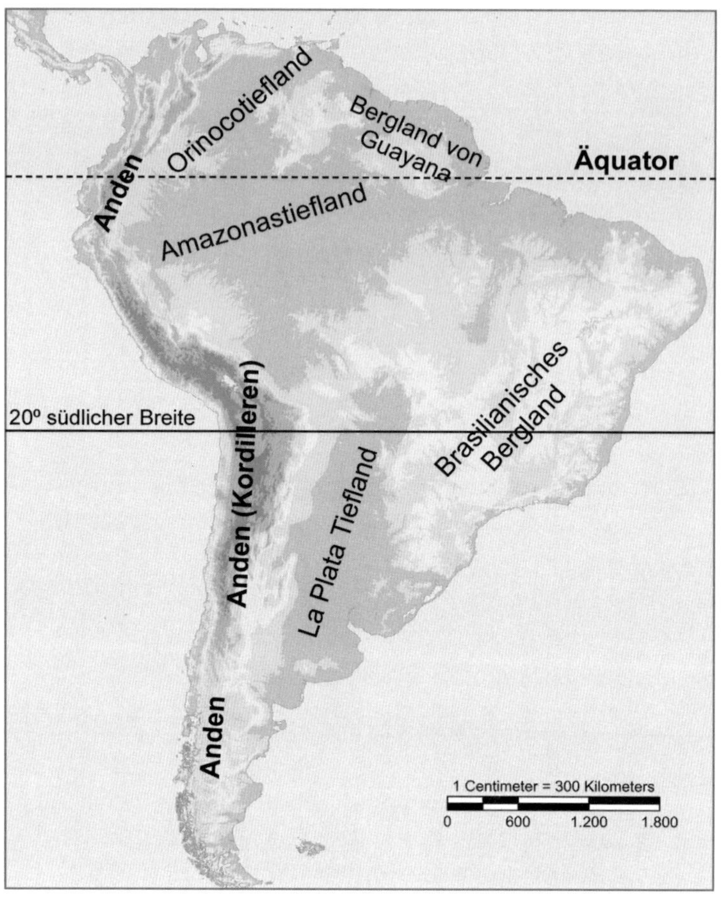

Hochgebirge:
- Anden (= Kordilleren) im Westen des Kontinents

Mittelgebirge/Bergländer östlich der Anden:
- Bergland von Guayana
- Brasilianisches Bergland

Tieflandschaften östlich der Anden:
- Amazonastiefland
- Orinocotiefland
- La Plata Tiefland

Die Anden oder südamerikanische Kordilleren
an der Westseite des Kontinents. Der Westen Südamerikas wird hauptsächlich von der 7500 km langen Hochgebirgskette der Anden geprägt, deren höchster Berg mit einer Höhe von 6961 m der Aconcagua ist.

Das Bergland von Guayana
liegt hinter den fruchtbaren und sumpfigen Küstengebieten und am Nordrand des Amazonasbeckens. Das Bergland von Guayana wird auch Guayana-Schild genannt. Typisch sind die fast 3000 m hohen Tafelberge (= Tepuis) im Westen. Die höchste Erhebung ist der Pico da Neblina mit 2994 m im Südwesten.

Das Brasilianische Bergland
ist eine im Osten des Kontinents liegende Großlandschaft. Sie verläuft in Nord-Süd-Richtung etwa küstenparallel, die durchschnittliche Höhe variiert sich zwischen 305 und 915 m. Die höchste Erhebung ist der Pico da Bandeira mit 2892 m im südöstlichen Teil Brasiliens. Der Rio Sao Francisco (viertlängster Fluss Südamerikas) durchfließt in Nord-Süd-Richtung fast das gesamte brasilianische Bergland.

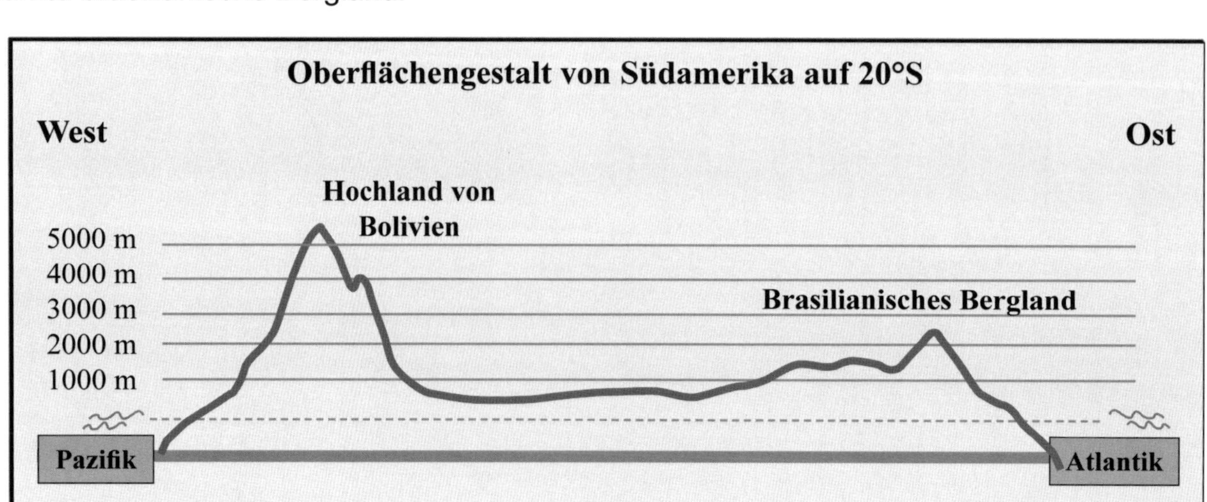

Wochenplan: Großlandschaften und Regionen I

Das Amazonasbecken
(= Amazonien) ist eine äquatoriale Regenwald-Tiefebene. Als Amazonasbecken wird das Einzugsgebiet des Amazonas, des Rio Anapu und des Rio Tocantins bezeichnet. Sein Flusssystem mündet bei Belem in den Atlantik. Es umfasst fast die ganze nördliche Hälfte des Kontinents Südamerika.

Die Orinoco-Ebene
(= Llanos) erstreckt sich über Kolumbien und Venezuela. Im Westen begrenzen die Anden die Ebene, im Norden die Küste und im Süden der Fluss Orinoco.

Das La-Plata-Tiefland
liegt im Zentrum von Südamerika und reicht in West-Ost-Richtung von den Anden bis zum brasilianischen Bergland, in Nord-Süd-Richtung von Brasilien nach Argentinien. Seine Länge beträgt etwa 2300 km und die Breite ca. 900 km. Im Durchschnitt liegt das Tiefland auf 200 m über dem Meeresspiegel. Ein Teil der La-Plata-Ebene heißt Pantanal. Es ist ein ausgedehntes Feuchtgebiet und ist als UNESCO-Schutzgebiet ausgewiesen, weil es hier eine einzigartige Fauna und Flora gibt.

<u>Regionen in Südamerika</u>
Bestimmte Länder in Südamerika lassen sich aufgrund ihrer Lage, ihrer Kultur und ihrer politischen Historie zusammenfassen. Man unterscheidet folgende Regionen:

Die Andenländer
Zu den Andenländern zählt man die Länder Peru, Ecuador, Kolumbien, Bolivien und Chile. Vor über 1000 Jahren erstreckte sich hier das Inka-Reich. Der Begriff Andenländer wird aufgrund der gemeinsamen Geschichte des Inka-Reiches sowie der sprachlichen, kulturellen und ethnischen Gemeinsamkeiten verwendet (Sprache Quechua und Adobe-Baustil).

Länder des Amazonasbeckens
Die Länder des Amazonasbeckens umfassen Regionen aus den Ländern Brasilien, Französisch-Guyana, Guyana, Suriname, Venezuela, Ecuador, Peru, Kolumbien und Bolivien. Die Länder liegen alle im Einzugsgebiet des Amazonas. Häufig werden diese Länder auch als Amazonien oder das Amazonastiefland bezeichnet.

La-Plata-Staaten
Argentinien und Uruguay zählt man zu den La-Plata-Staaten. Beide Länder liegen direkt am *Rio de la Plata* – hier münden die beiden großen Ströme Parana und Uruguay in den Atlantik.

Cono Sur
Der *Cono Sur* wird auf Deutsch auch als Südkegel bezeichnet. Man meint damit den dreieckförmigen südlichen Teil des Kontinents. Argentinien, Chile, Uruguay und Paraguay zählen dazu. Manchmal zählt man auch noch Teile Brasiliens dazu.

Karibikländer
Venezuela, Guyana, Suriname und Französisch-Guyana gehören aufgrund ihrer gemeinsamen Kolonialgeschichte zu den Karibikstaaten. Sie führen auch enge Wirtschafts- und Verkehrsbeziehungen mit den Inseln der Karibik.

KOHL VERLAG Wochenplan ERDKUNDE Klasse 9 / 10 – Bestell-Nr. 12 945

29 Wochenplan: Großlandschaften und Regionen I

Lösungen

P 1: 1 = Orinocotiefland / 2 = Bergland von Guayana / 3 = Amazonastiefland / 4 = Brasilianisches Bergland / 5 = La-Plata-Tiefland / 6 = Anden (Kordilleren)

P 2: Das La-Plata-Tiefland liegt im Zentrum von Südamerika und reicht in West-Ost-Richtung von den Anden bis zum brasilianischen Bergland, in Nord-Süd-Richtung von Brasilien nach Argentinien. Seine Länge beträgt etwa 2300 km und die Breite ca. 900 km.

P 3: Das Amazonastiefland liegt zwischen 49°W und 78°W sowie zwischen 5°N und 19°S.

P 4: der Rio Sao Francisco – der viertlängste Fluss Südamerikas

W 1: Die Orinoco-Ebene erstreckt sich über Kolumbien und Venezuela.

W 2: a = Venezuela / b = Kolumbien / c = Guyana / d = Brasilien / e = Uruguay / f = Argentinien / g = Paraguay / h = Brasilien

1 = Orinocotiefland / 2 = Bergland von Guayana / 3 = Anden / 4 = Amazonastiefland / 5 = La-Plata-Tiefland / 6 = Brasilianisches Bergland

KOHL VERLAG Lernen mit Erfolg
Wochenplan ERDKUNDE
Klasse 9 / 10 – Bestell-Nr. 12 945

30 Wochenplan: Großlandschaften und Regionen II

für die Zeit vom:	bis zum:	
Name:	Klasse:	Wochenplan-Nr.:

➲ Infotext: **Großlandschaften und Regionen**

Pflichtaufgaben ✓ **Diese Aufgaben musst du bearbeiten.**

☐ **P 1**: Aufgrund welcher Fakten werden in Südamerika Länder zu Regionen zusammengefasst?

____

____

☐ **P 2**: Welche Regionen unterscheidet man allgemein in Südamerika? Schreibe ins Heft.

☐ **P 3**: Erkenne die Länder am Umriss und bestimme die Fläche und die Region.

	a	b	c
Land:			
Region:			
Fläche in km²:			

☐ **P 4**: Nenne die Nachbarländer von b und ordne sie der jeweiligen Region zu.

____

____

Wahlaufgaben **x** **Diese Aufgaben kannst du bearbeiten.**

△ **W 1**: Welches Land ist hier abgebildet und zu welcher Region zählt man es?

____

△ **W 2**: Beschreibe die Lage des Landes allgemein und nenne die Nachbarländer im Norden, Osten, Süden und Westen.

____

____

____

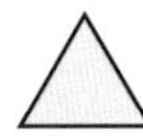 **W 3**: Bestimme die Lage des Landes im Gradnetz.

____

____

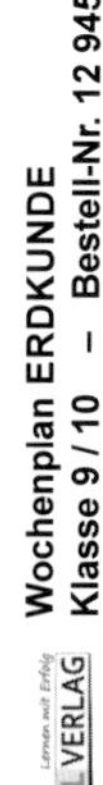

30 Wochenplan: Großlandschaften und Regionen II

Lösungen

P 1: Ganz bestimmte Länder in Südamerika lassen sich aufgrund ihrer Lage, ihrer Kultur und ihrer politischen Historie zu Regionen zusammenfassen.

P 2: Andenländer: Peru, Ecuador, Kolumbien, Bolivien, Chile

Amazonasbecken: Brasilien, Französisch-Guyana, Guyana, Suriname, Venezuela, Ecuador, Peru, Kolumbien, Bolivien

La-Plata-Staaten: Argentinien, Uruguay

Cono Sur: Argentinien, Chile, Uruguay

Karibikländer: Venezuela, Guyana, Suriname und Französisch-Guyana

P 3:

Land:	a) Suriname	b) Argentinien	c) Kolumbien
Region:	Karibik	La Plata	Anden
Fläche in km²:	163 820	2 766 890	1 138 910

P 4: Chile – Anden, Cono Sur / Bolivien – Anden / Paraguay – Cono Sur / Brasilien – Amazonasbecken / Uruguay – La Plata

W 1: Peru = Anden und teilweise Amazonasbecken

W 2: Peru liegt an der Westküste Südamerikas. Es grenzt im Westen an den Pazifik, im Norden an Ecuador und Kolumbien, im Osten an Brasilien, im Südosten an Bolivien und im Süden an Chile.

W 3: Peru liegt zwischen 0°S und 18°S sowie zwischen 68°W und 81°W

Machu Picchu, Ruinenstadt der Inka in Peru

KOHL VERLAG Lernen mit Erfolg
Wochenplan ERDKUNDE
Klasse 9 / 10 – Bestell-Nr. 12 945

31 Wochenplan: Großlandschaften und Regionen III

für die Zeit vom:	bis zum:	
Name:	Klasse:	Wochenplan-Nr.:

➲ Infotext: **Großlandschaften und Regionen**

Pflichtaufgaben ✓ **Diese Aufgaben musst du bearbeiten.**

☐ **P 1**: Welches Land ist hier abgebildet? Gib zunächst die Hauptstadt sowie die Region an und beschreibe dann noch die Lage genauer.

a) **b)**  **c)**

a) ____________________

____

____

____

b) ____________________

____

____

____

c) ____________________

____

____

____

☐ **P 2**: Mit welchen Ländern hat Land b gemeinsame Grenzen und wie lang sind diese – recherchiere dazu.

____

____

☐ **P 3**: Ermittle die Lage von Land b im Gradnetz der Erde.

____

☐ **P 4**: Wie heißt der bekannte See in Land b und welche Besonderheiten weist er auf.

____

____

Wochenplan ERDKUNDE Klasse 9 / 10 – Bestell-Nr. 12 945
KOHL VERLAG

31 Wochenplan: Großlandschaften und Regionen III

für die Zeit vom:	bis zum:	
Name:	Klasse:	Wochenplan-Nr.:

➲ Infotext: **Großlandschaften und Regionen**

Wahlaufgaben X **Diese Aufgaben kannst du bearbeiten.**

W 1: Erkenne die Hauptstadt an der Skyline. In welchem Land liegt sie, in welcher Region liegt dieses Land und wie viele Einwohner hat die Stadt?

Stadt:		
Land:		
Region:		
Einwohner:		

W 2: Gib für die Länder a-g die passende Zahl von der großen Karte an. Schreibe den Namen des Landes und die Region darunter.

a

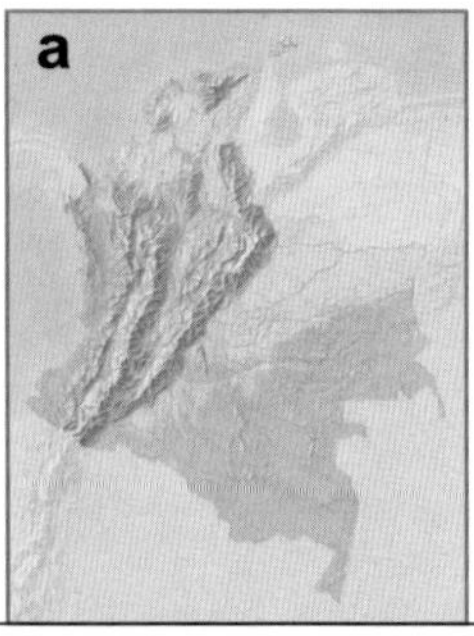

b

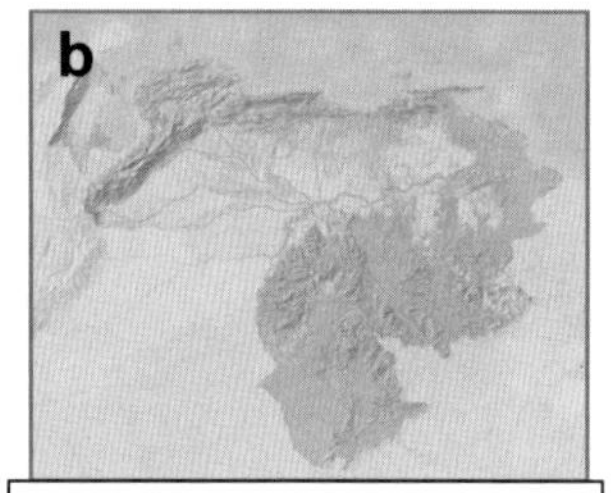

c

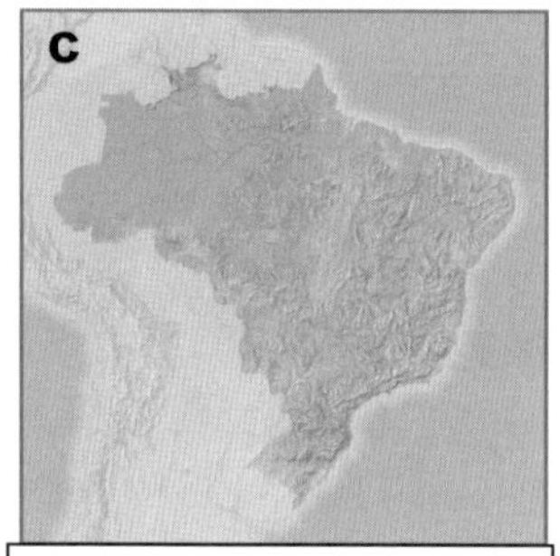

d

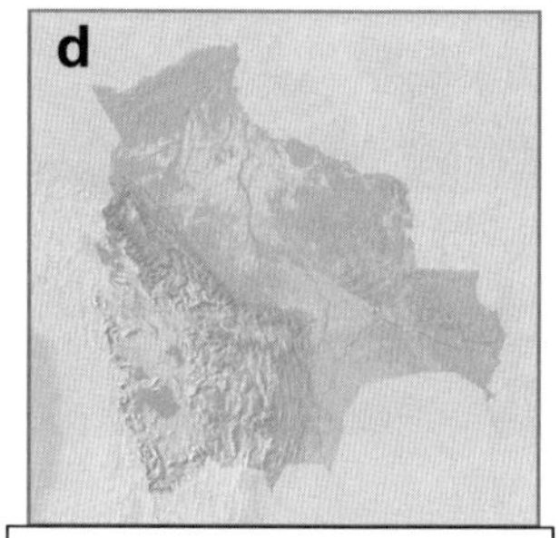

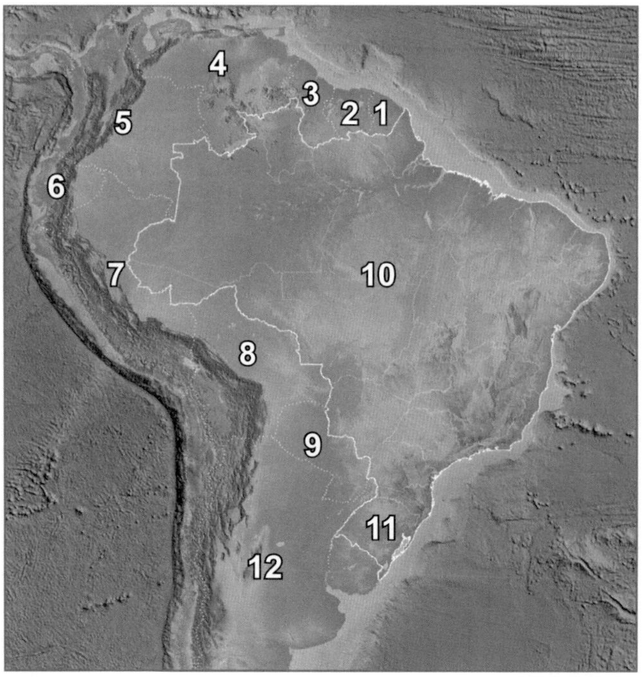

e

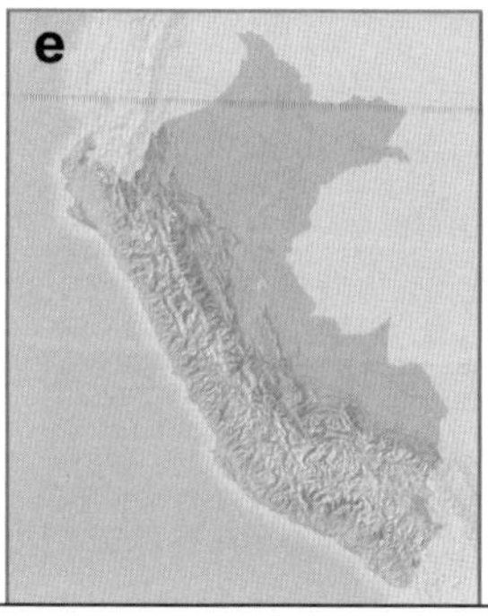

f

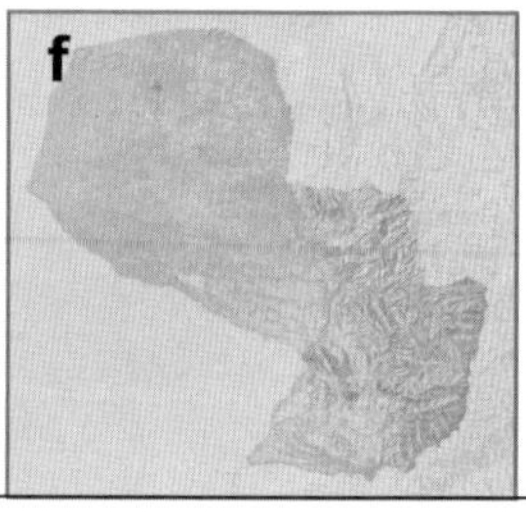

g

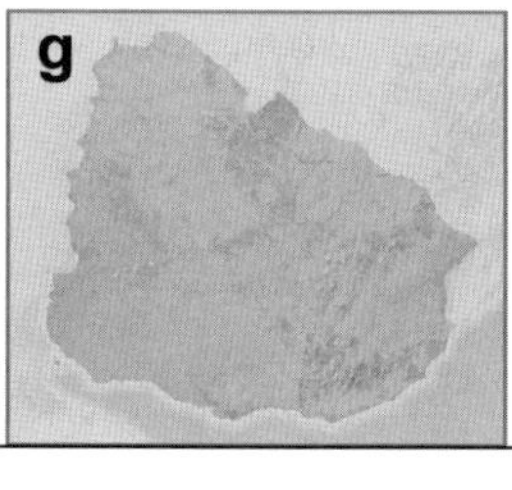

Wochenplan ERDKUNDE
Klasse 9 / 10 – Bestell-Nr. 12 945
KOHL VERLAG

31 Wochenplan: Großlandschaften und Regionen III

Lösungen

P 1: a = Chile – Santiago – Anden
Chile liegt an der Südostküste Südamerikas zwischen den Kordilleren (Anden) und dem Pazifischen Ozean. Es reicht über 4300 km von der peruanischen Grenze im Norden bis nach Feuerland im Süden.

b = Bolivien – Sucre – Anden, teilweise Amazonasbecken
Bolivien liegt im Zentrum Südamerikas und grenzt an die Länder Peru, Brasilien, Paraguay, Chile und Argentinien.

c = Uruguay – Montevideo – La Plata
Uruguay liegt im Südosten des südamerikanischen Kontinents. Im Südosten grenzt das Land an den Atlantischen Ozean, im Süden an den Río de la Plata, im Westen an Argentinien und im Norden und Nordosten an Brasilien.

P 2: Bolivien besitzt mit folgenden Ländern eine gemeinsame Grenze:
Peru = 1048 km / Brasilien = 3125 km / Paraguay = 756 km
Argentinien = 742 km / Chile = 861 km

P 3: Bolivien liegt zwischen 10°S und 23°S sowie zwischen 58°W und 69°W.

P 4: Der Titicacasee ist der flächengrößte See Südamerikas. Er liegt in 3812 m Höhe und ist damit der höchstgelegene See der Erde. Er hat unglaublich klares Wasser.

W 1:

Stadt:	Quito	Buenos Aires
Land:	Ecuador	Argentinien
Region:	Anden	La Plata
Einwohner:	2,8 Mio	13,2 Mio

Quito, Hauptstadt von Ecuador

W 2: a – 5 – Kolumbien – Anden / b – 4 – Venezuela – Amazonien /
c – 10 – Brasilien – Amazonien / d – 8 – Bolivien – Anden /
e – 7 – Peru – Anden / f – 9 – Paraguay – Cono Sur /
g – 11 – Uruguay – La Plata oder Cono Sur

32 Wochenplan: Flüsse und Seen in Südamerika I

für die Zeit vom:	bis zum:	
Name:	Klasse:	Wochenplan-Nr.:

➲ Infotext: **Flüsse und Seen in Südamerika**

Pflichtaufgaben ✓ **Diese Aufgaben musst du bearbeiten.**

☐ **P 1**: Nenne die 4 großen Entwässerungssysteme Südamerikas und beschreibe ihre Größe.

____

____

☐ **P 2**: **a)** Durch welche Länder fließt der Parana? ______________________

b) Welche große Stadt liegt an der Mündung von Rio Parana und Rio Uruguay?

____

c) Wie heißt diese Mündung?

____

☐ **P 3**: Nenne die Namen der Flüsse 1-11.

1) ______________ 2) ______________

3) ______________ 4) ______________

5) ______________ 6) ______________

7) ______________ 8) ______________

9) ______________ 10) ______________

11) ______________

☐ **P 4**: Wo entspringt der Orinoco und welche Länder durchfließt er? Schreibe ins Heft.

Wahlaufgaben ☒ **Diese Aufgaben kannst du bearbeiten.**

△ **W 1**: Ergänze das Stabdiagramm für die Längen einiger Flüsse Südamerikas im Vergleich zum Rhein. Die Stäbe haben den Abstand 1 cm. Für die Länge gilt: 1 cm ≙ 1000 km

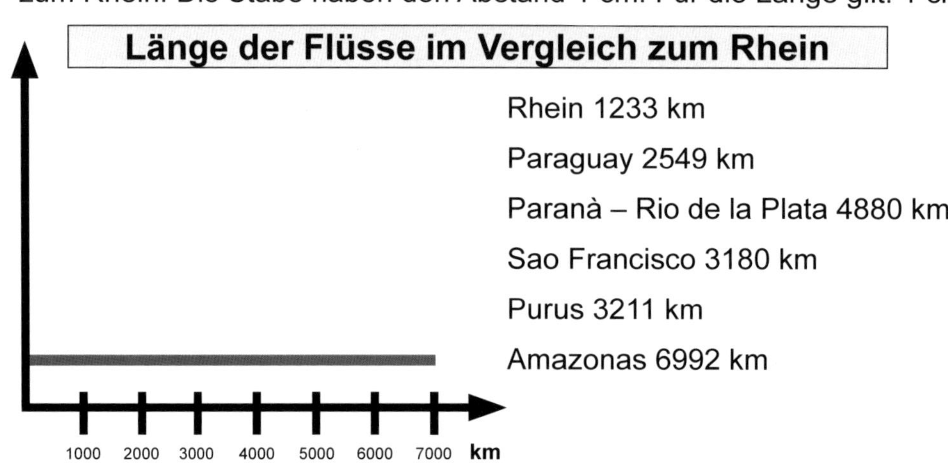

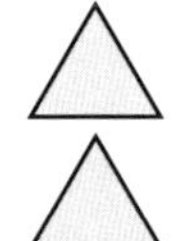

W 2: Erläutere die Besonderheiten des Pantanal und bestimme seine Lage.

△ **W 3**: Was versteht man unter Amazonien? Veranschauliche die Ausmaße.

Wochenplan ERDKUNDE
Klasse 9 / 10 – Bestell-Nr. 12 945
KOHL VERLAG

32 Wochenplan: Flüsse und Seen in Südamerika I

Infotext: Flüsse und Seen in Südamerika

Die vier großen Entwässerungssysteme – der **Amazonas**, der **Rio de la Plata** (bestehend aus den Flüssen Paraguay, Paranà, Uruguay), der **Orinoco** und der **Sao Francisco** – bedecken etwa zwei Drittel des gesamten Kontinents und fließen alle in den Atlantik. 85 % der Entwässerung des Kontinents erfolgt zum Atlantik. In den Pazifik münden nur wenige Flüsse, da die Anden als Wasserscheide Südamerika im Westen durchziehen. Das Flussnetz Südamerikas gehört zu den dichtesten weltweit.

Die großen Ströme und die vielen Nebenflüsse sind nicht nur Wasserquellen für die Bevölkerung, sondern dienen auch als Transportwege und ermöglichen die Verbindung großer Teile Südamerikas auf dem Wasserweg.

Das **Einzugsgebiet des Orinoco** ist mit einer Fläche von 948 000 km² das drittgrößte Entwässerungssystem des Kontinents. Mit einer Länge von 2740 km fließt der Fluss zunächst nach Westen (Venezuela), dann nach Norden (Venezuela/Kolumbien) und danach in nordöstlicher und östlicher Richtung entlang des Randes der Llanos, einer flachen Ebene, die im Westen bis zu den Anden reicht.

Luftaufnahme des Orinoco in Ciudad Bolivar, Venezuela

Das Einzugsgebiet des **Sao Francisco** ist mit einer Fläche von 632 000 km² das viertgrößte Entwässerungssystem Südamerikas. Der Sao Francisco fließt komplett innerhalb Brasiliens und hat eine Länge von 2914 km. Er entspringt im Bundesstaat Minas Gerais und fließt zunächst 1600 km nach Norden, bevor er sich nach Osten zum Atlantik wendet. Der Sao Francisco ist eine wichtige Verkehrsader und Standort mehrerer großer Wasserkraftprojekte.

Panoramablick auf den Sao Francisco in der Nähe der Stadt Piranhas im Nordosten Brasiliens

Wochenplan ERDKUNDE
Klasse 9 / 10 – Bestell-Nr. 12 945
KOHL VERLAG

32 Wochenplan: Flüsse und Seen in Südamerika I

Das zweitgrößte Entwässerungssystem mit rund 3,2 Mio km² wird von den Flüssen **Paraguay**, **Paraná** und **Uruguay** gebildet. Die Flüsse münden in den **Rio de la Plata**, der eigentlich ein Mündungsgebiet ist und kein Fluss.

Der Paraguay ist 2550 km lang und entspringt in den bolivianischen Bergen und mündet in den Paraná. Er ist ein Fluss der Ebenen und durchfließt ein weites Sumpfgebiet (das Pantanal)[1].

Der Paraná ist 4880 km lang, fließt hauptsächlich über die östlichen Hochebenen, nimmt den Paraguay auf und mündet in den Rio de la Plata.

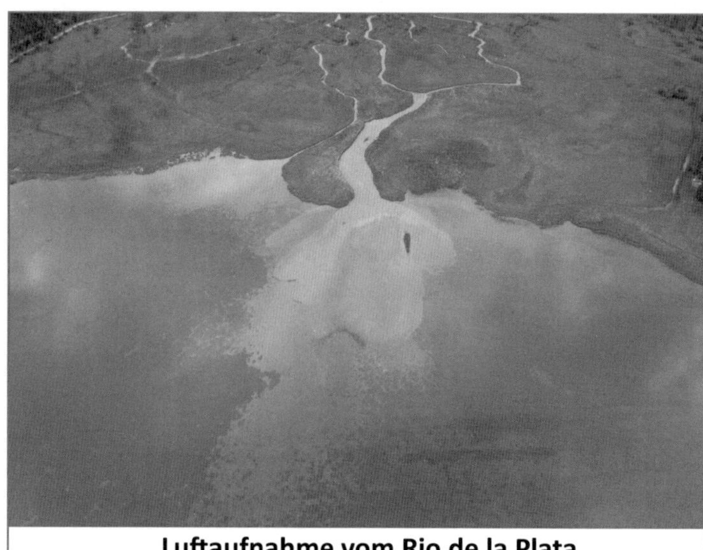

Luftaufnahme vom Rio de la Plata

Der Uruguay hat eine Länge von 1593 km, fließt östlich des Paranà und mündet in der Nähe von Buenos Aires in das Paranà Delta.

Luftaufnahme des Amazonas-Regenwaldes in Brasilien

Der **Amazonas** entwässert ca. 7 050 000 km², das sind rund zwei Fünftel der Fläche Südamerikas. Der Amazonas ist etwa 6400 km lang und hat mehr als 1000 Nebenflüsse. Er entspringt in den zentralen peruanischen Anden und heißt in seinem Oberlauf Maranon. Der Amazonas fließt durch mehrere Länder – Venezuela, Guyana, Ecuador, Kolumbien, Bolivien, Peru und Brasilien. Er windet sich durch Tiefebenen, verläuft zwischen dem Bergland von Guayana und dem brasilianischen Bergland, um dann in den Atlantik zu münden.

Luftaufnahme: Einzugsgebiet des Amazonas

[1] Das *Pantanal* ist das größte Binnenland-Feuchtgebiet der Erde. Die UNESCO erklärte das Gebiet im Jahr 2000 zum Biosphärenreservat.

KOHL VERLAG Wochenplan ERDKUNDE Klasse 9 / 10 – Bestell-Nr. 12 945

32 Wochenplan: Flüsse und Seen in Südamerika I

Die längsten Flüsse Südamerikas in der Übersicht

Faktoren, die die Länge des Flusses bestimmen, sind die Quelle des Flusses und die Flussmündung. Bei den Messungen über die Länge der Flüsse handelt es sich meistens um Annäherungen. Deshalb gibt es auch immer Uneinigkeit darüber, ob nun der Nil oder der Amazonas der längste Fluss der Welt ist.

Rang	Fluss	Länge in km	Mündung
1	**Amazonas**	**6992**	**Atlantik**
Der Amazonas fließt durch 7 Länder: Brasilien, Peru, Bolivien, Kolumbien, Ecuador, Venezuela, Guyana. Die Stadt Manaus mit 1,7 Mio Einwohnern ist die größte Stadt am Amazonas. Er hat das größte Stromgebiet der Erde – über 7 Mio km². Seine Quellflüsse Maranon, Huallaga und Ucayall kommen aus den Anden. Unter dem Begriff Amazonien ist der Strom und der umgebene Regenwald gemeint – „die Lunge unseres Planeten" – hier wird unser „Klima" gemacht. Es ist das mit **5,5 Mio km²** größte zusammenhängende Regenwaldgebiet der Erde. In den Amazonas münden mehr als 10 000 Flüsse.			
2	**Parana-Rio de La Plata**	**4880**	**Atlantik**
Der Parana fließt durch Argentinien, Paraguay und Brasilien. Er nimmt den Paraguay auf und mündet in Argentinien in den Rio de la Plata. Am Parana liegt das Wasserkraftwerk Itaipu. Der Parana wird bei Itaipu zur Energiegewinnung durch einen großen Staudamm aufgestaut. Das größte Wasserkraftwerk der Welt ist ein Gemeinschaftsprojekt zwischen Brasilien and Paraguay und liegt direkt an deren Grenze. In den Überschwemmungsgebieten des Rio Paraguay und Rio Paraná finden die Fische – mehr als 500 Arten – ideale Bedingungen.			
3	**Tocantins-Araguaia**	**3650**	**Atlantik**
Dieses Flusssystem besteht aus zwei Flüssen – Tocantins und Araguaia. Der Tocantins entspringt im Zentrum des brasilianischen Bundesstaates Goiás etwa 100 km westlich von Brasília und mündet in die Meeresbucht Rio Pará des Atlantik. Rio Araguaia ist ein linker Nebenfluss des Rio Tocantins. Dieser größte Nebenfluss übertrifft den Tocantins an Länge und Wasserführung, ist also eigentlich der Hauptfluss. Der Name bedeutet in der Tupi-Sprache „Fluss der Aras".			
4	**Madeira-Mamore-Grande-Caine-Rocha**	**3380**	**Amazonas**
Der Rio Mamorè vereinigt sich im Tiefland von Bolivien mit dem Rio Beni zum Madeira, dem größten Nebenfluss des Amazonas, der ca. 15 % des Amazonaswassers ausmacht. Der Madeira-Mamore-Grande-Caine-Rocha fließt durch Peru, Bolivien und Brasilien. Der Rio Madeira gilt als gelbroter Fluss, was von der Bodenbeschaffenheit und der Erosion der durchflossenen Regionen herrührt. Er ist ein wichtiger Verkehrsweg für den Export von Soja aus dem Bundesstaat Mato Grosso. In Richtung Bolivien ist der Rio Madeira wegen seiner Stromschnellen nicht schiffbar. Im Rio Madeira lebt eine der drei Unterarten des Amazonas-Flussdelfin, die zu den bedrohten Tierarten zählen.			
5	**Purus**	**3211**	**Amazonas**
Der Purus ist ein rechter Nebenfluss des Amazonas. Er mündet ca. 150 km westlich von der Großstadt Manaus in den Amazonas. Der Purus ist über den größten Teil seiner Länge schiffbar. Der Purus ist von wirtschaftlicher Bedeutung für Brasilien und Peru. Viele der Kautschukplantagen dieser beiden Länder sind entlang des Flusslaufs konzentriert. Der Fluss ist der Lebensraum vieler Wassertiere (Blauer Reiher, Grüne Papageien, Scharlachrote Aras und Jabiru-Störche). Die Entwaldung in der Purus-Region ist aktuell eine große Bedrohung für die Existenz der verschiedenen Arten.			

Wochenplan: Flüsse und Seen in Südamerika I

Rang	Fluss	Länge in km	Mündung
6	Sao Francisco	3180	Atlantik
Der Sao Francisco entspringt in der Serra da Canastra und mündet in den Atlantik. In seinem Mittelauf ist er schiffbar. Er wird von der Bevölkerung auch liebevoll „Velho Chico" genannt – der „Alte Chico". Er ist nicht der längste, aber Brasiliens beliebtester Fluss, und der Stolz der Nation – er ist der einzige Fluss, der den reichen Süden mit dem armen Norden verbindet.			
7	Orinoco mit Guaviare	3010	Atlantik
Der Orinoco entspringt im Bergland von Guayana. Zwei Drittel des Flusses liegen auf dem Staatsgebiet von Venezuela und das andere Drittel gehört zu Kolumbien. Das Mündungsdelta hat eine Größe von 19 000 km². Die Region des Orinoco-Deltas besteht aus ca. 60 Wasserstraßen und 40 Flüssen. Es ist ein Lebensraum für gefährdete Tierarten: Orinocokrokodile, Amazonasdelfine, Jaguare, Waldhunde, Riesenflussotter etc. Durch Erschließungen wegen Erdölvorkommen sind sie bedroht.			
8	Japura	2816	Amazonas
Der Japura entspringt als Rio Caqueta in Kolumbien und ist ein linker Nebenfluss des Amazonas. Entlang des Rio Japura ist der tropische Regenwald vernichtet und durch landwirtschafte Flächen (Weidegründe) ersetzt worden. Im Fluss sind Riesenwelse, Schildkröten und Kaimane heimisch.			
9	Rio Paraguay	2549	Parana`
Der Río Paraguay entspringt im gebirgigen Hochland von Mato Grosso (Brasilien). Er ist der bedeutendste Nebenfluss des Rio Parana und der längste Fluss in Paraguay. Der Río Paraguay ist auf über 2000 km schiffbar. Er durchquert die Hauptstadt Paraguays – Asuncion. Paraguay bedeutet „Wasser, das zum Wasser geht" (pará = Ozean, gua = zu/von und y = Wasser).			

Seen

Der **Titicacasee** ist mit einer Fläche von 8288 km² der größte Süßwassersee Südamerikas. Er liegt auf der Altiplano-Hochebene in den Anden auf einer Höhe von 3800 m zwischen Peru und Bolivien.

Der **General-Carrera-See** oder Lago Buenos Aires hat eine Größe von rund 1850 km² und liegt in der Region de Aisén und in der Provinz Santa Cruz an der argentinisch-chilenischen Grenze. Der Lago General Carrera ist der größte See Chiles und nach dem Titicaca der zweitgrößte See Südamerikas.

Der **Argentino-See** (spanisch Lago Argentino) ist mit 1466 km² etwa 3mal so groß wie der Bodensee und liegt tief im Süden (Patagonien) von Argentinien.

Der **Poopó-See** (spanisch Lago Poopó) ist ein rund 1340 km² großer Salzsee in den Anden in Bolivien (Südamerika). Der See liegt südöstlich vom Titicaca-See, in einem abflusslosen Becken der Anden.

Der **Lago Viedma** liegt in den argentinischen Anden (Nationalpark Los Glaciares) und ist 80 km lang und ca. 15 km breit. Seine Oberfläche beträgt 1088-1600 km².

32 Wochenplan: Flüsse und Seen in Südamerika I

Lösungen

P 1: Die 4 großen Entwässerungssysteme bedecken etwa zwei Drittel des gesamten Kontinents:

1) der Amazonas, **2)** der Rio de la Plata (Flüsse Paraguay, Parana, Uruguay),
3) der Orinoco, **4)** der Sao Francisco

P 2: **a)** Der Parana fließt durch Argentinien, Paraguay und Brasilien.
b) Buenos Aires
c) Rio de La Plata

P 3: 1 = Amazonas / 2 = Rio Tocantins / 3 = Orinoco / 4 = Sao Francisco / 5 = Rio Parana / 6 = Rio Uruguay / 7 = Rio Paraguay / 8 = Rio Madeira / 9 = Purus / 10 = Jurua / 11 = Negro

P 4: Der Orinoco entspringt im Bergland von Guyana. Zwei Drittel des Flusses liegen auf dem Gebiet von Venezuela und das andere Drittel gehört zu Kolumbien.

W 1:

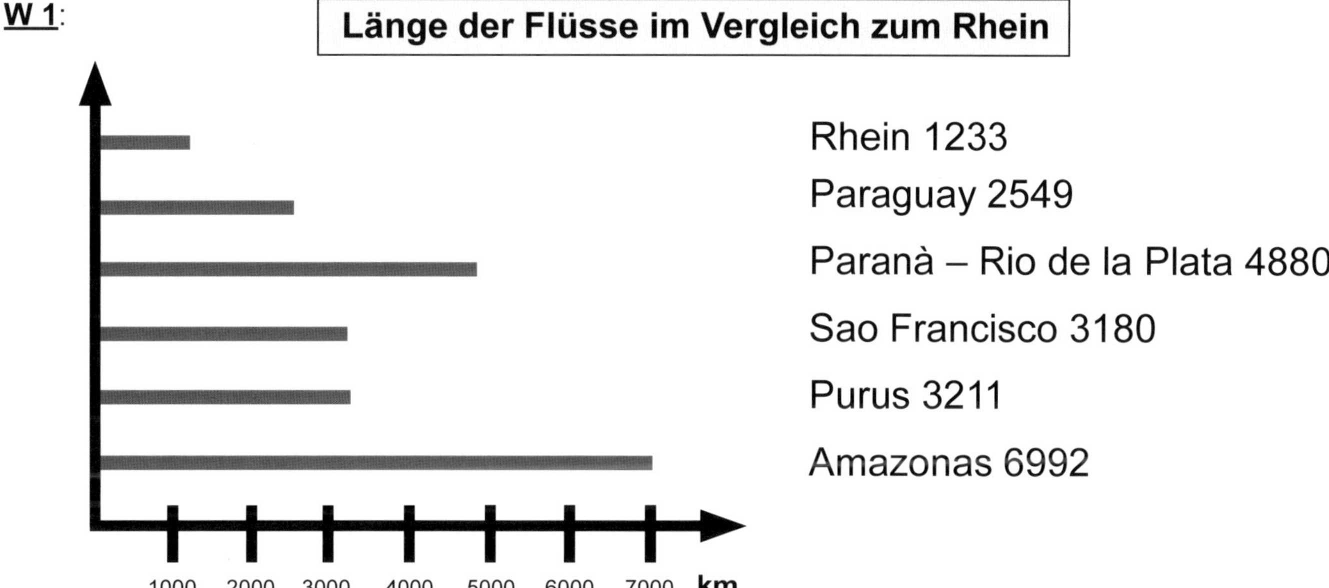

W 2: Das *Pantanal* ist das größte Binnenland-Feuchtgebiet der Erde. Die UNESCO erklärte das Gebiet im Jahr 2000 zum Biosphärenreservat.[2] Bis zu 6 Monate im Jahr steht das Gebiet völlig unter Wasser und dient als wichtiger Rückzugsort für zahlreiche Tiere und Pflanzen. Das Sumpfgebiet ist fast halb so groß wie Deutschland und befindet sich größtenteils in Brasilien, während etwa ein Drittel in Bolivien und Paraguay liegt.

W 3: Mit dem Begriff Amazonien ist der Strom und der umgebene Regenwald gemeint – „die Lunge unseres Planeten" – hier wird unser „Klima" gemacht. Es ist mit 5,5 Mio km² das größte zusammenhängende Regenwaldgebiet der Erde. In den Amazonas münden mehr als 10 000 Flüsse. Mit diesen zusammen ergibt es das größte Stromgebiet der Erde – über 7 Mio km².

Wochenplan ERDKUNDE Klasse 9 / 10 – Bestell-Nr. 12 945

[2] Ein Schutzgebiet, welches hinsichtlich seiner Vegetationszonen repräsentativ ist oder Besonderheiten aufweist, wird als Biosphärenreservat bezeichnet.

33 Wochenplan: Flüsse und Seen in Südamerika II

für die Zeit vom:	bis zum:	
Name:	Klasse:	Wochenplan-Nr.:

➲ Infotext: **Flüsse und Seen in Südamerika**

Pflichtaufgaben ✓ **Diese Aufgaben musst du bearbeiten.**

☐ **P 1**: Ergänze die folgende Tabelle mit den richtigen Angaben.

Fluss	Länge in km	Mündung	Besonderheiten
Purus			
			wird liebevoll „Velho Chico“ genannt.
	2549		
			Mündungsdelta: 19 000 km²

☐ **P 2**: Nenne die Quelle und die Mündung von Japura, Orinoco und Paraguay.

____

____

____

☐ **P 3**: Erkennst du die Flüsse an der Form des Verlaufs?

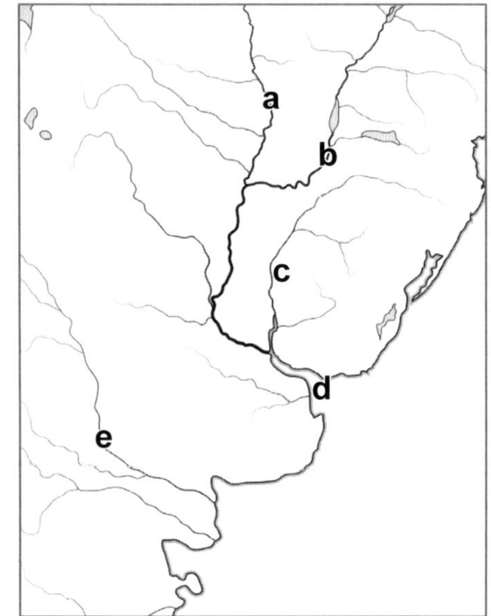

a) ____________________
b) ____________________
c) ____________________
d) ____________________
e) ____________________

1) ____________________
2) ____________________
3) ____________________
4) ____________________
5) ____________________
6) ____________________

Wahlaufgaben **Diese Aufgaben kannst du bearbeiten.**

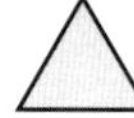 **W 1**: Wie heißt dieses seltene Säugetier und wo ist sein angestammter Lebensraum?

____

____

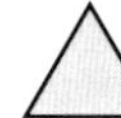 **W 2**: Beschreibe dieses seltene Säugetier genauer.

____

____

 **W 3**: Was bedeutet die Aussage „Laut IUCN ist dieses Tier stark gefährdet“?

33 Wochenplan: Flüsse und Seen in Südamerika II

Lösungen

P 1:

Fluss	Länge in km	Mündung	Besonderheiten
Purus	3211	Amazonas	hat eine große wirtschaftliche Bedeutung für Peru und Brasilien.
Sao Francisco	3180	Atlantik	wird liebevoll „Velho Chico" genannt.
Rio Paraguay	2549	Parana	fließt durch Asuncion – Hauptstadt von Paraguay
Orinoco	3010	Atlantik	Mündungsdelta: 19 000 km²

P 2: Japura entspringt als Rio Caqueta in Kolumbien, Mündung Amazonas
Orinoco entspringt im Bergland von Guayana, Mündung Atlantik
Paraguay entspringt im Hochland von Mato Grosso (Brasilien), Mündung Parana

P 3: a = Paraguay / b = Parana / c = Uruguay / d = Rio de la Plata / e = Colorado / 1 = Amazonas / 2 = Xingu / 3 = Madeira / 4 = Rio Negro / 5 = Tocantins / 6 = Araguaia

W 1: Es ist ein Flussdelfin und sein Lebensraum sind die großen Flusssysteme Amazonas und Orinoco.

W 2: Amazonas-Flussdelfine sind die größten Flussdelfine und werden etwa 2 – 2,5 m groß und erreichen ein Gewicht von 85 – 185 kg. Männliche Flussdelfine werden deutlich größer als weibliche. Sie besitzen eine schmale und lange Schnauze, die mit Tasthaaren versehen ist, kleine Augen und anstelle einer Rückenflosse einen niedrigen Kamm oder Höcker.

W 3: Die Weltnaturschutzunion IUCN ist das größte und älteste Netzwerk für weltweiten Naturschutz. Der Rückgang der Flussdelfine ist auf die Lebensraumzerstörung, Umweltverschmutzung und Klimakrise zurückzuführen.

Amazonas-Delta

KOHL VERLAG Wochenplan ERDKUNDE Klasse 9 / 10 – Bestell-Nr. 12 945

34 Wochenplan: Flüsse und Seen in Südamerika III

für die Zeit vom:	bis zum:	
Name:	Klasse:	Wochenplan-Nr.:

➲ Infotext: **Flüsse und Seen in Südamerika**

Pflichtaufgaben ✓ **Diese Aufgaben musst du bearbeiten.**

☐ **P 1**: Veranschauliche die Größe der Einzugsgebiete der Flüsse im Vergleich zur Größe von Deutschland auf einer Seite mit kariertem Papier (zum Rechnen).
Orinoco: 948 000 km² / Sao Francisco: 632 000 km² / Amazonas: 7 050 000 km²
Paraguay-Parana-Uruguay: 3,2 Mio km² / Deutschland: 357 340 km²
1 Quadrat von 0,5 cm Seitenlänge steht dabei für 100 000 km². ☐

Beispiel: Gebiet A hat eine Größe von 600 000 km²:

☐ **P 2**: Beschreibe die Lage des Titicacasees.

____

____

☐ **P 3**: Woher kommt der Name Titicaca?

____

____

Wahlaufgaben X **Diese Aufgaben kannst du bearbeiten.**

△ **W 1**: Vergleiche die Größe des Titicacasees mit dem Saarland und dem Bodensee.

____

____

△ **W 2**: Auf dem Bild ist zu sehen, wofür der Titicacasee berühmt ist. Beschreibe dies.

____

____

△ **W 3**: Welche Seen sind hier abgebildet und wo liegen sie? Schreibe ins Heft.

a)

b)

KOHL VERLAG Wochenplan ERDKUNDE Klasse 9 / 10 – Bestell-Nr. 12 945

34 Wochenplan: Flüsse und Seen in Südamerika III

Lösungen

P 1:

Orinoco
948 000 km²

Sao Francisco
632 000 km²

Deutschland
357 340 km²

Paraguay-Parana-Uruguay
3 200 000 km²

Amazonas 7 050 000 km²

P 2: Der Titicacasee liegt auf der Altiplano-Hochebene in den Anden auf einer Höhe von 3800 m zwischen Peru und Bolivien. Er ist einer der höchstgelegensten, schiffbaren Seen der Welt.

P 3: Der Name Titicaca, der sich von den beiden Aymara-Wörtern „Titi“ (= Puma) und „Caca“ (= Fels) herleitet, bedeutet so viel wie „Pumafelsen“. Der Titicacasee gilt als Geburtsort der Inka-Kultur und ist für die hier lebenden Menschen heilig.

W 1: Der Titicacasee hat eine Fläche von 8828 km² und ist damit mehr als dreimal so groß wie das Saarland mit 2570 km² und 15,5-mal so groß wie der Bodensee mit 536 km².

W 2: Der Titicacasee ist berühmt für seine schwimmenden Inseln, die früher vom indigenen Volk der Urus (oder Uros) bewohnt wurden. Die schwimmenden Schilfinseln der Urus erstrecken sich im vorderen Teil der Bucht von Puno entlang eines Schilfgürtels und sind das Hauptziel der meisten Touristen am Titicacasee.

W 3: a = Poopo-See – großer Salzsee in Bolivien
b = Argentino See – Gletschergebiet *Perito Moreno* in Patagonien

Gletschergebiet Perito Moreno in Patagonien

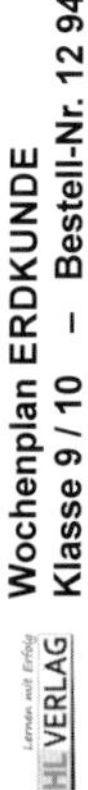

35 Wochenplan: Klima und Klimazonen in Südamerika I

für die Zeit vom:	bis zum:	
Name:	Klasse:	Wochenplan-Nr.:

➲ Infotext: **Klima und Klimazonen in Südamerika**

Pflichtaufgaben ✓ Diese Aufgaben musst du bearbeiten.

☐ **P 1**: Südamerika beinhaltet fast alle Klimazonen – erläutere das näher.

☐ **P 2**: Südamerika liegt mit seiner Landmasse zum größten Teil in welcher Klimazone?

☐ **P 3**: Was ist typisch für eine Klimazone?

☐ **P 4**: Zwischen welchen Breitengraden liegt in etwa die Tropische Zone? Nenne die typischen Merkmale dieser Klimazone.

Wahlaufgaben X Diese Aufgaben kannst du bearbeiten.

△ **W 1**: Welche Länder sind hier abgebildet? In welcher Klimazone liegen sie?

a

b

c

△ **W 2**: Erläutere das Klima von Land a genauer.

△ **W 3**: Recherchiere: Im Land b ergeben sich je nach Höhenlage verschiedene Klimazonen.

△ **W 4**: In welchen Gebieten von Land c herrscht ein kühles, gemäßigtes Klima?

Wochenplan ERDKUNDE Klasse 9 / 10 – Bestell-Nr. 12 945
KOHL VERLAG

35 Wochenplan: Klima und Klimazonen in Südamerika I

Infotext: Klima und Klimazonen in Südamerika I

Das Klima Südamerikas bietet von jeder Klimazone etwas. Der Grund liegt in der großen Nord-Süd-Ausdehnung des Kontinents von über 7500 km und den extremen Höhenunterschieden bis zu 7000 m in den Anden. Die großen Wassermengen der Ozeane beidseitig des Kontinents beeinflussen das Klima von Südamerika, indem sie für mildere Temperaturen in den Gebieten der südlichen Halbkugel sorgen, sodass es dort auch keine strengen Winter gibt.

Was versteht man unter Klimazonen und Vegetationszonen?

- Klimazonen sind Zonen mit ähnlichen klimatischen Bedingungen.
- Vegetationszonen sind Zonen mit ähnlicher natürlicher Vegetation.

Hinweise: Klima und Vegetation stehen in enger Wechselwirkung, da die Vegetation von den jeweiligen klimatischen Bedingungen abhängt. Leider werden heute das Klima und die Vegetation durch menschliche Eingriffe erheblich beeinflusst.

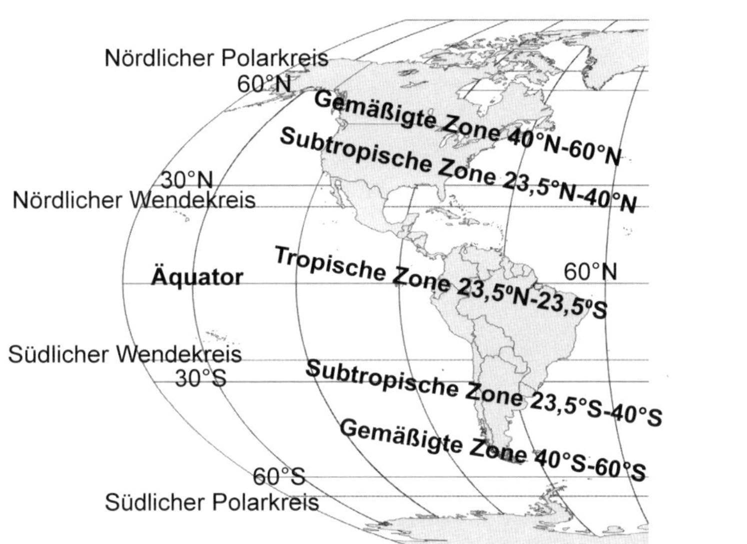

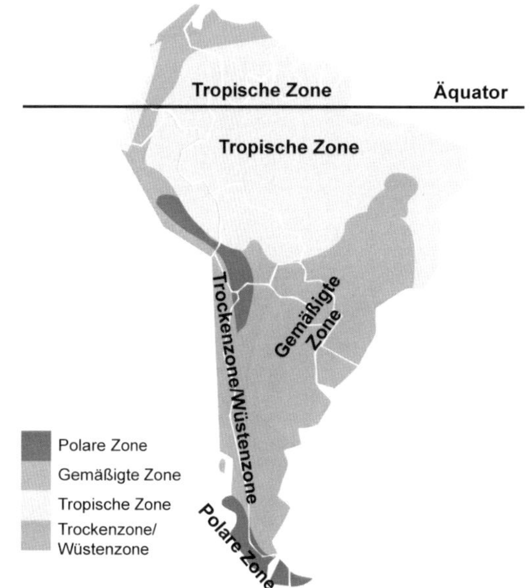

Große Gebiete Südamerikas liegen beidseitig des Äquators – das Klima von Südamerika ist daher vorwiegend tropisch heiß und feucht. Die Abbildungen machen deutlich, dass der Großteil der Landmasse Südamerikas in der tropischen Zone liegt, d. h. zwischen 10°N und 23,5°S (südl. Wendekreis). Klimatisch gibt es in Südamerika 3 große Klimazonen, und zwar:

– die **Tropen**, – das **gemäßigte Klima** und – das **Wüstenklima**.

- **Tropisch-wechselfeucht** ist das Klima in großen Gebieten Südamerikas zu beiden Seiten des Äquators, in denen zwischen der Sommerzeit und Winterzeit kaum Temperaturschwankungen festzustellen sind. Hier herrschen das ganze Jahr hohe Temperaturen von teilweise bis 40 °C, hinzu kommt eine hohe Luftfeuchtigkeit. Im Amazonastiefland werden bei hohen Niederschlagsmengen Jahresmittel von bis zu 27 °C erreicht. Entsprechend gibt es hier eine üppige Vegetation mit den tropischen Regenwäldern.
- Die Niederschläge nehmen vom Äquator nach Norden und Süden ab. Die Bergländer von Guayana und Brasilien sind deshalb **Savannen** (Feucht-, Trocken- und Dornstrauch-Savannen), Trockenwälder und Buschland.
- Das Flachland im Norden ist „**tropisch-heiß**“ mit Durchschnittstemperaturen von 24-30 °C, einer hohen Luftfeuchtigkeit und nur geringen Temperaturschwankungen zwischen Tag und Nacht.
- Im Süden Brasiliens beginnen die **Subtropen** mit mittleren Werten im Südsommer von bis zu 25 °C und bei 8-15 °C im Südwinter. Die Subtropen umfassen weite Teile Argentiniens und Uruguays mit Grassteppen (Pampas) im argentinischen Tiefland und Trocken-/Wüsten-Steppen im Osten Patagoniens. Je weiter man nach Süden in Chile und Argentinien vordringt, desto gemäßigter wird das Klima mit größeren Regenmengen. Der südliche Teil Südamerikas reicht in die gemäßigte Zone und sogar bis in die subpolare Zone (Kap Hoorn).

35 Wochenplan: Klima und Klimazonen in Südamerika I

- <u>An den Küsten Perus und im Norden von Chile</u> befinden sich **Küstenwüsten** (Atacama) mit großen Temperaturunterschieden zwischen Tag und Nacht. Durch den kalten Humboldtstrom wird ein stabiles Hochdruckklima erzeugt, Regen ist eher die Ausnahme, allerdings ist es häufig neblig. Die Atacama-Wüste gilt als die trockenste Wüste der Erde. Sie liegt im Norden Chiles und grenzt im Westen an den Pazifik, im Norden an Peru und im Osten an Bolivien und Argentinien. Niederschlag fällt hier nicht, da die Anden jegliche Niederschläge abfangen. Die Atacama-Wüste erstreckt sich auf einer Fläche von 105 000 km².

- <u>Im Süden von Chile und Argentinien</u> wechselt das Klima zur **gemäßigten Zone** mit größeren Regenmengen. Hier gibt es nicht mehr so große Schwankungen zwischen der Tages- und Nachttemperatur.

- <u>Die Anden</u> ziehen sich über 7500 km von Nord nach Süd an der Westküste Südamerikas und haben großen Einfluss auf das Klima in ganz Südamerika. Im Norden von Chile und in Peru verhindern sie das Vordringen der feuchten Luft aus Amazonien, daher gilt die im Norden von Chile liegende Atacamawüste als die trockenste Wüstenregion der Erde, hier fällt oft jahrelang kein Regen. Die Anden wirken wie eine natürliche Barriere gegen regenreiche Winde vom Pazifik und verhindern, dass sich die Regenfälle von dort zum argentinischen Teil Patagoniens ausdehnen, so dass in dieser Region ein entsprechend trockenes Klima herrscht. Aufgrund ihrer Ausdehnung umfassen die Anden ganz verschiedene Klimazonen und reichen von den Tropen (von 10°N) über den Äquator bis zu 55°S. Sie werden in tropische, trockene und feuchte Anden unterteilt. Außerdem wird das Klima in den Anden stark von der Höhenlage beeinflusst, d. h. die Werte sinken mit zunehmender Höhe deutlich ab.

Klimawandel und Klimaschutz in Südamerika

Die Zerstörung des Regenwalds sei dramatisch, sagt Roberto Maldonado, Lateinamerika-Experte beim WWF Deutschland. 18 % des Waldes seien bereits gerodet. Experten fürchten, dass bei einer Zerstörung von 20-25 % ein unumkehrbarer Kipppunkt erreicht sein könnte. Die freigesetzte Menge an CO_2 wäre so groß, dass man das Ziel, die Erderwärmung auf 1,5 °C weltweit zu begrenzen, abschreiben könnte.

Die schlimmsten Dürren in 50 Jahren im Süden Amazoniens und der Rekord an Hurrikans und Überschwemmungen in Mittelamerika während des Jahres 2020 sind die neue Normalität, die Lateinamerika erwartet – wie der neue Bericht der Weltorganisation für Meteorologie der Vereinten Nationen (WMO) zur Klimasituation in Lateinamerika und der Karibik 2020 darlegt. Die Untersuchung zeigt auf, dass Lateinamerika und die Karibik eine der am meisten vom Klimawandel und äußeren Wetterphänomenen betroffenen Regionen der Welt ist, die schwere Schäden für die Gesundheit, das Leben, für die Ernährung, das Wasser, die Energie und für die sozio-ökonomische Entwicklung in der Region verursachen.

Auch in Südamerika wird sich zunehmend mit dem Kilmaschutz auseinandergesetzt. Allerdings vertreten die verschiedenen Staaten eine unterschiedliche Auffassung. Länder, die an fossilen Rohstoffen sehr arm sind, mussten sich deshalb schon ohne die Aspekte des Kilmaschutzes auf erneuerbare Energien konzentrieren. Costa Rica z. B. hat es sich zum Staatsziel erklärt, das gesamte Land durch erneuerbare Energien versorgen zu können. Auch Länder wie Chile und Argentinien setzen verstärkt auf Sonnenergie oder Windkraft. Viele Länder in Südamerika haben bereits in erneuerbare Energien investiert und sind auf einem guten Weg, um sogar bessere Ergebnisse zu erzielen als reiche Industrienationen wie die USA oder China.

KOHL VERLAG Lernen mit Erfolg
Wochenplan ERDKUNDE
Klasse 9 / 10 – Bestell-Nr. 12 945

35 Wochenplan: Klima und Klimazonen in Südamerika I

Lösungen

P 1: Das Klima Südamerikas bietet von jeder Klimazone etwas. Der Grund liegt in der großen Nord-Süd-Ausdehnung des Kontinents von über 7500 km und in den extremen Höhenunterschieden von bis zu 7000 m in den Anden. Die großen Wassermengen der Ozeane beidseitig des Kontinents beeinflussen das Klima von Südamerika, indem sie für mildere Temperaturen in den Gebieten der südlichen Halbkugel sorgen, so dass es dort auch keine strengen Winter gibt.

P 2: Große Gebiete Südamerikas liegen beidseitig des Äquators – das Klima von Südamerika ist daher vorwiegend tropisch heiß und feucht. Der Großteil der Landmasse Südamerikas liegt in der tropischen Zone, d. h. zwischen 10°N und 23,5°S (südlicher Wendekreis).

P 3: Klimazonen sind Zonen/Gebiete mit ähnlichen klimatischen Bedingungen.

P 4: Die tropische Zone befindet sich zwischen dem nördlichen und südlichen Wendekreis. Das Klima ist das ganze Jahr über ähnlich, typisch sind geringe jahreszeitliche Temperaturschwankungen. Die Durchschnittstemperatur liegt bei etwa 25 °C.

W 1: a = Uruguay – subtropische Klimazone / b = Venezuela – tropische Klimazone / c = Argentinien – subtropische bis gemäßigte Klimazone.

W 2: Uruguay lässt sich klimatisch in 2 verschiedene Zonen unterteilen. Die Küstengebiete im Süden sind etwas kühler und werden der gemäßigten Klimazone zugerechnet. Das wärmere Landesinnere im Norden ist dagegen eher subtropisch geprägt. Typisch für das Land sind die ausgeprägten Jahreszeiten, die sich mit unserer Mittelmeerregion vergleichen lässt.

W 3: In Venezuela ergeben sich aufgrund der unterschiedlichen Höhenlage 4 verschiedene Klimazonen: tropisch – gemäßigt – kühl – alpin.

- Tropisches Klima: Unter 800 m befindet sich die tropische Zone. Hier liegen die durchschnittlichen Temperaturen an der Küste bei 26-28 °C und im Inland etwas niedriger bei 24-27 °C.
- Gemäßigtes Klima: Die Höhenlagen von 800-2000 m umfassen die gemäßigte Zone, wo Temperaturen von 12-25 °C gemessen werden.
- Kühles Klima: Ab 2000 m gibt es die kühle Zone mit 9-11 °C.
- Alpines Klima: Jenseits von 3000 m schließt das alpine Hochgebirge mit im Mittel unter 8 °C an. Hier kann es zu Schnee und Frost kommen.

W 4: Der zentrale und südliche Teil Argentiniens wird vom patagonischen Hochland eingenommen, in dem ein kühles, gemäßigtes Klima herrscht. Es gibt relativ warme Sommer, in denen die Temperaturen bis zu 18 °C erreichen. Der Winter hingegen ist kalt, das Thermometer sinkt bis auf 0 °C, und es kann auch schneien.

Wochenplan ERDKUNDE
Klasse 9 / 10 – Bestell-Nr. 12 945

36 Wochenplan: Klima und Klimazonen in Südamerika II

für die Zeit vom:	bis zum:	
Name:	Klasse:	Wochenplan-Nr.:

➲ Infotext: **Klima und Klimazonen in Südamerika**

Pflichtaufgaben ✓ **Diese Aufgaben musst du bearbeiten.**

☐ **P 1**: Füge folgende Breitengrade in die Karte ein: Äquator – 10°N – 20°S – 40°S – 23,5°S

☐ **P 2**: Welche Länder liegen mit großen Teilen ihrer Landfläche in der tropischen Zone?

____

____

☐ **P 3**: Markiere die Lage der Hauptstadt Ecuadors mit einem x in der Karte und ermittle ihre Koordinaten.

____

☐ **P 4**: Beschreibe das Klima dieser Stadt mit eigenen Worten.

____

____

____

____

Wahlaufgaben △X **Diese Aufgaben kannst du bearbeiten.**

Quito: Tagestemperatur und Niederschlagsmenge

	Jan	Feb	Mär	Apr	Mai	Jun	Jul	Aug	Sep	Okt	Nov	Dez
Temp. °C	18,7	18,7	18,3	18,2	18,4	18,1	18,1	18,8	19,4	19,0	18,8	18,7
Regen mm	102	111	126	150	117	51	27	29	67	115	106	94

△ **W 1**: Vervollständige das Klimadiagramm für Quito.

Tagestemperatur und Niederschlagsmenge in Quito

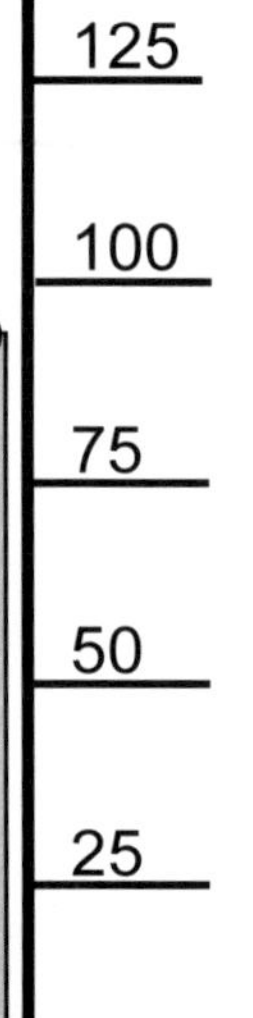

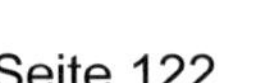

KOHL VERLAG Wochenplan ERDKUNDE Klasse 9 / 10 – Bestell-Nr. 12 945

Wochenplan: Klima und Klimazonen in Südamerika II

Lösungen

P 1: siehe Karte

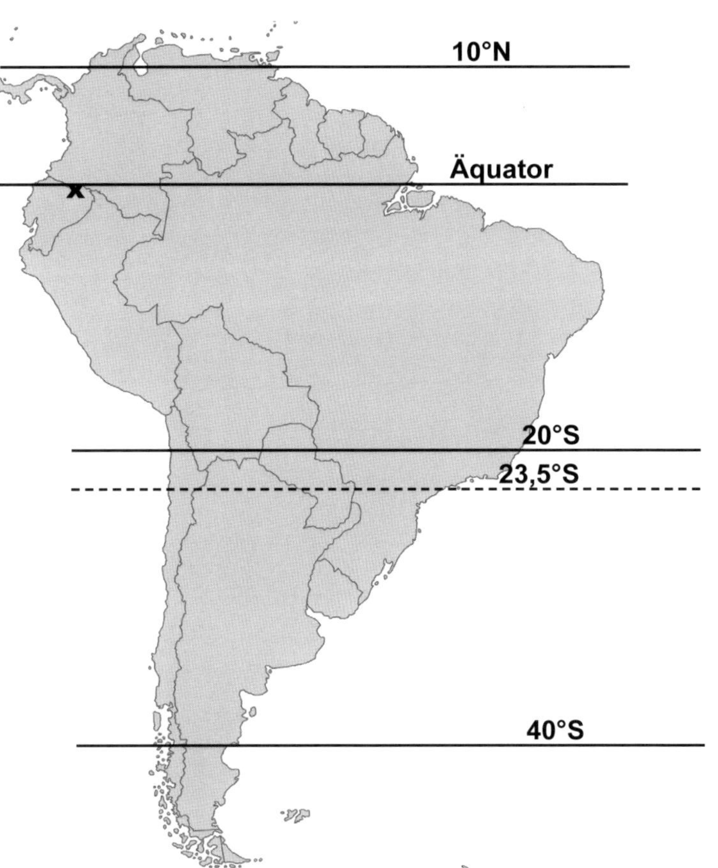

P 2: Brasilien – Bolivien – Peru – Kolumbien – Venezuela – Guyana – Suriname – Französisch-Guyana

P 3: 0° und 78°W

P 4: Das Klima in Quito ist trotz seiner Lage am Äquator aufgrund der Höhenlage gemäßigt. Der Sommer ist im Durchschnitt angenehm, nicht zu warm und der Winter relativ mild. Die mittlere Jahrestemperatur liegt bei 13 °C, wobei die Temperaturen innerhalb eines Tages deutlich stärker schwanken als über das Jahr.

W 1:

Tagestemperatur und Niederschlagsmenge in Quito

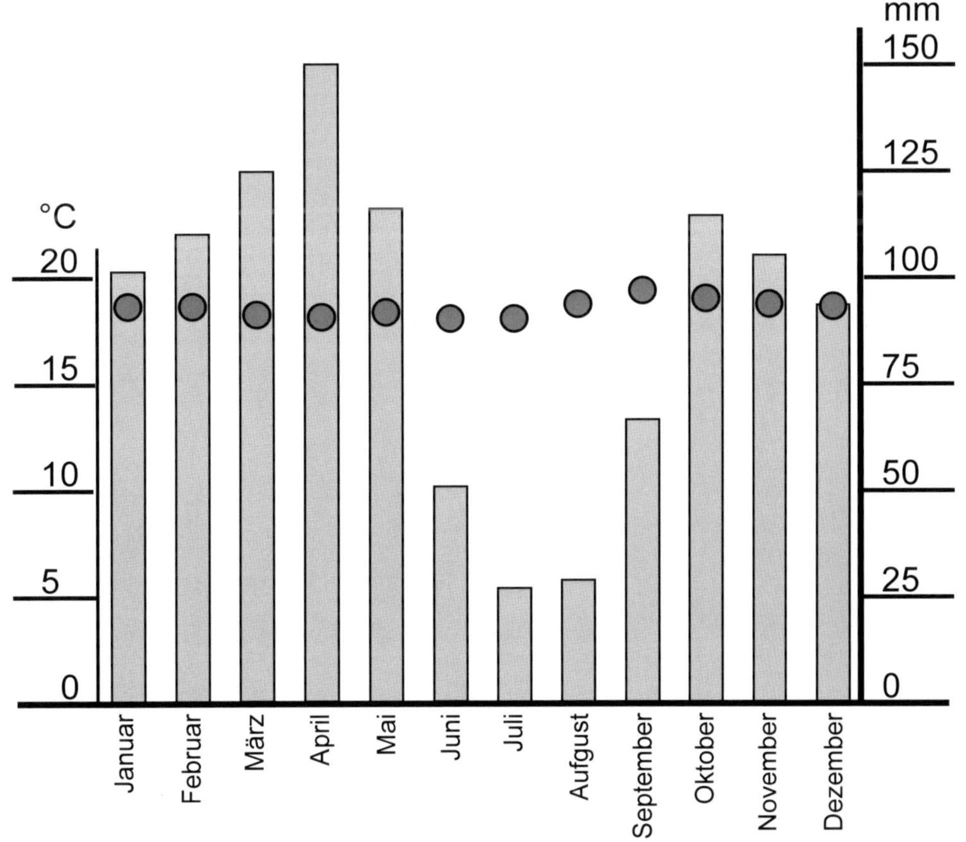

Wochenplan ERDKUNDE
Klasse 9 / 10 – Bestell-Nr. 12 945
KOHL VERLAG

37 Wochenplan: Klima und Klimazonen in Südamerika III

für die Zeit vom:	bis zum:	
Name:	Klasse:	Wochenplan-Nr.:

➲ Infotext: **Klima und Klimazonen in Südamerika**

Pflichtaufgaben ✓ **Diese Aufgaben musst du bearbeiten.**

☐ **P 1**: Wo befinden sich in Südamerika Küstenwüsten? Was ist typisch für Küstenwüsten?

____

____

____

☐ **P 2**: Erläutere die Lage der Wüste Atacama, auch im Gradnetz.

____

☐ **P 3**: Trage in den Kartenausschnitt den Äquator und 20°S ein. Markiere anschließend die Lage der Atacama-Wüste.

☐ **P 4**: Nenne 5 Besonderheiten der Atacama-Wüste.

____

____

____

____

____

Wahlaufgaben **x** **Diese Aufgaben kannst du bearbeiten.**

△ **W 1**: Die Atacama-Wüste erstreckt sich auf einer Fläche von 105 000 km². Nenne ein ähnlich großes europäisches Land und ein etwa halb so großes deutsches Bundesland.

____

△ **W 2**: Auch in der Atacama-Wüste leben Tiere. Kennst du diese Säugetiere?

a

b

c

______________ ______________ ______________

△ **W 3**: Erkläre: Was ist denn ein Viscacha?

____

____

____

Wochenplan ERDKUNDE
Klasse 9 / 10 – Bestell-Nr. 12 945
KOHL VERLAG

37 Wochenplan: Klima und Klimazonen in Südamerika III

Lösungen

P 1: An den Küsten Perus und im Norden von Chile befinden sich Küstenwüsten mit großen Temperaturunterschieden zwischen Tag und Nacht. Durch den kalten Humboldtstrom wird ein stabiles Hochdruckklima erzeugt. Regen ist eher selten, allerdings ist es oft neblig.

P 2: Die Atacama-Wüste liegt an der Pazifikküste zwischen 18°S und 27°S und erstreckt sich über eine Distanz von 1200 km.

P 3: siehe Karte

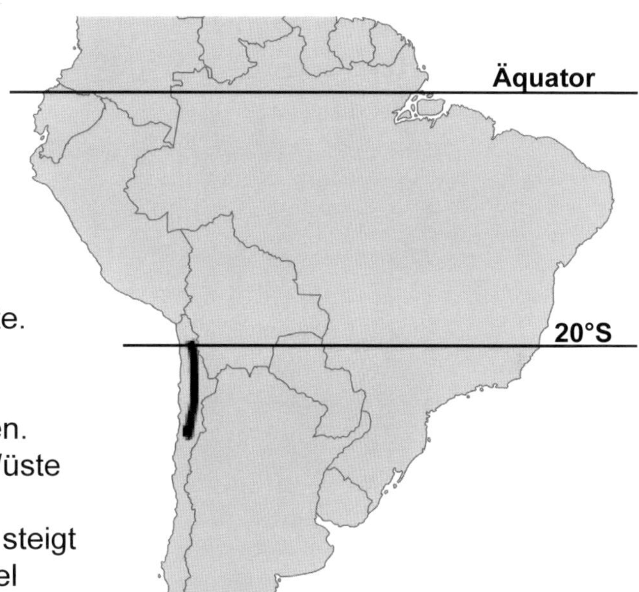

P 4: a) trockenste Wüste der Welt
b) Küstenwüste. Typisch ist eine extreme Trockenheit gepaart mit einer Lage direkt am Ozean.
c) Liegt im Regenschatten der Anden, dadurch gelangt keine Feuchtigkeit aus dem pazifischen Ozean zur Wüste.
d) Ca. alle 5-10 Jahre kommt es zu ergiebigen Niederschlägen, die die Atacama-Wüste zum Erblühen bringen. Dann verwandelt sich die Atacama-Wüste in ein pinkes Blütenmeer (Malven).
e) An der nordchilenischen Pazifikküste steigt wegen des kalten Humboldtstroms viel Nebel auf, der aber nicht abregnen kann.

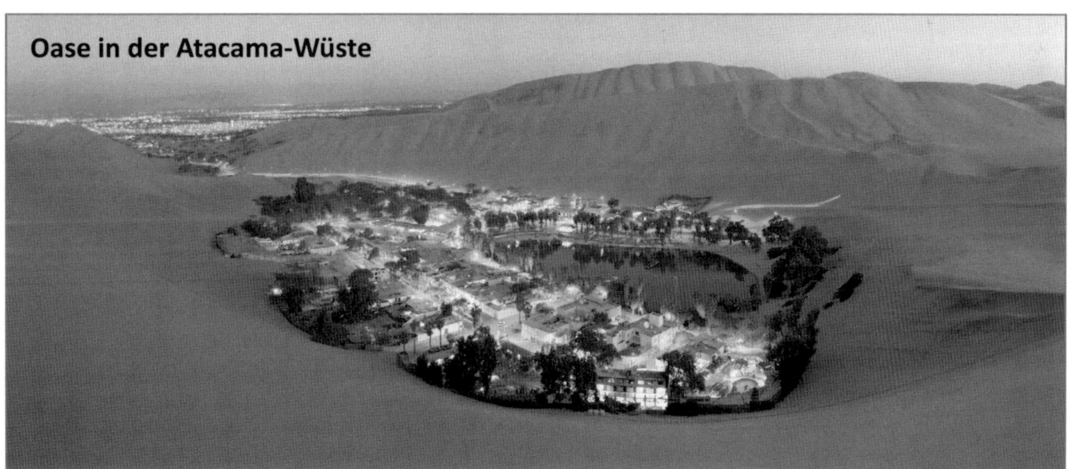
Oase in der Atacama-Wüste

W 1: Bulgarien ist ein Land in Osteuropa am Schwarzen Meer und hat eine Gesamtfläche von 111 000 km² – die Atacama-Wüste ist damit fast so groß wie Bulgarien. Niedersachsen hat eine Fläche von 47 710 km² – die Atacama-Wüste ist damit mehr als doppelt so groß.

W 2: a = Guanako
b = Viscacha
c = Rotfuchs

W 3: Das oder die Viscacha ist eine Nagetierart aus der Familie der Chinchillas. Sie leben in Gruppen, erreichen ein Gewicht von bis zu 8 kg und bewohnen unterirdische Baue.

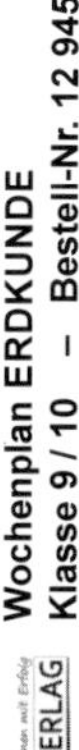

38 Wochenplan: Kreuzworträtsel – Südamerika

für die Zeit vom:	bis zum:	
Name:	Klasse:	Wochenplan-Nr.:

Pflichtaufgaben ✓ **Diese Aufgaben musst du bearbeiten.**

☐ P 1: Löse das Kreuzworträtsel.

Senkrecht (von oben nach unten)

1 = Hauptstadt von Chile
2 = linker Nebenfluss des Amazonas
3 = Andenstaat
4 = Hauptstadt von Kolumbien
5 = Gebirgskette in Südamerika
6 = Fluss im Norden Südamerikas
7 = Hauptstadt von Brasilien
8 = Wüste im Westen Südamerikas
9 = Fluss mündet in den Rio de la Plata
10 = durchschnittliches Wetter
11 = Klimazone
12 = Land im Süden Südamerikas
13 = Nebenfluss des Amazonas
14 = große Schlange
15 = großes Sumpfgebiet
16 = Indigene Kultur Südamerikas
17 = Land im Südosten Südamerikas

Waagerecht (von links nach rechts)

1 = Hauptstadt von Venezuela
2 = größter Fluss in Südamerika
3 = Land zentral in Südamerika
4 = Land grenzt an Panama
5 = Ureinwohner
6 = Säugetier in der Atacama
7 = Land im Nordwesten Südamerikas
8 = Hauptstadt von Ecuador
9 = Hauptstadt von Suriname
10 = Nachbarland von Venezuela
11 = Hauptstadt von Bolivien
12 = Erdölreiches Land
13 = kleiner Binnenstaat
14 = Hauptstadt von Uruguay
15 = spanisch „Fluss“
16 = Stadt im Amazonasgebiet
17 = rechter Nebenfluss des Amazonas
18 = Huftier – lebt im Regenwald

38 Wochenplan: Kreuzworträtsel – Südamerika

für die Zeit vom:	bis zum:	
Name:	Klasse:	Wochenplan-Nr.:

38 Wochenplan: Kreuzworträtsel – Südamerika

Lösungen

P 1:

1 CARACAS
2 AMAZONAS
3 BOLIVIEN
4 KOLUMBIEN
5 INDIANER
6 GUANAKO
7 ECUADOR
8 QUITO
9 PARAMAIBO
10 GUAYANA
11 SUCRE
12 VENEZUELA
13 PARAGUAY
14 MONTEVIDEO
15 RIO
16 MANAUS
17 PURUS
18 TAPIR

1 SANTIAGO
2 JAPURA
3 CHILE
4 BOGOTA
5 ANDEN
6 ORINOCO
7 BRASILIEN
8 ATACAMA
9 PARANA
10 KLIMA
11 TROPEN
12 ARGENTINIEN
13 MADEIRA
14 ANACONDA
15 PANTANAL
16 INKA
17 URUGUAY